Mathematisches Arbeitsbuch

für das 6. Schuljahr

Von
WALTER TRAEGER
und
KARL-HEINZ UNGER

VERLAG MORITZ DIESTERWEG
Frankfurt am Main · Berlin · München

MATHEMATISCHES ARBEITSBUCH

Band 1 für das 5. Schuljahr (3571)
Band 2 für das 6. Schuljahr (3572)
Band 3 für das 7. Schuljahr (3573)
Band 4 für das 8. Schuljahr (3574)
Band 5 für das 9. Schuljahr (3575)
Band 6 für das 10. Schuljahr (3576)

Sachrechnen (mit Lösungen) (3577)

Zu den Jahrgangsbänden sind Lehrerbände mit Lernzielen, methodischen Hinweisen, Lösungen und **Differenzierungsvorschlägen** erschienen.

Genehmigt für den Gebrauch in Schulen.
Genehmigungsdaten teilt der Verlag auf Anfrage mit.

ISBN 3-425-03572-X

3. Auflage

© 1971 Verlag Moritz Diesterweg, Frankfurt am Main.
Alle Rechte vorbehalten. Die Vervielfältigung auch einzelner Teile, Texte oder Bilder
— mit Ausnahme der in §§ 53, 54 UrhG ausdrücklich genannten Sonderfälle —
gestattet das Urheberrecht nur, wenn sie mit dem Verlag vorher vereinbart wurde.

Satz und Druck: Oscar Brandstetter Druckerei KG, Wiesbaden
Umschlagentwurf: Peter Zollna, Frankfurt
Zeichnungen: Joachim Zwick, Pohlheim
Gesetzt aus Monophoto Apollo

Inhaltsverzeichnis

1. Aus der Mengenlehre

1.1.	Relationen zwischen Mengen	1
1.2.	Verknüpfung von Mengen	2
1.3.	Mengen von Mengen	5
1.3.1.	Die Klasseneinteilung	5
1.3.2.	Die Potenzmenge	6

2. Aussagen und Aussageformen

2.1.	Terme	8
2.2.	Aussagen	9
2.3.	Aussageformen	11
2.4.	Verknüpfung von Aussagen	13
2.5.	Aussagen und Aussageformen als Gleichungen und Ungleichungen	16

3. Einführung in die Bruchzahlen

3.1.	Entstehung von Bruchzahlen – Der Bruch als Teil eines Ganzen	17
3.2.	Brüche als Verhältnis von Teilfiguren und Teilkörpern zu ihrem Ganzen	18
3.3.	Der Bruch als Teil mehrerer Ganzen	22
3.4.	Dezimalbrüche in der Kommaschreibweise	26

4. Formänderung von Bruchzahlen

4.1.	Das Erweitern	29
4.2.	Die Klasseneinteilung der Bruchzahlen	30
4.3.	Das Kürzen	32
4.4.	Die Schnittmenge der Teilermenge von Zähler und Nenner – Die größte Kürzungszahl	33
4.5.	Die größte Kürzungszahl als Schnittmenge der Primfaktorenmengen von Zähler und Nenner	35
4.6.	Vergleichen von Brüchen	37
4.6.1.	Bruchzahlen mit gleichen Nennern	37
4.6.2.	Bruchzahlen mit gleichen Zählern	38
4.7.	Der Hauptnenner als kleinstes Element der Schnittmenge mehrerer Nenner	39
4.8.	Der Hauptnenner als Vereinigung der Primfaktorenmengen mehrerer Nenner	43
4.9.	Erweitern und Kürzen von Dezimalbrüchen	45

5. Addition und Subtraktion von Bruchzahlen

5.1.	Die Addition und Subtraktion gleichnamiger Brüche	47
5.2.	Die Addition und Subtraktion ungleichnamiger Brüche	48
5.2.1.	Der Hauptnenner ist der größte Nenner	50
5.2.2.	Der Hauptnenner muß erst ermittelt werden	51
5.2.3.	Klammeraufgaben	55

6. Multiplikation und Division von Bruchzahlen

6.1.	Die Multiplikation eines Bruches mit einer natürlichen Zahl	57
6.2.	Die Division eines Bruches durch eine natürliche Zahl	60

6.2.1.	Der Zähler ist durch den Divisor teilbar	60
6.2.2.	Der Zähler ist nicht durch den Divisor teilbar	60
6.3.	Die Multiplikation einer natürlichen Zahl mit einem Bruch	63
6.4.	Die Multiplikation eines Bruches mit einem Bruch	66
6.5.	Die Division durch einen Bruch	71

7. Von den Zahlenbereichen

7.1.	Die Menge der natürlichen Zahlen	79
7.2.	Die Menge der Bruchzahlen	81
7.3.	Die Menge der ganzen Zahlen	82
7.3.1.	Die negativen Zahlen	82
7.3.2.	Die Addition und Subtraktion ganzer Zahlen	85
7.3.3.	Die Multiplikation ganzer Zahlen	89
7.3.4.	Die Division ganzer Zahlen	90
7.3.5.	Rückblick	91

8. Maßstabgerechte und graphische Darstellung

8.1.	Vom maßstabgerechten Zeichnen	93
8.2.	Graphische Darstellung	97
8.2.1.	Stabdiagramme	97
8.2.2.	Liniendiagramme	99
8.2.3.	Das Koordinatensystem	100

9. Rechnen mit Dezimalbrüchen in der Kommaschreibweise

9.1.	Addition und Subtraktion	103
9.2.	Multiplikation	111
9.2.1.	Multiplikation eines Dezimalbruchs in der Kommaschreibweise mit einer natürlichen Zahl	111
9.2.2.	Multiplikation mit 10, 100, 1000 usw.	111
9.2.3.	Multiplikation von Dezimalbrüchen in der Kommaschreibweise	112
9.3.	Division	120
9.3.1.	Dezimalbruch in der Kommaschreibweise durch eine natürliche Zahl	120
9.3.2.	Division durch 10, 100, 1000 usw.	121
9.3.3.	Dividend und Divisor sind Dezimalbrüche in der Kommaschreibweise	121
9.4.	Mittelwertbildung	128

10. Dezimalbrüche und gewöhnliche Bruchzahlen

10.1.	Endliche Dezimalbrüche in der Kommaschreibweise	130
10.2.	Sofortperiodische Dezimalbrüche	131
10.3.	Nichtsofortperiodische Dezimalbrüche	134
10.4.	Rechnen mit Meßergebnissen als gerundeten Zahlen	135
10.5.	Vermischtes Rechnen mit Dezimalbrüchen in der Kommaschreibweise und gewöhnlichen Brüchen	137

11. Dualbrüche

11.1.	Dualzahlen (Wiederholung)	139
11.2.	Dualbrüche	140
11.2.1.	Dualbrüche in der Bruchstrichschreibweise	140
11.2.2.	Dualbrüche in der Kommaschreibweise	140

12. Schlußrechnung

12.1.	Das gerade Verhältnis – Quotientengleichheit	143
12.1.1.	Einfache Schlußrechnung (Zweisatz) – Von der Einheit auf die Vielheit	143
12.1.2.	Der einfache Dreisatz – Von der Vielheit auf eine andere über die Einheit	149
12.2.	Das umgekehrte Verhältnis – Produktgleichheit	151
12.2.1.	Einfache Schlußrechnung (Zweisatz) – Von der Einheit auf die Vielheit	151
12.2.2.	Der einfache Dreisatz	157
12.3.	Vermischte Aufgaben zur Schlußrechnung	159

13. Elemente der Abbildungsgeometrie

13.1.	Abbilden durch Spiegelung	160
13.1.1.	Ebenensymmetrie im Raum – Spiegelungsgesetze	160
13.1.2.	Achsensymmetrie in der Ebene – Abbildungsgesetze	162
13.2.	Abbilden durch Drehung	167

14. Abbilden durch Verschiebung – Der Vektor

14.1.	Streifenornamente	169
14.2.	Der Vektor	170
14.3.	Addition von Vektoren	173

15. Würfel und Quadrat

15.1.	Vom Würfel	178
15.2.	Vom Quadrat	183
15.2.1.	Eigenschaften des Quadrates	183
15.2.2.	Drehungen	183
15.2.3.	Verknüpfung von Drehungen	184
15.2.4.	Drehung und Umlaufsinn	185
15.2.5.	Spiegelung des Quadrates	185
15.2.6.	Spiegelung und Umlaufsinn	185

16. Quader, Prisma und Rechteck

16.1.	Vom Quader	186
16.2.	Vom Prisma	187
16.3.	Vom Rechteck	188

17. Zylinder und Kreis

17.1.	Vom Zylinder	190
17.2.	Vom Kreis	192

18. Die Winkel

18.1.	Entstehung eines Winkels	196
18.2.	Bezeichnung von Winkeln	197
18.3.	Winkelarten	197
18.4.	Winkelmessung	198
18.5.	Winkelkonstruktion	202
18.6.	Nebenwinkel und Scheitelwinkel	203
18.7.	Kreisdiagramme	204

Zeichen und Abkürzungen

Mengen:

Mengen werden mit Doppelstrichbuchstaben geschrieben: $\mathbb{A}, \mathbb{B}, \mathbb{C}, \mathbb{N}, \mathbb{Q}, \mathbb{S}$
Elemente von Mengen stehen in geschweiften Klammern: $\mathbb{M} = \{1, 2, 5, 6, 11\}$

In Abbildungen werden sie umrandet

Ausgezeichnete Mengen:

$\mathbb{N} = \{1, 2, 3, 4, 5, \ldots\}$ ist die Menge der natürlichen Zahlen
$\mathbb{N}_0 = \{0, 1, 2, 3, 4, \ldots\}$, $\mathbb{N}_0 = \mathbb{N} \cup \{0\}$
$\mathbb{Z} = \{\ldots -2, -1, 0, +1, +2, \ldots\}$
$\mathbb{Q}$ = Menge der rationalen Zahlen
$\mathbb{Q}^+$ = Menge der positiven rationalen Zahlen
$\mathbb{Q}^-$ = Menge der negativen rationalen Zahlen
$\mathbb{G}$ = Grundmenge
$\mathbb{L}$ = Lösungsmenge
$\mathbb{A}'$ = Ergänzungsmenge zu $\mathbb{A}$
     Ergänzungsmengen erhalten oben einen Strich
$\{\ \}$ = die leere Menge (geschweifte Klammern ohne Inhalt), oder auch $\emptyset$

Zur besonderen Kennzeichnung werden Indizes verwendet:

P_1, P_2, S_1, S_2 Punkte
$\mathbb{G}_a, \mathbb{G}_b, \mathbb{L}_c, \mathbb{L}_d$ Punktmengen der Geraden bzw. Linien a, b, c, d
$\mathbb{K}_i, \mathbb{Q}_i$ Kreisinneres, Quadratinneres
$\mathbb{K}_g, \mathbb{Q}_g$ geschlossener Kreis, -s Quadrat
$\mathbb{T}_{18} = \{1, 2, 3, 6, 9, 18\}$ Teilermenge von 18
$\mathbb{V}_6 = \{6, 12, 18, \ldots\}$ Vielfachenmenge von 6
$\mathbb{P}_{24} = \{2_\square, 2_\triangle, 2_*, 3\}$ Primfaktorenmenge von 24
    Gleiche Primfaktoren werden durch Indizes unterschieden ($2_\square, 2_\triangle, 2_*$)

Zeichen für Verknüpfungen, Relationen, Platzhalter:

$a \in \mathbb{M}$ a ist Element von $\mathbb{M}$
$b \notin \mathbb{M}$ b ist nicht Element von $\mathbb{M}$
$\mathbb{A} \subset \mathbb{M}$ $\mathbb{A}$ ist echte Teilmenge von $\mathbb{M}$
$\mathbb{A} \subseteq \mathbb{M}$ $\mathbb{A}$ ist Teilmenge oder gleich $\mathbb{M}$
$\mathbb{A} \cap \mathbb{B}$ $\mathbb{A}$ geschnitten mit $\mathbb{B}$
$\mathbb{A} \cup \mathbb{B}$ $\mathbb{A}$ vereinigt mit $\mathbb{B}$
$\mathbb{A} \setminus \mathbb{B}$ $\mathbb{A}$ ohne $\mathbb{B}$

$\mathbb{A} \sim \mathbb{B}$	$\mathbb{A}$ ist gleichmächtig wie $\mathbb{B}$
$\mathbb{A} \times \mathbb{B}$	Paarmenge
$\mathbb{P}(\mathbb{M})$	Potenzmenge
$7 > 3$	7 ist größer als 3
$5 < 6$	5 ist kleiner als 6
$3 = 2+1$	3 ist gleich $2 + 1$
$a \neq b$	a ungleich b
$a \leqslant b$	a kleiner oder gleich b
$a \geqslant b$	a größer oder gleich b
$a \triangleq b$	a entspricht b
$a \circ b$	a verknüpft mit b
$(a \mid b)$	geordnetes Paar
$7 \mid 21$	7 teilt 21
$7 \nmid 29$	7 teilt nicht 29
I, O	Dualziffern
$\square, \triangle, \bigcirc,\ x,y,z,a,b,c$	Platzhalter

Zeichen in der Geometrie:

$\overline{AB}$	Strecke AB
$\overrightarrow{AB}$	Vektor AB
$a \perp b$	a steht senkrecht auf b
$a \parallel b$	a ist parallel zu b
$a \;\#\; b$	a parallelgleich b
$\vec{a}, \mathfrak{a}$	Vektor a
$i(\vec{a})$	umgekehrter Vektor
$\sphericalangle$	Winkel
∟	rechter Winkel
$\triangle$	Dreieck

Zur Orientierung

Sätze stehen auf rotem Raster.

Beispiele stehen auf grauem Raster.

Tabellen sind durch grüne Raster hervorgehoben.

Zur Unterscheidung vom Lehrtext sind die Aufgabennummern orange gedruckt.

Aufgaben zur Differenzierung werden im Lehrerband angegeben.

Die Kapitelüberschriften sind im Inhaltsverzeichnis und im Buch in gleicher Farbe unterlegt. Der schnellen Orientierung dienen Registermarken am Rande der Buchseiten, die die Kapitelnummern angeben und wieder in derselben Farbe unterlegt sind wie die Überschriften.

1. Aus der Mengenlehre

1.1. Relationen zwischen Mengen ($=, \subset, \sim$)

Als einfache Beziehungen (**Relationen**) **zwischen Mengen** hast du in Kl. 5 kennengelernt:

    a) die Gleichheit, $\mathbb{A} = \mathbb{B}$ b) das Enthaltensein, $\mathbb{A} \subset \mathbb{B}$

    c) die Gleichmächtigkeit, $\mathbb{A} \sim \mathbb{B}$

im Mengenbild:

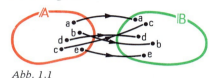

Abb. 1.1

a) Die Gleichheit: Wir definierten: Zwei Mengenbezeichnungen, etwa $\mathbb{A}$ und $\mathbb{B}$, bezeichnen dieselbe Menge, wenn jedes Element von $\mathbb{A}$ auch Element von $\mathbb{B}$ und jedes Element von $\mathbb{B}$ auch Element von $\mathbb{A}$ ist.
Man schreibt $\mathbb{A} = \mathbb{B}$.

Beispiel: $\{a, b, c, d, e\} = \{c, e, a, b, d\}$. Schlage nach und wiederhole das über die Gleichheit Gelernte (u. a. die Kennzeichnung von Mengen).

b) Das Enthaltensein: Wir definieren: Die Menge $\mathbb{A}$ ist **Teilmenge** der Menge $\mathbb{B}$, wenn jedes Element von $\mathbb{A}$ zu Menge $\mathbb{B}$ gehört.
Ist $\mathbb{A} \subset \mathbb{B}$ und dabei $\mathbb{A} \neq \mathbb{B}$, so nennt man $\mathbb{A}$ eine **echte Teilmenge**.

Beachte, daß die **leere Menge** Teilmenge jeder beliebigen Menge ist, also auch Teilmenge der Menge $\mathbb{B}$ ist. (s. Kl. 5). Das Zeichen für die leere Menge ist $\{\ \}$ oder $\emptyset$.

Beispiele:

$\{a, b\} \subset \{c, a, b, d, e\}$

$\{a, b, c\} \subseteq \{a, b, c\}$

$\{\ \} \subset \{a, b, c, d, e\}$

im Mengenbild

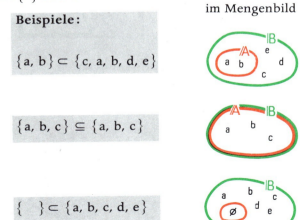

Abb. 1.2

Schlage nach und wiederhole das über das Enthaltensein bereits Gelernte.

c) Die Gleichmächtigkeit: Wir definierten: Zwei Mengen sind **gleichmächtig**, wenn jedem Element aus $\mathbb{A}$ **genau ein** Element aus $\mathbb{B}$ zugeordnet werden kann. Wir schreiben „$\mathbb{A} \sim \mathbb{B}$" und lesen „$\mathbb{A}$ ist gleichmächtig wie $\mathbb{B}$".

Schlage nach und wiederhole, was du von der Gleichmächtigkeit gelernt hast.

Beispiel:
$\{a, b, c\} \sim \{\square, \bigcirc, \triangle\}$

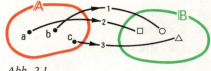

Abb. 2.1

1.2. Verknüpfung von Mengen

An Verknüpfungen von Mengen hast du bisher in Kl. 5 kennengelernt:

a) die Schnittmenge, $\mathbb{A} \cap \mathbb{B}$
im Mengenbild

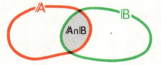

Abb. 2.2

b) die Vereinigungsmenge, $\mathbb{A} \cup \mathbb{B}$
im Mengenbild

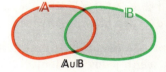

Abb. 2.3

c) die Restmenge, $\mathbb{A} \setminus \mathbb{B}$
im Mengenbild

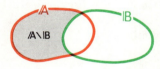

Abb. 2.4

d) die Ergänzungsmenge, $\mathbb{G} \setminus \mathbb{A} = \mathbb{A}'$
im Mengenbild

Abb. 2.5

Wiederhole die Definitionen dieser 4 Verknüpfungsarten.

Wir lernen nun eine **weitere Verknüpfungsmenge** genauer kennen:

e) die Paarmenge $\mathbb{A} \times \mathbb{B}$, auch Kreuzprodukt genannt (s. Kl.-Bd. 5, S. 107).

1. Die Schüler Peter, Paul und Thomas schreiben in den Ferien an die Lehrer Meier, Müller, Schulze, Schmidt eine Ansichtskarte. Die Menge der Schüler sei $\mathbb{A} = \{x, y, z\}$ und die Menge der Lehrer sei $\mathbb{B} = \{a, b, c, d\}$. Wenn jeder der Schüler an jeden seiner Lehrer eine Karte schreibt, ergibt sich nebenstehendes Schema.

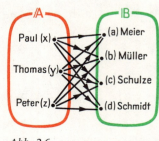

Abb. 2.6

2 *Mengen*

Schüler Paul (x) und Lehrer Meier (a) bilden ein **Paar**. Zwischen ihnen besteht die Beziehung (**Relation**) „x schreibt an a". (a schreibt nicht an x!) Um dies zu kennzeichnen, schreibt man x an die erste und a an die zweite Stelle: (x | a); wir nennen es ein **geordnetes Paar**.

Ein geordnetes Paar ist also durch die Angabe von 2 Elementen und ihre Reihenfolge bestimmt.

Man definiert: **Die Paarmenge $A \times B$ ist die Menge aller geordneten Paare, die an 1. Stelle immer ein Element aus A und an 2. Stelle ein Element aus B haben.**

In unserem Beispiel bilden 12 geordnete Paare die Paarmenge. (Zähle die Zuordnungspfeile in Abb. 2.6)

Die 12 Paare sind die **Elemente der Paarmenge $A \times B$**.

$A \times B$ (Lies: A kreuz B) = { x, y, z } × { a, b, c, d }
$A \times B$ = { (x | a), (x | b), (x | c), (x | d),
  (y | a), (y | b), (y | c), (y | d),
  (z | a), (z | b), (z | c), (z | d)}

Wir können die geordneten Paare schneller in einer **Verknüpfungstafel** gewinnen.

$A \setminus B$	a	b	c	d
x	(x | a)	(x | b)	(x | c)	(x | d)
y	(y | a)	(y | b)	(y | c)	(y | d)
z	(z | a)	(z | b)	(z | c)	(z | d)

2. Jeder Lehrer dankt jedem Schüler gelegentlich für den Kartengruß. Erste Elemente dieser Paare sind nun a, b, c, d; zweite Elemente sind nun x, y, z. Es entsteht das Kreuzprodukt $B \times A$.
   a) Hat sich die Anzahl der Zuordnungspfeile jetzt geändert?
   b) Was hat sich geändert? Fülle dazu eine zweite Verknüpfungstabelle aus.
   c) Es ergibt sich: Im allgemeinen ist $A \times B$ nicht gleich $B \times A$, aber $(A \times B) \sim (B \times A)$. Beide Kreuzprodukte sind gleichmächtig.
   Vergleiche mit der Mächtigkeit von A und B.

3. Die Menge A sei durch die Elemente a, b, c, d gegeben. Wir wollen nun das Kreuzprodukt $A \times A$ = { a, b, c, d } × { a, b, c, d } bilden.

1

a) die Paarmenge $A \times A$ in der Verknüpfungstafel

b) die Paarmenge $A \times A$ als Pfeilbild

A\A	a	b	c	d
a	(a|a)	(a|b)	(a|c)	(a|d)
b	(b|a)	(b|b)	(b|c)	(b|d)
c	(c|a)	(c|b)	(c|c)	(c|d)
d	(d|a)	(d|b)	(d|c)	(d|d)

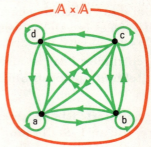

Abb. 4.1

Aufgaben

1. Petra besitzt 2 Pullover (grün, rot) und 3 Röcke (grün, grau, braun).
   a) Stelle zusammen, wie Petra sich kleiden kann; z. B. rot-grün, rot-grau, ...
   b) Wieviele Kombinationen sind möglich?

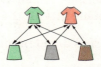

Abb. 4.2

2. Bei Haralds Geburtstagsfeier sind 6 Jungen (a, b, c, d, e, f) und 7 Mädchen (t, u, v, w, x, y, z). Jeder Junge tanzt mit jedem Mädchen einmal.
   a) Welche Tanzpaarungen sind möglich?
   b) Wieviele Paarungen sind möglich?

3. Bilde die Paarmenge $A \times B$ mit $A = \{a, b\}$ und $B = \{1, 2, 3\}$.
   a) Stelle die Paare in einer Verknüpfungstabelle zusammen.
   b) Zeichne ein Schema wie in Abb. 4.2.

4. Vier Arbeiter (r, s, t, u) können zur Wartung von fünf Maschinen (v, w, x, y, z) eingesetzt werden.
   a) Gib die Möglichkeiten der Zuordnung der Arbeiter zu den Maschinen – (der Paarbildungen: Arbeiter – Maschine) – in einer Verknüpfungstafel an.
   b) Zeichne ein Zuordnungsschema wie in Abb. 4.2.

5. Hanne (h) und Lore (l) bilden eine Wohngemeinschaft (A). Sie verabreden, abwechselnd für sich und den anderen Partner das Frühstück zu bereiten.
   a) Fertige die Verknüpfungstafel $A \times A$ (das quadratische Schema) an.
   b) Zeichne das Pfeilbild $A \times A$.

6. Die 3 Geschwister Ute, Hilde und Klaus (u, h, k) beschließen, abwechselnd jeweils für alle drei die Schuhe zu putzen. Stelle $A \times A$
   a) schematisch,   b) graphisch dar wie in Abb. 2.6.

1.3. Mengen von Mengen

1.3.1. Die Klasseneinteilung

1. Beispiel: Die Gesamtheit der Schüler eurer Schule ist aus guten Gründen in **Klassen** aufgegliedert. Es fällt dir nicht schwer nach dem bisher Gelernten, diese Klassen als **Teilmengen** $A, B, C, D, \ldots$ der Menge M aller Schüler der Schule zu sehen.
In der Mengenschreibweise: $A \subset M, B \subset M, C \subset M, \ldots$
Dieser organisatorische Sachverhalt soll uns als Modellfall dienen, eine **Klasseneinteilung für Mengen** zu schaffen.

a) Du stellst zunächst fest, daß kein Schüler (a, b, c, d, ...) 2 Klassen zugleich angehören kann. In der Sprache der Mengenlehre sagen wir, daß der Durchschnitt zweier Teilmengen leer ist.

> **Die Teilmengen sind paarweise elementefremd.**

In der Mengenschreibweise: $A \cap B = B \cap C = C \cap D \ldots = \{\ \}$

b) Du findest es sicher ebenso für selbstverständlich, daß es keine **Klasse** (Teilmenge) gibt, der überhaupt kein Schüler (a, b, c, d ...) angehört.

> **Die Teilmengen (Klassen) sind nicht leer.**

In der Mengenschreibweise:
$$A \neq \{\ \}, B \neq \{\ \}, C \neq \{\ \}, D \neq \{\ \} \ldots$$

c) Da jeder Schüler (jedes Element a, b, c, d ...) irgendeiner, aber **nur einer Klasse** (Teilmenge) $A, B, C, D, \ldots$ angehört, erfaßt die Vereinigungsmenge aller Klassen jeden Schüler der Schule.

> **Die Vereinigungsmenge aller Klassen ist M.**

In der Mengenschreibweise:
$$M = A \cup B \cup C \cup D \cup E \cup F \ldots$$

„Lies" folgende Mengenbilder:

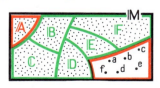   oder geordnet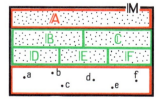

Beachte: Keine Menge **durchschneidet** eine andere.
Keine Klasse (Teilfläche) ist leer (ohne Punkte), d. h. ohne Elemente (Schüler).
Alle Teilflächen (Klassen oder Teilmengen) zusammen machen die Menge M (das Rechteck) aus.

2. Beispiel: Beim vorstehenden Beispiel deckte sich der Begriff „Klasse" mit eurer Schulklasse. Davon müssen wir uns beim folgenden Beispiel lösen und **allgemein die Teilmengen mit obigen Eigenschaften als Klassen bezeichnen.**

Die Menge der Schüler einer Schulklasse sei die Menge $\mathbb{M}$.
Nach dem religiösen Bekenntnis bilden wir 3 Klassen (Teilmengen):

$$\mathbb{K} = \{\text{ katholische Schüler }\} \quad \mathbb{E} = \{\text{ evangelische Schüler }\}$$
$$\mathbb{A} = \{\text{ andersgläubige Schüler }\}$$

Auch hier sind die 3 Bedingungen für das Vorliegen einer **Klasseneinteilung** erfüllt.

a) $\mathbb{K} \cap \mathbb{E} = \{\ \}$, $\mathbb{K} \cap \mathbb{A} = \{\ \}$, $\mathbb{E} \cap \mathbb{A} = \{\ \}$, denn keiner kann zugleich 2 Konfessionen angehören.

b) $\mathbb{K} \neq \{\ \}$, $\mathbb{E} \neq \{\ \}$, $\mathbb{A} \neq \{\ \}$, denn jeder Konfession gehört in unserem Falle mindestens ein Schüler an.

c) $\mathbb{K} \cup \mathbb{E} \cup \mathbb{A} = \mathbb{M}$, die Gesamtheit (Vereinigungsmenge) macht die ganze Schulklasse aus.

Aufgaben

Führe Klasseneinteilungen von Mengen durch, deren Teilmengen (Klassen) also den geforderten 3 Eigenschaften genügen.

1. Brillenträger ($\mathbb{B}$) – Nichtbrillenträger ($\mathbb{O}$) eurer Schulklasse ($\mathbb{M}$).
2. Gerade Zahlen ($\mathbb{G}$) – ungerade Zahlen ($\mathbb{U}$) als Klasseneinteilung von $\mathbb{N}$.
3. Gib 5 weitere Beispiele von Zerlegungen (Klasseneinteilungen) von Mengen an.

1.3.2. Die Potenzmenge

Wir haben schon von den Teilmengen einer Menge gesprochen.
Es ist
$$\mathbb{A} \subset \mathbb{M},\ \mathbb{B} \subset \mathbb{M},\ \mathbb{A} \cap \mathbb{B} = \{\ \} \qquad \mathbb{A} \subset \mathbb{B} \subset \mathbb{M} \qquad \{\ \} \subset \mathbb{M}$$

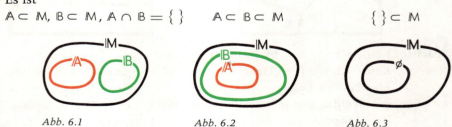

Abb. 6.1   Abb. 6.2   Abb. 6.3

Beispiel:

Wir wollen nun untersuchen, wieviel Teilmengen überhaupt eine Menge haben kann. – Die Menge M bestehe aus den 3 Elementen (Schülern) a, b, c.

$$M = \{a, b, c\}$$

Die **möglichen Teilmengen** sind:

A = { }	leere Menge	(z. B. Keiner der Schüler ist blond.)
B = { a }, C = { b }, D = { c }	echte Teilmengen	(z. B. a allein ist Brillenträger. b ist der größte Schüler. c ist der kleinste Schüler.)
E = { a, b }, F = { a, c }, G = { b, c }	echte Teilmengen	(z. B. a und b sind Fußballspieler. a und c sind Handballspieler. b und c sind Hockeyspieler.)
H = { a, b, c }	unechte Teilmenge	(z. B. a und b und c sind Schwimmer.)

Von unserer **Menge** M mit 3 Elementen lassen sich $2^3 = 8$ Teilmengen bilden. Überprüfe: Unsere **Potenzmenge** P (M) hat $2^3 = 8$ Elemente, die **Mengen** sind. P (M) lesen wir „Potenzmenge von M".

Die Menge aller Teilmengen von M nennt man die Potenzmenge von M. Für M = { a, b, c } ist

$$P(M) = \{\{\ \}, \{a\}, \{b\}, \{c\}, \{a, b\}, \{a, c\}, \{b, c\}, \{a, b, c\}\}$$

Aufgaben

1. Schreibe die Teilmengen der Menge M = {a, b} auf.
2. Wieviel Teilmengen als Elemente hat diese Potenzmenge?
3. Schreibe die möglichen Teilmengen der Menge M = {a, b, c, d} auf.
4. Wieviel Elemente hat diese Potenzmenge? – Welche Gesetzmäßigkeit entdeckst du bei der Ermittlung der Mächtigkeit der Teilmengen bzw. der Elemente der Potenzmenge? Begründe den Namen Potenzmenge.

2. Aussagen und Aussageformen

2.1. Terme

Wir wollen nun das, was man in der Mathematik niederschreibt (Zahlen, Buchstaben, Zeichen) näher kennenlernen.

Zahlen und **Platzhalter** für Leerstellen (auch **Variable** genannt) **samt ihren Verknüpfungen** sind der Ausdruck für einen bestimmten mathematischen Sachverhalt. Einen solchen Ausdruck pflegt man einen **Term**[1] zu nennen.

Terme kommen vor

a) als Zahlen: 3, 16, 29 (als Zeichen für „drei", „sechzehn", „neunundzwanzig").
b) als Variable: ○, □, △, a, b, c, x, y, z (als Platzhalter).
c) als Verknüpfungen: $13 + 5$, $29 - 12$, $6 \cdot 7$, $48 : 4$, $a - b$, $a \cdot c$.
d) als Klammerausdrücke: $(8 + 12)$, $(11 - 4)$, $(5 + 3) - 6$, $(a - b) - c$.
e) in Mengenbeziehungen: $a \in M$, $b \notin M$, $\{1, 2\} \subset \{1, 2, 3\}$.
f) in Gleichungen und Ungleichungen:

$5 = 2 + 3$, $\quad 15 - 9 = 6$, $\quad 8 = 3 + \frac{10}{2}$, $\quad 10 = 2{,}5 \cdot x$
$9 > 8$, $\quad 6 < 3 + 4$, $\quad 7 - 1 < 6 + 1$, $\quad 2y = 8 \cdot 5$

Ein Term enthält mindestens ein **Zahlzeichen** oder eine **Variable**. Mengenbeziehungen, Gleichungen und Ungleichungen enthalten einen **Links- und Rechtsterm**.

$\qquad$ (Linksterm) $\quad x + 2 = 15 \quad$ (Rechtsterm)
$\qquad$ „ $\quad 14 + 7 > 9 + 8 \quad$ „

> Setzt man zwischen 2 Terme das Gleichheitszeichen, so erhält man eine Gleichung.
> Setzt man zwischen 2 Terme ein Ungleichheitszeichen, so erhält man eine Ungleichung.

Aufgaben

1. Ersetze die Zahlen a) 4, b) 15, c) 24, d) 36 durch gleichwertige mehrgliedrige Terme; z. B.

$\quad 3 = 2 + 1 \qquad 16 = 8 \cdot 2 \qquad 12 = 3 \cdot 4$
$\quad 3 = 5 - 2 \qquad 16 = 4 \cdot 4 \qquad 12 = 6 \cdot 2$
$\quad 3 = 6 : 2 \qquad 16 = 11 + 5 \qquad 12 = 24 : 2$
$\qquad\qquad\qquad\qquad\qquad\qquad\quad$ usw.

---

[1] terminus (lat.) = Ausdruck, Begriff

2. Ersetze in der Gleichung ○ + □ = △ den rechten Term durch gerade Zahlen ≥ 4 und die Summanden des linken Terms durch Primzahlen, so daß die Gleichung „stimmt"; z. B. 3 + 5 = 8; 3 + 7 = 10; 5 + 7 = 12 ... ○ + □ = 30. Bilde 10 weitere Beispiele. Nach einem noch unbewiesenen Satz läßt sich jede gerade Zahl ≥ 4 als Summe zweier Primzahlen darstellen (≥ bedeutet „größer oder gleich").

3. Es gilt: Wenn a < b, dann ist auch a + c < b + c (wobei a, b, c ∈ ℕ).
   z. B.   Wenn 4 < 7, dann ist auch 4 + 5 < 7 + 5 (für a = 4, b = 7, c = 5).
   Ersetze in vorstehender Ungleichung die Variablen a, b, c durch folgende Zahlen: **a)** 3, 4, 6   **b)** 5, 9, 10   **c)** 4, 5, 12   **d)** 6, 7, 15

4. Es gilt ferner: Wenn a < b, dann ist auch a · c < b · c (a, b, c ∈ ℕ).
   z. B.   Wenn 3 < 4, dann ist auch 3 · 5 < 4 · 5 (für a = 3, b = 4, c = 5).

   Ersetze in vorstehender Ungleichung die Variablen a, b, c durch folgende Zahlen:

   a) 2, 3, 4   **b)** 1, 2, 5   **c)** 4, 5, 6   **d)** 5, 6, 9

2.2. Aussagen

In der Lehre von den **Gesetzen des Denkens (Logik)** spielen **Aussagesätze** eine wichtige Rolle. Wir nennen sie kurz **Aussagen**. Aussagen sind Sätze, bei denen es einen Sinn hat zu fragen, ob sie **wahr** oder **falsch** sind.

Aussagen aus dem nichtmathematischen Bereich (Beispiele):

a) Aussagen, die wahr sind	b) Aussagen, die falsch sind
Bremen liegt an der Weser. (W)	Die Eiche ist ein Nadelbaum. (F)
Eisen ist ein Metall. (W)	Der Mond ist eine Scheibe. (F)
Der Tag hat 24 Stunden. (W)	Kiel liegt an der Nordsee. (F)
Die Seine ist ein Fluß. (W)	Die Amsel ist ein Säugetier. (F)
Hühner legen Eier. (W)	Delphine können fliegen. (F)

Auch mathematische Tatsachen werden in Aussagen formuliert:

a) Aussagen, die wahr sind	b) Aussagen, die falsch sind
Ein Würfel hat 12 Kanten. (W)	Die 3 teilt 28. (F)
97 ist eine Primzahl. (W)	Parallelen schneiden sich. (F)
Man mißt die Länge in Metern. (W)	5 ist eine gerade Zahl. (F)
a ⊥ a ist falsch. (W)	Ein Dreieck ist ein Körper. (F)
$n < n + 1$ ist wahr. (W)	10000 hat keinen Nachfolger. (F)

Aussagen in Kurzformen mit Termen und Zeichen (Beispiele):

$2 + 3 = 5$	(W)	$15 \cdot 4 = 50$	(F)
$4 < 7$	(W)	$53 : 17 = 3$	(F)
$9 > 8$	(W)	$2^3 = 3^2$	(F)
$5 + 3 = 2 \cdot 4$	(W)	$\{1, 3, 5, 7, 9 \ldots\} \notin \mathbb{N}$	(F)
$3 \mid 21$	(W)	$7 \nmid 91$	(F)
$\{1, 2, 4\} = \{5-3, \frac{6}{6}, 2^2\}$	(W)	$a \cdot 0 = a$	(F)

Im besonderen stellen die nun folgenden **Gleichungen und Ungleichungen**, in denen kein Platzhalter (keine Variable) – □, △, ○ oder x, y, z – vorkommt, **Gleichheits- und Ungleichheitsaussagen** dar.
Prüfe, ob sie wahr oder falsch sind. Falsche Aussagen ändere ab, so daß wahre Aussagen entstehen.

Gleichheitsaussagen

$5 + 3 = 8$
$15 + 13 = 2 \cdot 14$
$\dfrac{12 - 3}{3} = 2 + 1$

Ungleichheitsaussagen

$4 < \dfrac{9}{2}$
$9 - 2 > 5 + 1\frac{2}{3}$
$\dfrac{45 + 9}{18} < 2 + \dfrac{8}{9}$

Aufgaben

1. Schreibe je 5 Aussagen aus dem nichtmathematischen Bereich, die **a)** wahr sind, **b)** falsch sind.

2. Schreibe je 6 Aussagen aus dem mathematischen Bereich, die **a)** wahr sind, **b)** falsch sind.

3. Schreibe 4 Gleichungen, indem du je 2 Terme verknüpfst, so daß Gleichheitsaussagen entstehen.

4. Schreibe 4 Ungleichungen, die also Ungleichheitsaussagen darstellen.

5. Setze zwischen folgende Terme das richtige Relationszeichen (=, <, >), so daß wahre Gleichheits- oder Ungleichheitsaussagen entstehen. (Rechne nicht! Schau dir die Terme an und überlege! Überschlage!)

   a) $748 + 49$ $49 + 748$ b) $3412 - 599$ $3412 - 313$
   c) $342 + 627$ $235 + 499$ d) $1760 + 872$ $49 \cdot 51$
   e) $31 \cdot 32$ $32 \cdot 30$ f) $\dfrac{146 + 0}{73}$ $\dfrac{147 \cdot 0}{21}$

Aussageformen

6. Prüfe, ob folgende Gleichheitsaussagen wahr (W) oder falsch (F) sind.

a) $24 + 67 = 81$

b) $321 - 293 = 18$

c) $374 \cdot 0 = 473 \cdot 0$

d) $\dfrac{28 + 11}{3} = \dfrac{21 + 17}{2}$

7. Prüfe, ob folgende Ungleichheitsaussagen wahr (W) oder falsch (F) sind.

a) $\dfrac{87 - 19}{17} < \dfrac{99 - 4}{19}$

b) $\dfrac{45 + 57}{34} > \dfrac{17 + 28}{15}$

c) $18 - 5 > \dfrac{108 + 88}{14}$

d) $0,12 > 1234 \cdot 0$

2.3. Aussageformen

Wiederhole, was du schon von **Aussageformen** weißt (siehe Kl. 5!). Wir lernten sie als Sätze kennen, die keine Aussagen sind, aber die **Form einer Aussage** haben. Ihr Kennzeichen ist das Vorhandensein von mindestens einem Platzhalter.

Sätze mit Platzhaltern oder Variablen, die die **Form** einer Aussage haben, können durch Einsetzungen in **wahre** oder auch **falsche Aussagen** übergehen.

1. **Beispiele aus dem nichtmathematischen Bereich:**

   a) ○ ist die Hauptstadt von Italien. – Welche Einsetzung aus der Grundmenge G_1 führt auf eine **wahre**, welche auf eine **falsche** Aussage?

   $G_1 = \{$ Paris, Madrid, Rom, Athen, Oslo, ..., Wien $\}$

   b) □ und △ sind Nadelbäume. – Welche Einsetzungen aus der Grundmenge G_2 machen diese Aussageform zu einer wahren (falschen) Aussage?

   $G_2 = \{$ Eichen, Fichten, Buchen, Tannen, Birken $\}$

   Nur das Element „Rom" macht die 1. Aussageform zu einer **wahren Aussage.**

   Nur die Elemente „Fichten" und „Tannen" machen die 2. Aussageform zu einer **wahren Aussage.**

   Aus der Menge der Hauptstädte oder der Bäume führt hier nur ein **Teil** auf eine wahre Aussage. Wir sagen, daß die Aussageformen durch Einsetzungen aus der Grundmenge nur **teilgültig** sind.

Aussageformen

> Einsetzungen aus der Grundmenge, die eine Aussageform zu einer wahren Aussage machen, nennt man **Lösungen** oder **Lösungselemente** der Aussageform.

c) x ist ein deutscher Fluß. – Grundmenge $\mathbb{G}_3 = \{$ Rhein, Ems, Weser, Elbe, Donau, Main, Mosel, ..., Neckar $\}$. Hier führt jetzt jede Einsetzung in die Aussageform auf eine **wahre Aussage**. Man sagt in diesem Fall, daß die Aussageform in der Grundmenge „**allgemeingültig**" sei.

In den vorstehenden Fällen waren die Aussageformen **allgemeingültig** oder **teilgültig erfüllbar** in den betreffenden Grundmengen.

d) Es gibt aber auch **nichterfüllbare** Aussageformen, wenn sich kein Lösungselement in der Grundmenge befindet.

y ist Bruder von Gerd. – Wenn folgende Grundmenge vorliegt, dann ist die Aussageform nicht erfüllbar.
$\mathbb{G}_4 = \{$ Heike, Ute, Nicole, Sigrid, Gaby, Simone $\}$

Wir fassen zusammen:

> Je nach der Grundmenge gibt es **erfüllbare** (allgemein- und teilgültige) und **nichterfüllbare** Aussageformen.

2. Beispiele aus dem mathematischen Bereich:

a) x ist eine gerade Primzahl. – $\mathbb{G}_1 = \mathbb{P}$, $\mathbb{G}_1 = \{2, 3, 5, 7, 11, ...\}$
Nur das Element 2 macht die Aussageform zu einer **wahren** Aussage. Alle anderen Elemente machen sie zu einer falschen Aussage.

b) $y + 3 \leq 5$ $\mathbb{G}_2 = \mathbb{N}$, $\mathbb{G}_2 = \{1, 2, 3, 4, 5, ...\}$
$1 + 3 \leq 5$
$2 + 3 \leq 5$ Nur die Elemente 1 und 2 machen die Aussageform zu einer wahren Aussage.
Prüfe das, indem du noch weitere Zahlen aus $\mathbb{N}$ einsetzt. Beide vorstehenden Aussageformen sind also **teilgültig** in den Grundmengen $\mathbb{G}_1$ und $\mathbb{G}_2$.

c) $z < z + 1$ $\mathbb{G}_3 = \mathbb{N}_0$, $\mathbb{G}_3 = \{0, 1, 2, 3, 4, ...\}$
$0 < 0 + 1$
$1 < 1 + 1$ **Alle** Elemente der Grundmenge machen die Aussage-
$2 < 2 + 1$ form zu einer wahren Aussage. Die Aussageform ist also **allgemeingültig** in der Grundmenge $\mathbb{G}_3$. Prüfe weiter.

d) $2a = 9$ $\mathbb{G}_4 = \mathbb{N}$, $\mathbb{G}_4 = \{1, 2, 3, 4, ...\}$
$2 \cdot 1 \neq 9$
$2 \cdot 2 \neq 9$ Keine Einsetzung aus der Menge der natürlichen Zahlen
.... macht die Aussageform zu einer wahren Aussage. Die
$2 \cdot 5 \neq 9$ Aussageform ist **nicht erfüllbar** in $\mathbb{G}_4$. Prüfe weiter.

Für die **Lösungsmengen** der vorstehenden Aussageformen schreiben wir kürzer:

$$\overset{\mathbb{G}_1}{\mathbb{L}_1 = \{\,2\,\}} \quad \overset{\mathbb{G}_2}{\mathbb{L}_2 = \{\,1, 2\,\}} \quad \overset{\mathbb{G}_3}{\mathbb{L}_3 = \{\,0, 1, 2, 3, 4, \ldots\,\}} \quad \overset{\mathbb{G}_4}{\mathbb{L}_4 = \{\quad\}}$$

Es ist demnach:

$$\mathbb{L}_1 \subset \mathbb{G}_1 \qquad \mathbb{L}_2 \subset \mathbb{G}_2 \qquad \mathbb{L}_3 \subset \mathbb{G}_3 \qquad \mathbb{L}_4 \subset \mathbb{G}_4$$

Die Lösungsmengen sind Teilmengen der Grundmengen.

Bemerkung zu $\mathbb{G}_3$ und $\mathbb{G}_4$: Erinnere dich, daß die Menge selbst und die leere Menge Teilmengen einer Menge sind.

Von Bedeutung sind im mathematischen Bereich **erfüllbare Aussageformen**, die also auf **wahre Aussagen** führen.

Wir bedienen uns bei diesen Aussagen auch folgender Redewendungen:

Für teilgültige: Es gibt ein x in $\mathbb{P}$, für das die Aussageform „x ist eine gerade Primzahl" wahr wird.

Es gibt einige y in $\mathbb{N}$, für die $y + 3 \leqslant 5$ wahr wird.

Für allgemeingültige:

Für alle z aus $\mathbb{N}_0$ wird „$z < z + 1$" wahr.

2.4. Verknüpfung von Aussagen

Wir haben bisher gesehen, daß man bei der Wiedergabe eines Tatbestandes **wahre und** – aus Versehen oder absichtlich – **falsche Aussagen** machen kann.

Der Mensch zieht nun durch **Denken** aus zwei oder mehreren Aussagen Schlüsse, die wiederum **neue Aussagen** darstellen.

Beispiele:

Dirks Vater ist Oberst.	(W)	$2 \cdot 15 = 19 + 11$	(W)
Ein Oberst ist ein Offizier.	(W)	$19 + 11 = 35 - 8 + 3$	(W)
Dirks Vater ist Offizier.	(W)	$2 \cdot 15 = 35 - 8 + 3$	(W)

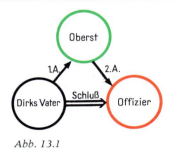

Abb. 13.1

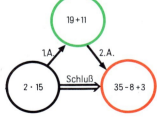

Abb. 13.2

Man sollte nun annehmen, daß zwei **wahre** Aussagen zwangsläufig zu einem **richtigen Schluß** führen müßten. Das ist nur bei **richtigem** Denken der Fall. **Verkehrtes** Denken führt zu **verkehrten** Schlüssen und meist auch zu falschen Aussagen.

Beispiel:

Vaters **wahre** Aussage:	Die Sonne ist eine Lichtquelle. (W)
Mutters **wahre** Aussage:	Glühbirnen sind Lichtquellen (W)
Dirks **falsche** Aussage: (durch **verkehrten** Schluß)	Die Sonne ist eine Glühbirne. (F)

Zeichne zu diesem Beispiel ein Diagramm wie in Abb. 13.1.
Der kleine Dirk ist durch **verkehrtes Denken** zu der falschen Aussage gekommen.
Es ist eine der Hauptaufgaben der Schule – nicht nur des Mathematikunterrichts – richtiges Denken zu üben.

Nach Vorstehendem ist es also zweierlei:
Über einen Sachverhalt durch richtiges Denken aus 2 Aussagen **eine Aussage zu machen oder einen Schluß zu ziehen.**
Um die möglichen Entscheidungen deutlich auseinander zu halten, hat man vereinbart:

Aussagen sind **wahr** (W) oder **falsch** (F)	Schlüsse sind **richtig** (R) oder **verkehrt** (V)

Aufgaben

1. ○ ist eine deutsche Landeshauptstadt. Welche Einsetzungen in vorstehender Aussageform aus folgender Grundmenge führen auf eine wahre, welche auf eine falsche Aussage? – $G = \{$ Hannover, München, Bonn, Wiesbaden, Frankfurt, Stuttgart, Kiel $\}$ – Ist die Aussage in der gegebenen Grundmenge allgemein- oder teilgültig?

2. Der Quizmaster fragt; du antwortest!
   a) Aussageform: □ ist die Bundeshauptstadt der Schweiz.
      Grundmenge: $G_1 = \{$ Genf, Bern, Lausanne, Basel, Zürich, Luzern $\}$
   b) Aussageform: △ ist die Bundeshauptstadt der USA.
      Grundmenge: $G_2 = \{$ New York, Chicago, Boston, Baltimore, San Francisco $\}$
   Welche der vorstehenden Aussageformen ist in der Grundmenge 1. erfüllbar, allgemein-, teilgültig, 2. nicht erfüllbar?

3. Nenne je 4 Lösungselemente zu folgenden Aussageformen.
   a) Der (die, das)
      ○ ist ein Säugetier.
      Grundmenge $G_1 = \{\ldots\ldots\}$
   b) Der (die, das)
      ☐ ist ein Vogel.
      Grundmenge $G_2 = \{\ldots\ldots\}$

4. Mache je 1 falsche Aussage aus vorstehenden Aussageformen.

5. Stelle selbst je 3 Quizfragen
   a) zum Sport
   b) aus der Biologie
   c) aus der Erdkunde
   d) aus der Geschichte
   und gliedere wie in Aufgabe 2. Ersinne zunächst eine Grundmenge.

6. Mache 4 wahre, 4 falsche Aussagen aus der Mathematik.

7. Ersetze die Variablen x, y, z, u, v, w, r, s, t, p, q folgender mathematischer Aussageformen durch passende Lösungselemente, so daß wahre Aussagen entstehen.
   a) $x \in \mathbb{N}$
   b) y ist das erste Element von $\mathbb{N}$
   c) $z \subset$ der Dreierfolge
   d) u ist das erste Element von $\mathbb{N}_0$
   e) $v \notin \mathbb{N}$
   f) w ist Teilmenge jeder Menge
   g) $\{1, 2, 3\} \subset r$
   h) $s \perp$ zum Wasserspiegel
   i) $t \in \mathbb{P}$
   k) p und q sind parallel

8. Welche der vorstehenden Aussageformen sind teilgültig, welche sind allgemeingültig?

9. Versuche die Aussagen so abzuändern, daß in ihnen kein Lösungselement stehenbleibt, indem du sie mit „Es gibt ein ..." oder „Für alle ..." beginnst.

10. Ziehe den **richtigen Schluß** aus folgenden wahren Aussagen.
    a) 1. Hein ist ein Maat.
       2. <u>Ein Maat ist ein Seemann.</u>
       3. ....
    b) 1. Gold ist ein Edelmetall.
       2. <u>Edelmetalle rosten nicht.</u>
       3. ....
    c) 1. Stockholm liegt in Schweden.
       2. <u>Schweden liegt in Nordeuropa.</u>
    d) 1. Die Athener sind Griechen.
       2. <u>Die Griechen sind Europäer.</u>
    e) 1. Kohle ist ein Brennstoff.
       2. <u>Brennstoffe sind zum Heizen.</u>
    f) 1. Bananen sind Südfrüchte.
       2. <u>Südfrüchte sind nahrhaft.</u>

11. Stelle 3 der vorstehenden Schlüsse durch ein Dreiecksschema zeichnerisch dar. (Siehe S. 13)

2.5. Aussagen und Aussageformen als Gleichungen und Ungleichungen

Im mathematischen Bereich treten häufig **Aussageformen als Gleichungen und Ungleichungen** auf. Hier sind 2 Terme – ein Linksterm und ein Rechtsterm – durch die Zeichen $=$, $<$, $>$ verbunden. Dabei muß einer der beiden Terme mindestens eine **Variable** (einen Platzhalter für eine Leerstelle) enthalten.

Gleichungen und Ungleichungen
a) $x + 4 = 9$ **b)** $2x + 3 < 10$ **c)** $x - 6 > 3$

Wir wollen **durch Probieren** die **Lösungselemente** aus der **Grundmenge** $\mathbb{N}$ suchen, die diese Aussageformen in wahre Aussagen verwandeln.

a) $x + 4 = 9$	b) $2 \cdot x + 3 < 10$	c) $x - 6 > 3$
$1 + 4 = 9$ (F)	$2 \cdot 1 + 3 < 10$ (W)	$7 - 6 > 3$ (F)
$2 + 4 = 9$ (F)	$2 \cdot 2 + 3 < 10$ (W)	$8 - 6 > 3$ (F)
$3 + 4 = 9$ (F)	$2 \cdot 3 + 3 < 10$ (W)	$9 - 6 > 3$ (F)
$4 + 4 = 9$ (F)	$2 \cdot 4 + 3 < 10$ (F)	$10 - 6 > 3$ (W)
$5 + 4 = 9$ (W)	$2 \cdot 5 + 3 < 10$ (F)	$11 - 6 > 3$ (W)
$6 + 4 = 9$ (F)	$2 \cdot 6 + 3 < 10$ (F)	$12 - 6 > 3$ (W)
....	....	....
$\mathbb{L}_1 = \{5\}$	$\mathbb{L}_2 = \{1, 2, 3\}$	$\mathbb{L}_3 = \{10, 11, 12, 13, \ldots\}$
$\mathbb{L}_1$ ist eine einelementige Lösungsmenge.	$\mathbb{L}_2$ ist eine endliche mehrelementige Lösungsmenge.	$\mathbb{L}_3$ ist eine nichtendliche Lösungsmenge.

Nur die vorstehenden Lösungselemente machen die Aussageformen zu wahren Aussagen. Wir erkennen, was wir von vornherein gefordert haben:

Die Lösungsmenge ist Teilmenge der Grundmenge.

In Mengenbildern:

 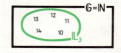

Abb. 16.1　　　　　Abb. 16.2　　　　　Abb. 16.3

Um aus Aussageformen Aussagen zu machen, müssen die Einsetzungen sinnvoll sein. Lautet die Aussageform beispielsweise „x ist eine Blume", so wird man für x kein Element aus der Grundmenge der Automarken einsetzen. Solches gilt auch im mathematischen Bereich.

Aussageformen

3. Einführung in die Bruchzahlen

3.1. Entstehung von Bruchzahlen – Der Bruch als Teil eines Ganzen

1. a) Zeichne verschieden große Kreise mit dem Zirkel auf Papier und schneide die Kreisflächen aus.
   b) Falte die Kreisflächen wiederholt um einen Durchmesser als Symmetrieachse wie in Abb. 17.1 und schneide Halbe ($\frac{1}{2}$), Viertel ($\frac{1}{4}$), Achtel ($\frac{1}{8}$) mit der Schere aus.

Abb. 17.1

Du hast sicher große Halbkreise und kleine Halbkreise, ... Und doch haben verschieden große Halbkreise etwas gemeinsam: Jeder Halbkreis ist die Hälfte seines ganzen Kreises.
Im Verhältnis der Teilfigur zur ganzen Figur haben wir Bruchzahlen dargestellt.

   c) Kann ein Viertelkreis größer sein als ein Halbkreis? Ist deshalb $\frac{1}{4}$ größer als $\frac{1}{2}$? Wie sollten die Kreise sein, die wir als Ganze nehmen, damit wir Bruchzahlen mit Hilfe von Kreisbruchstücken gut miteinander vergleichen können?
   d) Nimm gleich große Kreise und deren Teilfiguren.
   Schneide ferner $\frac{2}{4}$, $\frac{3}{4}$, $\frac{2}{8}$, $\frac{3}{8}$, $\frac{4}{8}$, $\frac{5}{8}$, $\frac{6}{8}$, $\frac{7}{8}$ aus und lege die Bruchteile auf verschiedene Weise wieder zu einer ganzen Kreisfläche zusammen.

Beispiele:

$\frac{1}{2} + \frac{1}{2} = \frac{2}{2} = 1$ $\frac{1}{4} + \frac{1}{4} + \frac{1}{4} + \frac{1}{4} = \frac{4}{4} = 1$

$\frac{1}{4} + \frac{1}{4} + \frac{1}{2} = 1$ $\frac{1}{8} + \frac{2}{8} + \frac{5}{8} = 1$ (Abb. 17.2a)

$\frac{1}{4} + \frac{3}{4} = 1$ $\frac{5}{12} + \frac{7}{12} = 1$ (Abb. 17.2b)

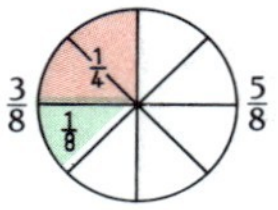

Abb. 17.2a 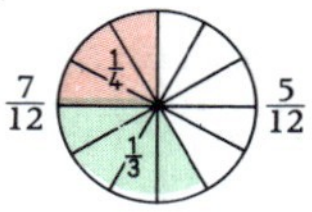   Abb. 17.2b

Bilde andere Zusammenstellungen.

2. Ersetze die Platzhalter (□) durch die passende Bruchzahl:
   a) $\frac{2}{4} + □ = 1$ b) $\frac{3}{4} + □ = 1$ c) $\frac{1}{2} + \frac{1}{4} + □ = 1$ d) $\frac{1}{8} + □ = 1$
   Ersetze die Platzhalter (△) durch die passende Zahl:
   e) $\frac{△}{2} + \frac{1}{2} = 1$ f) $\frac{△}{4} + \frac{1}{2} = 1$ g) $\frac{△}{8} + \frac{5}{8} = 1$ h) $\frac{2}{8} + \frac{3}{8} + \frac{△}{8} = 1$
   Kontrolliere deine Lösungen durch Legen von Kreisbruchstücken.

Brüche 17

3. Ein Konditor teilt eine Torte in 2 Hälften, dann in 4 Viertel und nun in 12 Zwölftel, so daß wir die folgende Gleichungskette schreiben können:

$$1 = \frac{2}{2} = \frac{4}{4} = \frac{12}{12}$$

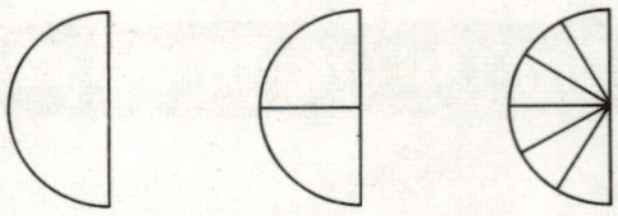

Abb. 18.1 $\frac{1}{2} = \frac{2}{4} = \frac{6}{12}$

a) Wieviel Viertel ($\frac{1}{4}$), Zwölftel ($\frac{1}{12}$) macht die halbe Torte aus (Abb. 18.1)?

b) Wieviel Zwölftel ($\frac{1}{12}$) macht die Vierteltorte aus (Abb. 18.2)?

Abb. 18.2 $\frac{1}{4} = \frac{3}{12}$

4. Zeichne einen Kreis und teile seine Fläche in 12 gleiche Teile. Schneide die Kreisfläche aus und zerschneide sie in 12 Teile. Füge die Zwölftel wieder so zusammen, daß folgende Brüche dargestellt werden:

$\frac{1}{6}, \frac{1}{12}, \frac{1}{4}, \frac{1}{3}, \frac{5}{12}, \frac{10}{12}, \frac{8}{12}, \frac{3}{4}, \frac{5}{6}, \frac{2}{3}, \frac{9}{12}, \frac{7}{12}$

Eine Bruchzahl entsteht, wenn man ein Ganzes in gleiche Teile zerlegt und davon einen Teil nimmt oder mehrere Teile zusammenfaßt. Durch das Verhältnis der Teilfigur zu ihrem Ganzen ist die Bruchzahl dargestellt.

a) Brüche, die Brucheinheiten sind, nennt man **Stammbrüche**.

$\frac{1}{2}, \frac{1}{3}, \frac{1}{4}, \frac{1}{5}, \frac{1}{6}, \frac{1}{7}, \frac{1}{8}, \ldots \boxed{\frac{1}{n}}$

wobei $n \in \mathbb{N}$ und $n > 1$

b) Zusammengesetzte Brucheinheiten heißen **abgeleitete Brüche**.

$\frac{2}{3}, \frac{3}{4}, \frac{2}{5}, \frac{4}{5}, \frac{5}{6}, \frac{3}{7}, \frac{4}{7}, \ldots \boxed{\frac{m}{n}}$

wobei $m, n \in \mathbb{N}$ und $m, n > 1$ und $m < n$

Über dem Bruchstrich steht der **Zähler**.
Unter dem Bruchstrich steht der **Nenner**.
Jeder Bruch wird also durch ein **Zahlenpaar** dargestellt.
Der Nenner **nennt** die Teile (Teilfiguren), in die das Ganze geteilt wurde; der Zähler gib ihre **Anzahl** an (Abb. 18.3).

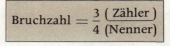

Abb. 18.3

3.2. Brüche als Verhältnisse von Teilfiguren und Teilkörpern zu ihrem Ganzen

1. a) Zeichne 3 Rechtecke auf Gitterpapier und teile sie in 2, 4, 8 gleiche Teile wie in Abb. 18.4.

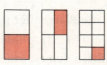

Abb. 18.4

18 **Brüche**

b) Welche Bruchteile werden durch die farbigen Flächen, welche durch die hellen Flächen dargestellt?

c) Zeichne 2 gleiche Rechtecke und teile sie in 4 (8) Teile auf andere Art. Warum ist es bei der Darstellung von Brüchen mittels Rechteckteilen besonders wichtig anzugeben, was als Ganzes gelten soll?

2. Stelle an Rechtecken auf Gitterpapier folgende Bruchteile als **Teilfiguren** dar: $\frac{1}{3}$, $\frac{2}{3}$, $\frac{1}{6}$, $\frac{5}{6}$, $\frac{2}{9}$, $\frac{5}{9}$, $\frac{7}{9}$, $\frac{5}{12}$, $\frac{7}{12}$, $\frac{11}{12}$

3. In Abb. 19.1 sind Quadrate gezeichnet, deren Teilfiguren Quadrate, Dreiecke und Rechtecke sind und Viertel, Achtel, Sechzehntel darstellen.

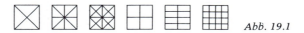

Abb. 19.1

Figuren, die eine Fläche in gleiche Teile ohne Rest teilen, nennt man auch Teiler dieser Fläche.

4. Zeichne Quadrate auf Gitterpapier und veranschauliche $\frac{3}{4}$, $\frac{5}{8}$, $\frac{7}{8}$, $\frac{6}{16}$, $\frac{7}{16}$, $\frac{11}{16}$.

5. Der Bruchteil $\frac{5}{8}$ ist in Abb. 19.2 durch **Teilkörper** (Bauklötze) dargestellt, die kleine Würfel innerhalb eines größeren Würfels sind. Wieviel Achtel fehlen am Ganzen?

Abb. 19.2

6. a) In Abb. 19.3 wird das ganze **Zylindervolumen** (der Rauminhalt) **einer Pumpe** im Verhältnis 1 : 8 (lies „1 zu 8"), d. h. auf $\frac{1}{8}$ verkleinert. – Daneben sind 5 Raumteile von 8 Raumteilen des ganzen Zylindervolumens dargestellt. Das verkleinerte Volumen verhält sich zum ganzen Volumen wie 5 : 8 (lies „5 zu 8"), d. h. das verkleinerte Volumen ist $\frac{5}{8}$ des ganzen Volumens.

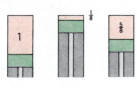

Abb. 19.3

b) In Abb. 20.1 siehst du eine **Maschine mit einem Walzenpaar,** die Bleche auswalzt und sie dabei im Verhältnis 1 : 2 verformt. In unserer Figur beträgt am Eingang der Walzen die Blechstärke 10 mm und am Ausgang 5 mm. Die Ausgangsstärke ist stets die Hälfte ($\frac{1}{2}$) der Eingangsstärke, einerlei wie groß sie ist.

Die Ausgangsstärke steht zur Eingangsstärke in der **Relation** „ist die Hälfte von". (Siehe roten Zuordnungspfeil im Mengenbild 20.2.)

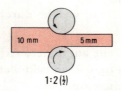

Abb. 20.1

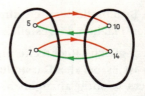

Abb. 20.2

Umgekehrt steht die Eingangsstärke zur Ausgangsstärke in der Relation „ist das Doppelte von". (Siehe grünen Zuordnungspfeil im Mengenbild). Auf wieviel mm wird ein Blech von ursprünglich 14, 12, 8, 6, 4, 2 mm verformt? Trage im Mengenbild die fehlenden Zahlen ein.

Gib einige weitere Blechstärken in mm am Ein- und Ausgang der Walzen an, die dem **Verformungsverhältnis** 1 : 2, 1 : 3, 1 : 4, 1 : 5, 2 : 3, 3 : 4, 2 : 5 genügen. Anders geschrieben erhalten wir die **Verformungszahlen** $(\frac{1}{2})$, $(\frac{1}{3})$, $(\frac{1}{4})$, $(\frac{1}{5})$, $(\frac{2}{3})$, $(\frac{3}{4})$, $(\frac{2}{5})$. Sie sind dir als **Bruchzahlen** geläufig.

7. Man kann Brüche auch an Strecken veranschaulichen. Zeichne auf Gitterpapier eine Strecke von 100 mm und teile sie in 5, 10, 20 Teile. Zeige

    a) $\frac{1}{5}, \frac{2}{5}, \frac{3}{5}, \frac{4}{5}, \frac{5}{5}$, b) $\frac{3}{10}, \frac{5}{10}, \frac{8}{10}, \frac{9}{10}$, c) $\frac{7}{20}, \frac{10}{20}, \frac{14}{20}, \frac{15}{20}, \frac{18}{20}, \frac{11}{20}, \frac{19}{20}, \frac{20}{20}$ der Strecke.

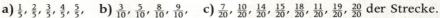

Abb. 20.3

Verlängere die Dezimeterstrecke nach rechts (Abb. 20.3). Die **Bildpunkte** unserer vorgenannten **Bruchzahlen** liegen auf einem **Zahlenstrahl** zwischen 0 und 1, genauer: $0 < \frac{m}{n} \leq 1$, wobei $m \in \mathbb{N}$, $n \in \mathbb{N}$, $m \leq n$.

8. Zeichne 6 gleichlange, parallele Strecken von 60 mm Länge senkrecht nebeneinander und teile die Strecke in 2, 3, 4, 5, 6 gleiche Teile (Abb. 20.4).

    a) Vergleiche $\frac{1}{2}, \frac{1}{3}, \frac{1}{4}, \frac{1}{5}, \frac{1}{6}$ und schreibe in fallender und steigender **Ungleichungskette**:

    $\frac{1}{2} > \frac{1}{3} > \ldots$ allgemein: $\boxed{\frac{1}{n} > \frac{1}{n+1}}$ und $\frac{1}{6} < \frac{1}{5} < \ldots$
    allgemein: $\boxed{\frac{1}{n} < \frac{1}{n-1}}$

    b) Welches ist der größte Stammbruch? – Warum gibt es keinen kleinsten Stammbruch?
    Kann man wie bei den natürlichen Zahlen einen unmittelbaren Nachfolger angeben?
    Trage auf einem Zahlenstrahl in Gitterpapier möglichst viele Bildpunkte von Stammbrüchen ein. $0 < \frac{1}{n} \leq \frac{1}{2}$ ($n \in \mathbb{N}$ und $n > 1$) (Abb. 21.1).

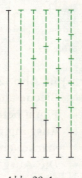

Abb. 20.4

Abb. 21.1

9. a) Haben folgende Gleichungen eine natürliche Zahl als Lösung?

□ · 1 = 3   △ · 1 = 5   ○ · 1 = 4   x · 1 = 6

Wir finden für die Platzhalter   □ = 3   △ = 5   ○ = 4   x = 6

Die Lösungen sind **natürliche Zahlen.**

b) Wie lauten die Lösungen für folgende Gleichungen?

□ · 3 = 1   △ · 5 = 1   ○ · 4 = 1   x · 6 = 1

Die Lösungen sind keine natürlichen Zahlen, sondern neue Zahlen: **Bruchzahlen.**

□ = $\frac{1}{3}$ △ = $\frac{1}{5}$ ○ = $\frac{1}{4}$ x = $\frac{1}{6}$

denn: $\frac{1}{3}$ · 3 = 1 (Ganzes) $\frac{1}{5}$ · 5 = 1 $\frac{1}{4}$ · 4 = 1 $\frac{1}{6}$ · 6 = 1

Prüfe das mit Kreisstücken, Rechteckstücken usw.

10. a) Haben folgende Gleichungen eine natürliche Zahl als Lösung?

□ · 5 = 10   △ · 3 = 12   ○ · 7 = 21   x · 19 = 95

□ = $\frac{10}{5}$ △ = $\frac{12}{3}$ ○ = $\frac{21}{7}$ x = $\frac{95}{19}$

□ = 2   △ = 4   ○ = 3   x = 5

Wir lernten schon, die in der ersten Zeile gegebene Gleichung $x \cdot a = b$ als Divisionsaufgabe $x = \frac{b}{a}$ schreiben. Die Quotienten $\frac{10}{5}, \frac{12}{3}, \frac{21}{7}, \frac{95}{19}$ ergeben **natürliche** Zahlen, da 5 Teiler von 10, 3 Teiler von 12, 7 Teiler von 21, 19 Teiler von 95 ist.

b) Wie lauten die Lösungen folgender Gleichungen?   allgemein:

□ · 5 = 2   △ · 4 = 3   ○ · 3 = 2   x · 8 = 5 $\boxed{\begin{array}{c} x \cdot a = b \\ x = \frac{b}{a} \end{array}}$

□ = $\frac{2}{5}$ △ = $\frac{3}{4}$ ○ = $\frac{2}{3}$ x = $\frac{5}{8}$

Die Lösungen sind **Bruchzahlen,** da 5 kein Teiler von 2, 4 kein Teiler von 3, 3 kein Teiler von 2, 8 kein Teiler von 5 ist.

> **In der Menge der natürlichen Zahlen kann also nicht uneingeschränkt dividiert werden. Der Quotient zweier natürlicher Zahlen kann wieder eine natürliche Zahl sein; er kann aber auch aus der Menge der natürlichen Zahlen herausführen, auf eine Bruchzahl.**

Die Bruchzahlen sind **neue Zahlen.** Wir werden noch prüfen müssen, ob die dir bekannten Rechenoperationen für natürliche Zahlen auch auf sie anwendbar sind. Aus einem später ersichtlichen Grunde wollen wir die Menge der Bruchzahlen mit Q^+ bezeichnen.

Aufgaben

3

1. Welche Gleichungen haben in der Menge der natürlichen Zahlen ($\mathbb{N}$) eine Lösung und welche nicht?
   a) $x \cdot 30 = 240$ b) $x \cdot 25 = 675$ c) $x \cdot 19 = 171$ d) $x \cdot 6 = 5$
   e) $12 \cdot x = 36$ f) $5 \cdot x = 95$ g) $7 \cdot x = 5$ h) $11 \cdot x = 11$

2. Prüfe ebenso folgende Gleichungen.
   a) $x \cdot 4 = 10$ b) $4 \cdot x = 32$ c) $x \cdot 22 = 130$ d) $37 \cdot x = 333$
   e) $x \cdot 5 = 1$ f) $8 \cdot x = 2$ g) $x \cdot 7 = 2$ h) $8 \cdot x = 4$

3. Monika gibt   a) $\frac{1}{5}$ ihres Monatsgehalts von 600 DM für Miete aus,   b) $\frac{3}{5}$ für Verpflegung und Kleidung,   c) den Rest spart sie. Berechne die Anteile in DM.

4. Beantworte folgende Sätze, indem du jeweils Bruchzahlen verwendest.
   a) Von 5 Aufgaben sind 4 falsch; wieviel sind richtig?
   b) Von 20 Fahrern schieden 7 vorzeitig aus dem Rennen aus; wieviel verblieben im Rennen?
   c) Von 35 Mädchen in der Klasse waren 8 krank; wieviel waren anwesend?
   d) Von 12 Klassenarbeiten hatte Gisela 5 gut, den Rest befriedigend.

5. Ermittle in deiner Klasse den Bruchteil   a) an Nichtschwimmern,   b) an Brillenträgern,   c) an Auswärtigen.

6. Drücke den Anteil an den Zensuren der letzten Rechenarbeit deiner Klasse in Bruchzahlen aus.

3.3. Der Bruch als Teil mehrerer Ganzen

1. Ein Motorzylinder (Abb. 22.1) hat ein Volumen (Rauminhalt) von 3 l.

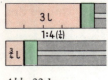

Abb. 22.1

Der Kolben verformt das Volumen im Verhältnis 1 : 4, so daß wir ein Volumen von $\frac{3}{4}$ l erhalten. Vergleiche die Volumina vom oberen und unteren Zylinder. Die Bruchzahl $\frac{3}{4}$ ist der 4. Teil des oberen Zylinderinhalts von 3 Ganzen.

2. a) Dieter findet $\frac{3}{4}$ Pfannkuchen vor. Er verzehrt

$\frac{1}{4} + \frac{1}{4} + \frac{1}{4} = \frac{1}{4} \cdot 3 = \frac{3}{4}$

Die Bruchzahl $\frac{3}{4}$ gibt an, wieviel mal die **Teilfigur** „Pfannkuchenviertel", (der Stammbruch $\frac{1}{4}$), vorhanden ist.

b) Ein anderes Mal stehen 3 aufeinander geschichtete Pfannkuchen für 4 Personen zur Verteilung bereit. Dieter greift aus dem Pfannkuchenberg $\frac{1}{4}$ als **Teilkörper** heraus.
Die Divisionsaufgabe 3 : 4 führt auf $\frac{3}{4}$ Pfannkuchen. Der Quotient der beiden natürlichen Zahlen 3 und 4 ergibt die Bruchzahl $\frac{3}{4}$.

Eine Bruchzahl kann als eine Divisionsaufgabe bzw. als Quotient aufgefaßt werden. Der Zähler ist der Dividend, der Nenner der Divisor. Der Bruchstrich kann durch den Doppelpunkt ersetzt werden.

Allgemein: $\boxed{\frac{m}{n} = m : n}$, wobei $m, n \in \mathbb{N}$.

Wir fassen zusammen und veranschaulichen dies an unserem **Verformungsmodell**. Erläutere die Abbildung 23.1.

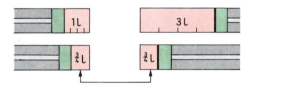

Abb. 23.1

3 mal der 4. Teil von 1 ist genau so groß wie der 4. Teil von 3.

Abb. 23.2

Die Bruchzahl $\frac{3}{4}$ als Teil der Zahl 1.   Die Bruchzahl $\frac{3}{4}$ als Teil der Zahl 3.

3. Wieviel erhält jeder, wenn a) 3 Liter Milch an 4 Personen, b) 5 Tafeln Schokolade an 6 Personen verteilt werden?

Echte Brüche

4. a) Stelle am Zahlenstrahl dar, daß $3 : 4 = \frac{3}{4}$ ist (Abb. 23.3).

Abb. 23.3

b) Zwischen welchen Zahlen liegt der **Bildpunkt** der Bruchzahl $\frac{3}{4}$?

c) Stelle am Zahlenstrahl dar $4 : 5 = \frac{4}{5}$ ($3 : 5 = \frac{3}{5}$).

d) Zwischen welchen Zahlen liegen die Bildpunkte aller Bruchzahlen, deren Zähler kleiner als der Nenner ist?

e) Abb. 24.1 zeigt oben eine unverformte **Spiralfeder,** bei der jede Windung auf einem Zahlenstrahl einen Bildpunkt der natürlichen Zahlen berührt. Darunter befindet sich eine gleiche Feder, die längs der Bezugsgeraden gleitet, wenn wir sie stauchen (zusammendrücken). Wir stauchen derart, daß „5, unten" unter „2, oben" eingestellt wird. Die Verformungszahl ($\frac{2}{5}$) zeigt an, daß die Feder gegenüber der oberen „Einheitsfeder" gleichmäßig im **Verhältnis** 2 : 5 verformt wurde. Welchen Bruch liest du über „1, unten" ab? Stelle andere Verformungszahlen durch Stauchung ein. Zeichne! **Durch Stauchung entstehen stets echte Brüche.**

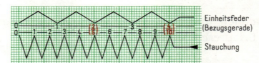

Abb. 24.1

Einheitsfeder (Bezugsgerade)

Stauchung

Bruchzahlen, die kleiner als 1 sind, heißen echte Brüche. Ihr Zähler ist kleiner als der Nenner.

Kurz: $\boxed{0 < \frac{m}{n} < 1}$, wobei $m, n \in \mathbb{N}$ und $m < n$.

f) Da Stammbrüche ($\frac{1}{2}, \frac{1}{3}, \frac{1}{4}, \ldots$) < 1 sind, können wir sie im Mengenbild als Teilmenge der Menge der echten Brüche darstellen (Abb. 24.2).

5. Nenne zur Wiederholung 15 beliebige echte Brüche.

Abb. 24.2

Unechte Brüche

6. a) Stelle am Zahlenstrahl dar, daß $4 : 3 = \frac{4}{3}$ ist (Abb. 23.3).

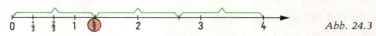

Abb. 24.3

b) Wo liegt der Bildpunkt der Bruchzahl $\frac{4}{3}$? $1 < \frac{4}{3} < 2$

c) Stelle am Zahlenstrahl dar $5 : 2 = \frac{5}{2}$ ($5 : 3 = \frac{5}{3}$)

d) Wo liegen die Bildpunkte aller Brüche, deren Zähler größer als der Nenner ist?

e) Abb. 25.1 zeigt oben wieder eine unverformte Spiralfeder. Diesmal **dehnen** wir die darunter liegende gleiche Feder. Wir dehnen sie derart, daß ,,2, unten" unter ,,3, oben" eingestellt wird. Die untere Feder wurde, gegenüber der oberen „Einheitsfeder" im Verhältnis 3 : 2 gedehnt. Die Verformungszahl ist $(\frac{3}{2})$.

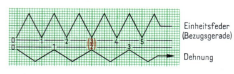

Abb. 25.1

Welche Bruchzahl liegt über ,,1, unten"? Bei unserem Verformungsbeispiel entstehen **durch Dehnung unechte Brüche.**

Bruchzahlen, die gleich oder größer als 1 sind, heißen unechte Brüche.

Kurz: $\boxed{\frac{m}{n} \geq 1}$, wobei $m, n \in \mathbb{N}$ und $m \geq n$.

7. Nenne als Wiederholung 15 beliebige unechte Brüche.

8. a) Stelle am Zahlenstrahl dar, daß $4 : 2 = \frac{4}{2} = 2$ ist (Abb. 25.2).

Abb. 25.2

b) Wo liegt der Bildpunkt der Bruchzahl $\frac{4}{2}$? $\frac{4}{2} = 2$

c) Stelle am Zahlenstrahl dar $\frac{6}{3} = 2$ $(\frac{6}{2} = 3)$

d) Wo liegen die Bildpunkte aller Brüche, deren Zähler gleich dem Nenner ist?

e) Wo liegen die Bildpunkte der Brüche, deren Zähler ein ganzzahliges Vielfaches des Nenners ist?

Brüche, deren Zähler gleich dem Nenner oder einem ganzzahligen Vielfachen des Nenners sind, heißen uneigentliche Brüche.

9. Nenne zur Wiederholung 15 beliebige uneigentliche Brüche als Divisionsaufgaben und verwandle sie in Ganze. (Z. B. $\frac{45}{9} = 45 : 9 = 5$)

10. Nenne umgekehrt 15 beliebige natürliche Zahlen als uneigentliche Brüche mit beliebigen Nennern.

Gemischte Zahlen

11. Bei der Division einer natürlichen Zahl durch eine teilerfremde kleinere Zahl behielten wir früher einen Rest, den wir nicht geteilt haben. Wir schrieben z. B. früher: $4 : 3 = 1$ Rest 1, was gleichbedeutend sein sollte mit $4 = 3 \cdot 1 + 1$. Inzwischen haben wir gelernt, 1 durch 3 zu teilen; das ist $\frac{1}{3}$. Deshalb schreiben wir fortan: $4 : 3 = 1\frac{1}{3}$ (die Kurzschreibweise für $1 + \frac{1}{3}$).

> Tritt zu einer natürlichen Zahl ein echter Bruch, so entsteht eine gemischte Zahl.

12. Nenne als Wiederholung 15 unechte Brüche und führe die Division aus.

> Unechte Brüche gehen durch Ausführung der Division in gemischte Zahlen über.

Aufgaben

1. a) Verwandle folgende gemischte Zahlen in unechte Brüche.
   $16\frac{1}{2}$, $4\frac{2}{3}$, $12\frac{2}{3}$, $11\frac{1}{9}$, $14\frac{2}{7}$, $33\frac{1}{3}$, $6\frac{1}{4}$, $43\frac{2}{3}$, $25\frac{2}{5}$, $16\frac{4}{5}$, $6\frac{7}{8}$, $101\frac{3}{4}$, $125\frac{5}{9}$, $325\frac{6}{35}$
   b) Verwandle folgende unechte Brüche durch Division in gemischte Zahlen.
   $\frac{22}{7}$, $\frac{35}{12}$, $\frac{49}{16}$, $\frac{65}{16}$, $\frac{94}{19}$, $\frac{100}{6}$, $\frac{1000}{3}$, $\frac{290}{17}$, $\frac{362}{19}$, $\frac{624}{25}$, $\frac{425}{21}$, $\frac{447}{8}$, $\frac{575}{24}$, $\frac{833}{14}$

2. Stelle am Zahlenstrahl dar, d. h. suche die Bildpunkte von:
   a) $1\frac{1}{2}$ b) $3\frac{2}{5}$ c) $1\frac{5}{6}$ d) $2\frac{2}{3}$ e) $4\frac{1}{4}$ f) $2\frac{4}{5}$

3. a) Um wieviel sind folgende echten Brüche < 1?
   $\frac{1}{4}$, $\frac{1}{3}$, $\frac{1}{5}$, $\frac{3}{4}$, $\frac{2}{3}$, $\frac{3}{5}$, $\frac{4}{9}$, $\frac{3}{7}$, $\frac{8}{9}$, $\frac{5}{7}$, $\frac{1}{12}$, $\frac{7}{12}$, $\frac{8}{11}$, $\frac{8}{15}$, $\frac{19}{20}$, $\frac{4}{25}$
   b) Um wieviel sind folgende gemischten Zahlen < 5?
   $2\frac{3}{4}$, $3\frac{1}{5}$, $4\frac{1}{3}$, $2\frac{2}{3}$, $4\frac{3}{4}$, $1\frac{3}{5}$, $2\frac{4}{9}$, $3\frac{9}{10}$, $4\frac{5}{12}$, $4\frac{21}{25}$, $1\frac{19}{50}$, $3\frac{47}{50}$
   c) Um wieviel sind folgende unechten Brüche > 1?
   $\frac{12}{7}$, $\frac{13}{9}$, $\frac{8}{5}$, $\frac{14}{11}$, $\frac{5}{3}$, $\frac{15}{14}$, $\frac{32}{31}$, $\frac{37}{19}$, $\frac{33}{17}$, $\frac{15}{13}$, $\frac{38}{25}$, $\frac{29}{15}$

4. Welche der folgenden Aussagen sind wahr (W), welche sind falsch (F)?
   a) $\frac{11}{11} = 1$ b) $\frac{1}{2} < \frac{1}{3}$ c) $\frac{22}{22} = 2$ d) $\frac{1}{5} > \frac{1}{4}$ e) $\frac{0}{9} = 0$ f) $9\frac{99}{99} = 10$
   g) $1\frac{3}{5} + 6\frac{2}{5} < 9$ h) $10\frac{17}{14} + \frac{11}{14} > 12$ i) $\frac{119}{17} = \frac{133}{19}$ k) $\frac{37}{37} > \frac{36}{36}$

5. Setze für das neutrale Verknüpfungszeichen (∘) die Zeichen ($<$, $>$, $=$) ein, so daß eine wahre Aussage entsteht.
   a) $\frac{10}{11} \circ 1$ b) $\frac{9}{9} \circ \frac{2}{2}$ c) $\frac{11}{10} \circ \frac{10}{10}$ d) $3\frac{1}{4} \circ 3$ e) $4\frac{8}{9} \circ 5$ f) $\frac{5}{4} \circ \frac{4}{5}$ g) $4\frac{5}{5} \circ 4\frac{10}{10}$
   h) $\frac{0}{3} \circ \frac{0}{4}$ i) $1\frac{8}{9} \circ \frac{17}{9}$ k) $\frac{16}{2} \circ \frac{32}{4}$ l) $\frac{12}{5} \circ 3\frac{3}{5} \circ 4\frac{1}{5}$ m) $2\frac{5}{6} \circ 1\frac{13}{6} \circ 5\frac{5}{6}$

3.4. Dezimalbrüche in der Kommaschreibweise

1. Wir haben die **Kommaschreibweise** schon früher beim Geld und bei den Längen-, Flächen-, Körper- und Gewichtsmaßen kennengelernt. Nachdem wir die Bruchzahlen eingeführt haben, schreiben wir in der höheren Einheit:

	als Zehnerbrüche		mit Komma
3 DM und 25 Pf	= 3 DM $\frac{25}{100}$ DM	= $3\frac{25}{100}$ DM	= 3,25 DM
4 kg und 375 g	= 4 kg $\frac{375}{1000}$ kg	= $4\frac{375}{1000}$ kg	= 4,375 kg
8 cm und 5 mm	= 8 cm $\frac{5}{10}$ cm	= $8\frac{5}{10}$ cm	= 8,5 cm
75 l	= 0 hl $\frac{75}{100}$ hl	= $\frac{75}{100}$ hl	= 0,75 hl

2. Sprich als Zehnerbrüche und mit Komma:
   a) als DM: 20 Pf, 200 Pf, 415 Pf, 8 Pf, 809 Pf, 5025 Pf, 38 505 Pf
   b) als kg: 125 g, 25 g, 3 g, 305 g, 100 g, 8235 g, 91 208 g

3. Nenne **a)** 6 Stammbrüche, **b)** 6 echte Brüche, **c)** 6 gemischte Zahlen mit Nennern, die Potenzen von 10 sind (10, 100, 1000, 10 000) und in der Kommaschreibweise.

Statt mit Bruchstrich pflegt man also **Zehnerbrüche** oder **Dezimalbrüche** mit Komma zu schreiben und den Nenner wegzulassen.

$$10 = 10$$
$$1,0 = 1$$
$$0,1 = \frac{1}{10}$$
$$0,01 = \frac{1}{100}$$
$$0,001 = \frac{1}{1000}$$
$$0,0001 = \frac{1}{10\,000}$$

Die Dezimalbrüche bilden die Fortsetzung der Zehnerordnung unter die Einer hinab. Auch hier bilden 10 Einheiten einer Stufe 1 Einheit der nächsthöheren Stufe. Es liegt demnach eine Erweiterung der dezimalen Schreibweise der natürlichen Zahlen vor.

$\frac{3}{10} = 0,3$ $\frac{4}{100} = 0,04$ $\frac{8}{1000} = 0,008$ $\frac{7}{10000} = 0,0007$ $\frac{5}{100000} = 0,00005$

Die Zehntel (z) stehen an der 1. Stelle, die Hundertstel (h) an der 2., die Tausendstel (t) an der 3. Stelle, usw. rechts vom Komma. Sie heißen **Dezimalen** und ihre Stellen **Dezimalstellen**.

$$0,30875 = 0 \text{ Ganze} + 3\,z + 0\,h + 8\,t + 7\,zt + 5\,ht$$

Ist eine Dezimalstelle nicht besetzt, so muß an diese Stelle eine Null geschrieben werden.

Ganze stehen links vom Komma. Fehlen die Ganzen, so setzt man an die Einerstelle eine Null.

$368,745 = 368\frac{745}{1000} = 368 + \frac{700}{1000} + \frac{40}{1000} + \frac{5}{1000} = 368 + \frac{7}{10} + \frac{4}{100} + \frac{5}{1000}$

$0,4809 = \frac{4000}{10000} + \frac{800}{10000} + \frac{0}{10000} + \frac{9}{10000} = \frac{4}{10} + \frac{8}{100} + \frac{0}{1000} + \frac{9}{10000}$

Die folgende Tafel verdeutlicht die Stufen der ganzen Zahlen und der Zehnerbrüche.

Dezimalsystem						Erweiterung					
M	Ht	Zt	T	H	Z	E	z	h	t	zt	ht	m
							$\frac{1}{10}$	$\frac{1}{100}$	$\frac{1}{1000}$	$\frac{1}{10\,000}$	$\frac{1}{100\,000}$	$\frac{1}{1\,000\,000}$
7.	6.	5.	4.	3.	2.	1.	1.	2.	3.	4.	5.	6. Stelle

Links vom Komma stehen , rechts vom Komma stehen
die Ganzen | die Dezimalen

3

4. a) Welchen Wert hat die 5
   1) in der 2., 4., 1., 5., 6., 3., 7. Stelle vor dem Komma,
   2) in der 5., 2., 4., 6., 1., 3. Stelle hinter dem Komma?

Dezimalbrüche in der Kommaschreibweise spricht man wie folgt:

$8{,}734 = 8\frac{734}{1000}$ spricht man kurz: **8 Komma 7–3–4**
(Sprich **nicht**: 8 Komma – siebenhundertvierunddreißig!)

$6{,}589 \text{ kg} = 6\frac{589}{1000}$ kg spricht man **6 kg 589 g** oder kurz: **6 Komma 5–8–9 kg**
(Sprich **nicht**: 6 Komma – fünfhundertundneunundachtzig!)

$7{,}95 \text{ m} = 7\frac{95}{100}$ m spricht man **7 m 95 cm** oder kurz: **7 Komma 9–5 m**
(Sprich **nicht**: 7 m fünfundneunzig, auch wenn es im Alltagsgebrauch so üblich!)

5. Lies auf zweifache Art: 5,325; 2,035; 17,2468; 15,03125; 203,104378

6. Gib den Stellenwert der einzelnen Ziffern an:
386,5; 4605,58; 0,050505; 10 304,030407; 0,00701; 807 356 403,2304567

Aufgaben

1. Schreibe mit Komma.
   a) 6 E 9 z   **b)** 9 Z 6 h   **c)** 7 H 3 E 3 z   **d)** 7 T 4 Z 3 E 7 t
   e) 8 zt   **f)** 9 m   **g)** 8 H 4 E 7 ht   **h)** 9 E 7 h 8 m

2. Schreibe folgende Zehnerbrüche in der Kommaschreibweise.
   a) $\frac{9}{10}$, $\frac{78}{100}$, $\frac{3}{1000}$, $\frac{36}{1000}$, $\frac{45}{100}$, $\frac{80}{1000}$, $\frac{7}{10}$, $\frac{5}{1000}$, $6\frac{9}{10}$, $18\frac{17}{1000}$,
   b) $54\frac{54}{100}$, $9\frac{9}{10}$, $15\frac{50}{100}$, $6\frac{3}{1000}$, $35\frac{325}{1000}$, $9\frac{6256}{100000}$, $12\frac{384}{10000}$

3. Schreibe mit Bruchstrich als echte Brüche oder gemischte Zahlen.
   a) 0,3   **b)** 0,07   **c)** 0,001   **d)** 5,1234   **e)** 2,00032   **f)** 4,000302
   g) 0,31   **h)** 0,012   **i)** 0,3001   **k)** 7,0203   **l)** 3,01012   **m)** 7,200003

4. Schreibe ebenso.
   a) 0,7   **b)** 0,39   **c)** 0,475   **d)** 0,08   **e)** 1,009   **f)** 3,270
   g) 5,04   **h)** 12,012   **i)** 18,24   **k)** 9,036   **l)** 5,438   **m)** 17,005

4. Formänderung von Bruchzahlen

4.1. Das Erweitern

$\frac{2}{4} = \frac{1 \cdot 2}{2 \cdot 2} \quad \frac{4}{8} = \frac{1 \cdot 4}{2 \cdot 4} \quad \frac{8}{16} = \frac{1 \cdot 8}{2 \cdot 8}$, allgemein: $\frac{m}{n} = \frac{m \cdot k}{n \cdot k}$ wobei $m, n, k \in \mathbb{N}$

Bei der vorstehenden Zerlegung von Zähler und Nenner in Faktoren erkennen wir, daß **ein Bruch** nicht geändert wird, wenn man Zähler und Nenner mit **derselben** Zahl (Erweiterungszahl) multipliziert. Der Bruch erhält nur eine andere **Form**. Diese Formänderung der Bruchzahlen nennt man **Erweitern**.

Man erweitert eine Bruchzahl, indem man Zähler und Nenner mit derselben natürlichen Zahl multipliziert.

Aufgaben

1. Zeichne einen Zahlenstrahl. Wo liegen die Bruchzahlen $\frac{1}{2}, \frac{2}{4}, \frac{4}{8}, \frac{8}{16}$? Da die erweiterten Bruchzahlen auf dem Zahlenstrahl dieselben **Bildpunkte** ergeben, müssen sie **gleich** sein.

2. Bilde durch Erweitern mit 2, 3, 4, 5, 6 Gleichungsketten von 6 Bruchzahlen.
   a) $\frac{1}{2} = \frac{2}{4} = \frac{3}{6} \ldots$ b) $\frac{1}{3} = \frac{2}{6} \ldots$ c) $\frac{1}{4} = \frac{2}{8} \ldots$ d) $\frac{1}{5} = \ldots$
   e) $\frac{2}{3} = \frac{4}{6} \ldots$ f) $\frac{3}{4} = \ldots$ g) $\frac{4}{5} = \ldots$ h) $\frac{5}{6} = \ldots$

3. Setze für die Platzhalter die fehlenden Zähler ein, wobei $\square \in \mathbb{N}$. Welchen Wert haben jeweils die 6 Quotienten?
   a) $\frac{1}{2} = \frac{\square}{12} = \frac{\square}{16} = \frac{\square}{20} = \frac{\square}{30} = \frac{\square}{50}$ b) $\frac{2}{3} = \frac{\square}{9} = \frac{\square}{15} = \frac{\square}{24} = \frac{\square}{36} = \frac{\square}{72}$
   c) $\frac{3}{4} = \frac{\square}{8} = \frac{\square}{12} = \frac{\square}{20} = \frac{\square}{60} = \frac{\square}{100}$ d) $\frac{5}{6} = \frac{\square}{12} = \frac{\square}{24} = \frac{\square}{30} = \frac{\square}{36} = \frac{\square}{60}$

4. Ersetze die Platzhalter ($\square$ = Zähler, $\triangle$ = Nenner) in folgenden Gleichungsketten ($\square$ und $\triangle \in \mathbb{N}$).
   a) $\frac{3}{4} = \frac{15}{\triangle} = \frac{\square}{28} = \frac{\square}{48} = \frac{30}{\triangle} = \frac{\square}{60} = \frac{36}{\triangle} = \frac{45}{\triangle} = \frac{\square}{80} = \frac{54}{\triangle} = \frac{\square}{100}$
   b) $\frac{2}{3} = \frac{64}{\triangle} = \frac{\square}{45} = \frac{\square}{60} = \frac{10}{\triangle} = \frac{\square}{90} = \frac{50}{\triangle} = \frac{56}{\triangle} = \frac{\square}{96} = \frac{\square}{102} = \frac{84}{\triangle}$

5. Setze für x (Zähler) und y (Nenner) die passende natürliche Zahl (x und $y \in \mathbb{N}$) ein, so daß alle Quotienten gleich sind.
   a) $\frac{3}{5} = \frac{x}{60} = \frac{39}{y} = \frac{x}{35} = \frac{24}{y} = \frac{x}{100} = \frac{60}{y} = \frac{x}{50} = \frac{90}{y} = \frac{x}{65} = \frac{45}{y}$
   b) $\frac{5}{6} = \frac{30}{y} = \frac{x}{60} = \frac{45}{y} = \frac{x}{30} = \frac{100}{y} = \frac{x}{90} = \frac{50}{y} = \frac{75}{y} = \frac{x}{96} = \frac{85}{y}$

6. Löse folgende Gleichungen. Setze die passende natürliche Zahl für x und y ein, so daß die Aussageformen in wahre Aussagen übergehen.
   a) $\frac{4}{5} = \frac{x}{10}$ b) $\frac{5}{11} = \frac{x}{22}$ c) $\frac{7}{13} = \frac{x}{26}$ d) $\frac{8}{15} = \frac{x}{45}$ e) $\frac{1}{3} = \frac{x}{42}$ f) $\frac{x}{7} = \frac{5}{35}$
   g) $\frac{15}{18} = \frac{x}{90}$ h) $\frac{27}{y} = \frac{1}{3}$ i) $\frac{7}{8} = \frac{21}{y}$ k) $\frac{5}{9} = \frac{35}{y}$ l) $\frac{14}{17} = \frac{x}{170}$ m) $\frac{7}{19} = \frac{28}{y}$

4.2. Die Klasseneinteilung der Bruchzahlen

Wiederhole kurz, was du bei den „Mengen von Mengen" zur Klasseneinteilung (siehe Seite 5) gelernt hast. Erinnere dich vor allem an die 3 Bedingungen, denen eine Klasseneinteilung genügen muß.

Wir haben gesehen, daß Bruchzahlen durch Zahlenpaare dargestellt werden. Wir haben in vorstehenden Übungen jedoch festgestellt, daß **viele** verschiedene Zahlenpaare **eine** Bruchzahl ergeben. Wir wollen diese Zahlenpaare zusammenfassen und mit Hilfe des Zahlenstrahls wie folgt ordnen, so daß eine **Klasseneinteilung** in der Menge der Zahlenpaare entsteht.

Zahlenstrahl

$1\frac{1}{3}$ ←Gl.-Klasse $\frac{4}{3} = \left\{\frac{4}{3}, \frac{8}{6}, \frac{12}{9}, \frac{16}{12}, \ldots \ldots \frac{4 \cdot k}{3 \cdot k}\right\}$ **allgemein:**

1 ←Gl.-Klasse $\frac{1}{1} = \left\{\frac{1}{1}, \frac{2}{2}, \frac{3}{3}, \frac{4}{4}, \ldots \ldots \frac{1 \cdot k}{1 \cdot k}\right\}$ $\boxed{\dfrac{m}{n} = \dfrac{m \cdot k}{n \cdot k}}$

$\frac{3}{4}$ ←Gl.-Klasse $\frac{3}{4} = \left\{\frac{3}{4}, \frac{6}{8}, \frac{9}{12}, \frac{12}{16}, \ldots \ldots \frac{3 \cdot k}{4 \cdot k}\right\}$ wobei $m, n, k \in \mathbb{N}$

$\frac{1}{2}$ ←Gl.-Klasse $\frac{1}{2} = \left\{\frac{1}{2}, \frac{2}{4}, \frac{3}{6}, \frac{4}{8}, \ldots \ldots \frac{1 \cdot k}{2 \cdot k}\right\}$

$\frac{1}{4}$ ←Gl.-Klasse $\frac{1}{4} = \left\{\frac{1}{4}, \frac{2}{8}, \frac{3}{12}, \frac{4}{16}, \ldots \ldots \frac{1 \cdot k}{4 \cdot k}\right\}$

0

> **Man nennt die Menge von quotientengleichen Zahlenpaaren eine Gleichheitsklasse. Jede dieser Gleichheitsklassen kann als eine Bruchzahl aufgefaßt werden.**

Wir erkennen, daß jeder Klasse von quotientengleichen **verschiedenen** Zahlenpaaren genau **ein** Punkt auf dem (hier senkrecht nach oben gerichteten) Zahlenstrahl entspricht. Alle Zahlenpaare einer Klasse kann man sich durch fortgesetztes Erweitern entstanden denken. – Jeder dieser Quotienten ist ein Vertreter seiner Klasse. Man pflegt im allgemeinen eine Klasse durch die nicht mehr kürzbare Bruchzahl, den teilerfremden **Kernbruch** auszudrücken. So kommt es, daß man vom „Bruch $\frac{1}{4}$" spricht, wenn man die Bruch**zahl** $\frac{1}{4}$ meint.

Wir wollen uns noch eine Menge von quotientengleichen Zahlenpaaren an unserem **Zweifedernmodell** (Abb. 25.1) veranschaulichen. Dehnen wir

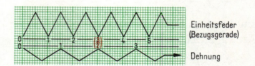

Abb. 30.1

z. B. die untere Feder gegenüber der oberen unverformten „Einheitsfeder"
im Verhältnis 3 : 2, dann stellen wir „2, unten" unter „3, oben" ein.
Gleichzeitig mit der Verformungszahl ($\frac{3}{2}$), dem teilerfremden Kernbruch,
erscheinen die teilerverwandten Verformungszahlen ($\frac{6}{4}$), ($\frac{9}{6}$), ($\frac{12}{8}$) usw., die
dasselbe aussagen. Sie enthalten nur die Erweiterungsfaktoren (E.F.) 2,
3, 4 usw. Die Eigenschaft der elastischen Spiralfeder, sich gleichmäßig
zu verformen, macht sie besonders geeignet, die **Gleichverformung** in
unserer Gleichheitsklasse darzustellen.

Da wir die untere Feder dehnten, entstand eine Gleichheitsklasse unechter
Brüche. Wenn wir sie stauchen, so erhält man Gleichheitsklassen echter
Brüche.

Aufgaben

1. Vervollständige die in obiger Tabelle genannten Elemente einer Klasse um je 6 weitere.

2. Warum ist die Menge einer Klasse nichtendlich? Begründe dies an der allgemeinen Formel.

3. Warum ist sie eine Teilmenge der nichtendlichen Menge aller Brüche (Zahlenpaare)? Begründe dies am Zahlenstrahl. – Wieviel Bruchzahlen $< \frac{1}{4}$ lassen sich auf dem Zahlenstrahl noch angeben? – Gibt es einen kleinsten Bruch?

4. Wieviel Bruchzahlen lassen sich auf dem Zahlenstrahl z. B. zwischen $\frac{1}{2}$ ($\frac{4}{8}$, $\frac{6}{12}$, $\frac{8}{16}$, $\frac{10}{20}$, ...) und $\frac{3}{4}$ ($\frac{6}{8}$, $\frac{9}{12}$, $\frac{12}{16}$, $\frac{15}{20}$, ...) noch angeben? Nenne solche!

5. Ist irgend eine Klasse leer? – Sind irgend 2 Klassen nicht elementefremd? – Was kannst du über die Vereinigung aller Klassen (Teilmengen) aussagen?

> **Schon die Menge der zu einem Kernbruch gleich großen Brüche ist nichtendlich. – Die Menge aller Bruchzahlen ist nichtendlich. – Es gibt keine kleinste Bruchzahl. – Zwischen zwei Bruchzahlen lassen sich stets noch beliebig weitere angeben.**

6. In vorstehenden Sätzen haben wir **Aussagen** über Bruchzahlen gemacht. Aussagen können **wahr** oder **falsch** sein. Ersetze in den vorstehenden wahren Aussagen „Bruchzahlen" durch „natürliche Zahlen". Sind diese neuen Aussagen wahr? – Welche sind zu falschen Aussagen geworden?

4.3. Das Kürzen

Wir haben den Kernbruch $\frac{1}{2}$ auf $\frac{2}{4}$, $\frac{3}{6}$, $\frac{6}{12}$ ... erweitert, indem wir Zähler und Nenner mit derselben **Erweiterungszahl** (2, 3, 6, ...) multipliziert haben. Diese Brüche lassen sich umgekehrt auf die ursprüngliche Bruchzahl, den Kernbruch zurückführen, indem man Zähler und Nenner durch dieselbe Zahl (**Kürzungszahl**) **dividiert**. Man nennt diese Formänderung einer Bruchzahl **Kürzen**.

Erweitern	Kürzen
$\frac{1}{2} = \frac{1 \cdot 2}{2 \cdot 2} = \frac{2}{4}$	$\frac{2}{4} = \frac{2:2}{4:2} = \frac{1}{2}$
$\frac{1}{2} = \frac{1 \cdot 3}{2 \cdot 3} = \frac{3}{6}$	$\frac{3}{6} = \frac{3:3}{6:3} = \frac{1}{2}$
$\frac{1}{2} = \frac{1 \cdot 6}{2 \cdot 6} = \frac{6}{12}$	$\frac{6}{12} = \frac{6:6}{12:6} = \frac{1}{2}$

$\frac{60}{90} = \frac{30}{45} = \frac{10}{15} = \frac{2}{3}$;

allgemein: $\boxed{\frac{m}{n} = \frac{m:k}{n:k}}$, wobei $m, n, k \in \mathbb{N}$

Man kürzt einen Bruch, indem man Zähler und Nenner durch dieselbe Zahl dividiert.

Auch das **Kürzen** eines Bruches führt wie das Erweitern auf denselben **Bildpunkt** am Zahlenstrahl.

Die Zähler und Nenner von Brüchen besitzen häufig mehrere **gemeinsame Teiler**. Diese Zähler und Nenner heißen **teilerverwandt**.

Beispiel: $\frac{8}{48} = \frac{4}{24}$, $\frac{8}{48} = \frac{2}{12}$, $\frac{8}{48} = \frac{1}{6}$ (gemeinsame Teiler: 2, 4, 8)

Die Menge der Teiler einer Zahl nennt man kurz die **Teilermenge**. Die Teilermenge von 8 ist $\{1, 2, 4, 8\}$; die Teilermenge von 48 ist $\{1, 2, 3, 4, 6, 8, 12, 16, 24, 48\}$. (Verwechsle „Teilermenge" nicht mit „Teilmenge"!) Zähler und Nenner, die keinen gemeinsamen Teiler außer 1 haben, heißen **teilerfremd**. (Z. B. $\frac{27}{29}$, $\frac{31}{38}$, $\frac{35}{46}$, $\frac{15}{22}$)

Aufgaben

1. Löse die folgenden Gleichungen (Beachte, daß die Terme auf beiden Seiten der Gleichung quotientengleich sein müssen.) (x und $y \in \mathbb{N}$).

   a) $\frac{8}{10} = \frac{x}{5}$ b) $\frac{12}{15} = \frac{x}{5}$ c) $\frac{12}{16} = \frac{x}{4}$ d) $\frac{15}{45} = \frac{x}{3}$ e) $\frac{16}{24} = \frac{2}{y}$ f) $\frac{12}{48} = \frac{x}{4}$

   g) $\frac{13}{91} = \frac{1}{y}$ h) $\frac{46}{23} = \frac{2}{y}$ i) $\frac{49}{28} = \frac{x}{4}$ k) $\frac{81}{27} = \frac{3}{y}$ l) $\frac{55}{88} = \frac{x}{8}$ m) $\frac{22}{132} = \frac{2}{y}$

2. Kürzt man den Bruch ($\square$ und $\triangle \in \mathbb{N}$)

   a) $\frac{\square}{\triangle}$ durch 6, so erhält man $\frac{5}{7}$

   b) $\frac{\square}{\triangle}$ durch 4, so erhält man $\frac{9}{10}$

   Wie lautet der Kernbruch $\frac{\square}{\triangle}$?

3. Erweitert man den Kernbruch

   a) $\frac{\square}{\triangle}$ mit 8, so erhält man $\frac{32}{40}$

   b) $\frac{\square}{\triangle}$ mit 7, so erhält man $\frac{21}{56}$

   Wie heißt der Kernbruch?

4. Ergänze (vermindere) die Zähler und Nenner der Brüche um die natürlichen Zahlen $\square$ und $\triangle < 5$ und kürze dann durch 5.

   Beispiele: $\frac{11 + \square}{7 + \triangle} = \frac{11 + 4}{7 + 3} = \frac{15}{10} = \frac{2}{3}$ $\frac{18 - \square}{23 + \triangle} = \frac{18 - 3}{23 + 2} = \frac{15}{25} = \frac{3}{5}$

   a) $\frac{13 + \square}{27 + \triangle}$ b) $\frac{21 + \square}{44 + \triangle}$ c) $\frac{32 + \square}{33 - \triangle}$ d) $\frac{78 - \square}{29 - \triangle}$ e) $\frac{84 + \square}{87 + \triangle}$ f) $\frac{2 + \square}{101 - \triangle}$

4.4. Die Schnittmenge der Teilermengen von Zähler und Nenner – Die größte Kürzungszahl

1. Die Teilermengen des Zählers und des Nenners von $\frac{18}{30}$ lauten

$\mathbb{T}_{18} = \{\,1, 2, 3, 6, 9, 18\,\}$ $\qquad \mathbb{T}_{30} = \{\,1, 2, 3, 5, 6, 10, 15, 30\,\}$

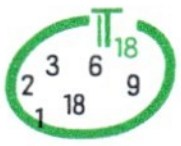

Abb. 33.1 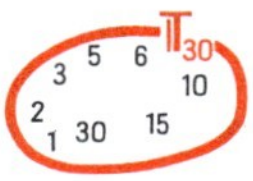 $\qquad$ Abb. 33.2

Die Schnittmenge beider Teilermengen (Abb. 33.3) ist die Menge der Elemente, die sowohl der einen als auch der anderen Menge angehören.
$\mathbb{T}_{18} \cap \mathbb{T}_{30} = \{\,1, 2, 3, 6\,\}$

Abb. 33.3

Wir können die Teilermengen auch noch so miteinander verknüpfen, indem wir die **Differenzmenge** bilden. Wir nehmen aus $\mathbb{T}_{18}$ die Elemente heraus, die in $\mathbb{T}_{30}$ vorkommen. Die Verknüpfung zur Differenzmenge $\mathbb{T}_{18} \setminus \mathbb{T}_{30} = \{\,9, 18\,\}$ ergibt die Menge der zum Nenner 30 **teilerfremden** Zahlen (Abb. 33.4).

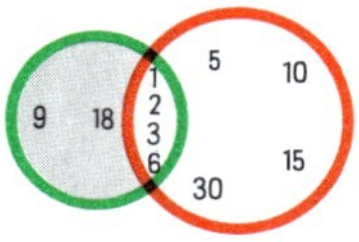

Abb. 33.4

Nehmen wir umgekehrt aus $\mathbb{T}_{30}$ die Elemente heraus, die auch in $\mathbb{T}_{18}$ vorkommen, so erhalten wir ebenso die **Differenzmenge**
$\mathbb{T}_{30} \setminus \mathbb{T}_{18} = \{\,5, 10, 15, 30\,\}$, die Menge der zum Zähler 18 **teilerfremden** Zahlen (Abb. 33.5).

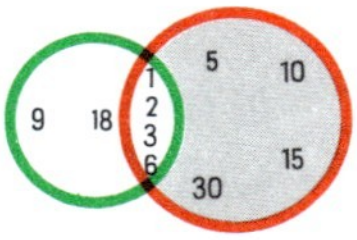

Abb. 33.5

2. Wir stellen dann vom Bruch $\frac{8}{48}$ die **Teilermengen** des Zählers und des Nenners in einzelnen **Teilerdiagrammen** (Abb. 34.1a und 34.1b) dar. Dann stellen wir diese Teilermengen beider Zahlen in **einem** Mengenbild dar, wobei die gemeinsamen Teiler nur einmal auftreten dürfen (Abb. 34.1c). Die Teilermenge der **gemeinsamen Teiler** von 8 und 48 ist die **Schnittmenge** (auch: der **Durchschnitt**) der beiden Teilermengen. Man schreibt:

Bruchzahlen 33

$\{1, 2, 4, 8\} \cap \{1, 2, 3, 4, 6, 8, 12, 16, 24, 48\} = \{1, 2, 4, 8\}$. Wenn wir die Teilermenge des Zählers mit $\mathbb{T}_8$ und die des Nenners mit $\mathbb{T}_{48}$ bezeichnen, schreiben wir kürzer: $\mathbb{T}_8 \cap \mathbb{T}_{48} = \{1, 2, 4, 8\}$

Abb. 34.1

3. Zähler und Nenner vom Bruch $\frac{27}{38}$ sind nicht teilerverwandt, sondern **teilerfremd**. Die Schnittmenge ihrer Teilermengen enthält nur das Element „1" (Abb. 34.2).
$\mathbb{T}_{27} \cap \mathbb{T}_{38} = \{1\}$
$\{1, 3, 9, 27\} \cap \{1, 2, 19, 38\} = \{1\}$
Das bedeutet: $\frac{27}{38}$ kann man nicht kürzen.

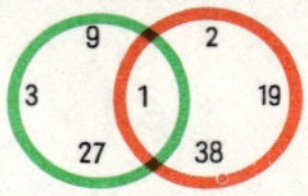

Abb. 34.2

4. Da die **Teilermenge einer Zahl endlich** ist, muß es in der gemeinsamen Teilermenge zweier Zahlen (Zähler und Nenner) eine **größte gemeinsame Kürzungszahl** geben.
Wenn man Zähler und Nenner eines Bruches durch den **größten** gemeinsamen Teiler (kurz: ggT) kürzt, so erhält man den nicht mehr kürzbaren **Kernbruch**.

Beispiele: $\frac{8}{48} = \frac{1}{6}$ (ggT = 8) $\frac{48}{60} = \frac{4}{5}$ (ggT = 12)

Die Kürzungszahl eines Bruches läßt sich im Mengenbild auch kürzer wiedergeben, z. B. $\frac{48}{60}$ (Abb. 34.3).

   kurz: Abb. 34.3

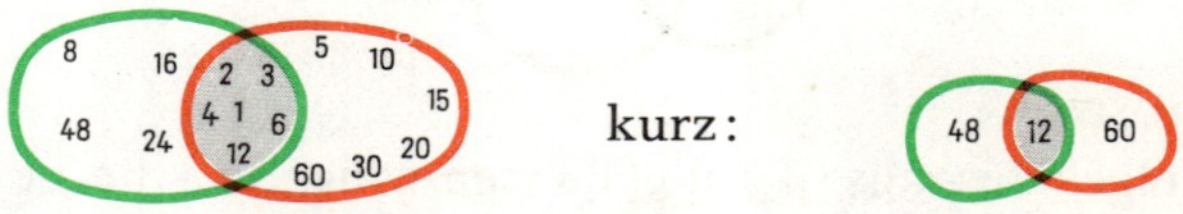

gemeinsame Teiler von 48 und 60   ggT von 48 u. 60

Beachte, daß der ggT 12, der Zähler 48 und der Nenner 60 der Zwölferfolge angehören.

Aufgaben

1. Zeichne die Teilerdiagramme zu den Zählern und Nennern und stelle die Schnittmenge in der Mengenschreibweise dar.

   a) $\frac{12}{30}$ b) $\frac{15}{24}$ c) $\frac{16}{24}$ d) $\frac{26}{65}$ e) $\frac{35}{56}$ f) $\frac{36}{81}$ g) $\frac{24}{56}$ h) $\frac{18}{40}$

2. Stelle die Teilerdiagramme der Zähler und Nenner von folgenden Brüchen dar und bilde die Schnittmenge auch in der Mengenschreibweise.

   a) $\frac{10}{20}$ b) $\frac{12}{48}$ c) $\frac{20}{80}$ d) $\frac{12}{36}$ e) $\frac{8}{24}$ f) $\frac{13}{65}$ g) $\frac{18}{36}$ h) $\frac{25}{100}$

3. Stelle das Teilerdiagramm von $\frac{39}{56}$ dar und benütze die Mengenschreibweise.

4. Suche den Kernbruch, indem du jeweils durch den kleinsten gemeinsamen Teiler weiterkürzt.

Beispiele: $\frac{120}{150} = \frac{60}{75} = \frac{20}{25} = \frac{4}{5}$ $\frac{180}{210} = \frac{90}{105} = \frac{30}{35} = \frac{6}{7}$

a) $\frac{12}{16}$ b) $\frac{10}{20}$ c) $\frac{18}{24}$ d) $\frac{18}{54}$ e) $\frac{30}{45}$ f) $\frac{36}{45}$
g) $\frac{32}{48}$ h) $\frac{40}{60}$ i) $\frac{54}{60}$ k) $\frac{72}{90}$ l) $\frac{96}{144}$ m) $\frac{125}{225}$

5. Kürze im Kopf durch die leicht erkennbare größte gemeinsame Kürzungszahl.

a) $\frac{19}{38}$ b) $\frac{17}{51}$ c) $\frac{13}{65}$ d) $\frac{75}{100}$ e) $\frac{75}{105}$ f) $\frac{78}{91}$
g) $\frac{38}{171}$ h) $\frac{32}{144}$ i) $\frac{52}{117}$ k) $\frac{42}{441}$ l) $\frac{54}{162}$ m) $\frac{51}{153}$

6. Stelle die Zähler und Nenner von folgenden Brüchen im vereinfachten ggT-Diagramm dar.

a) $\frac{18}{30}$ b) $\frac{21}{35}$ c) $\frac{20}{28}$ d) $\frac{24}{36}$ e) $\frac{30}{45}$
f) $\frac{51}{85}$ g) $\frac{112}{144}$ h) $\frac{42}{98}$ i) $\frac{48}{108}$ k) $\frac{36}{162}$

4.5. Die größte Kürzungszahl als Schnittmenge der Primfaktorenmengen von Zähler und Nenner

Um einen nicht sofort erkennbaren größten gemeinsamen Teiler (die größte Kürzungszahl) vom Zähler und Nenner eines Bruches zu ermitteln, können wir auch wie folgt verfahren. Wir zerlegen beide in ihre Primfaktoren.

Beispiel: $\frac{36}{180}$ ($36 = 2 \cdot 2 \cdot 3 \cdot 3$ $180 = 2 \cdot 2 \cdot 3 \cdot 3 \cdot 5$)

Stellt man die **Primfaktoren** des Zählers und des Nenners als **Elemente von Mengen** im Mengenbild (Abb. 33.1) dar, so ist die **Schnittmenge** beider Mengen die Primfaktorenmenge des größten gemeinsamen Teilers (der größten Kürzungszahl).

$\{2_\circ, 2_\square, 3_\circ, 3_\square\} \cap \{2_\circ, 2_\square, 3_\circ, 3_\square, 5\} = \{2_\circ, 2_\square, 3_\circ, 3_\square\}$

Um zu vermeiden, daß mehrere **gleiche** Primzahlen als **nicht unterscheidbare Elemente** bei der Mengenschreibweise auftreten, haben wir sie mit einem **Index** (Anzeiger) versehen.
Folgendes möge das verständlich machen: Die Menge der Buchstaben z. B. des Wortes „Schornsteinfeger" besteht aus 16 Elementen, die nicht alle der unbedingten Forderung nach der **Wohlunterscheidbarkeit der Elemente einer Menge** genügen. So sind hier 3 e, 2 n, 2 r und 2 s vorhanden. Um sie unterscheidbar zu machen, wollen wir sie mit einem Index versehen und wie folgt schreiben:

$e_○$, $e_□$, $e_△$; $n_○$, $n_□$; $r_○$, $r_□$; $s_○$, $s_□$; wir lesen z. B. „e tief Kreis, e tief Karo, e tief Dreieck" usw.

Für eine Mengenbetrachtung der Elemente (Buchstaben) nimmt sich unser Wort wie folgt aus: $S_○ch or_○ n_○ s_□ te_○ in_□ fe_□ ge_△ r_□$.

Dementsprechend wollen wir bei der Primfaktorenmenge verfahren. Nach Bedarf kennzeichnen wir die Primzahlen als $2_○$, $2_□$, $2_△$, 2_*; $3_○$, $3_□$; usw. (lies: „2 tief Kreis, 2 tief Karo, 2 tief Dreieck, 2 tief Stern" usw.

1. Beispiel: $\frac{36}{180}$

a) Das Mengenbild b) Das rechnerische Verfahren

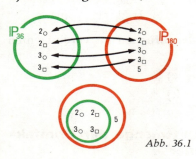

$$36 = 2 \cdot 2 \cdot 3 \cdot 3$$
$$180 = 2 \cdot 2 \cdot 3 \cdot 3 \cdot 5$$
$$\text{ggT}\left(\tfrac{36}{180}\right) = 2 \cdot 2 \cdot 3 \cdot 3 = \underline{36}$$

Ergebnis: $\frac{36}{180} = \underline{\frac{1}{5}}$

Abb. 36.1

Die größte gemeinsame Kürzungszahl eines Bruches (ggT) ist das Produkt aller Primfaktoren, die sowohl dem Zähler als auch dem Nenner angehören.

2. Beispiel: $\frac{48}{72}$

a) Das Mengenbild b) Das rechnerische Verfahren

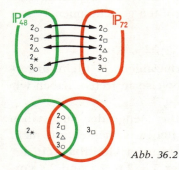

$$48 = 2 \cdot 2 \cdot 2 \cdot 2 \cdot 3$$
$$72 = 2 \cdot 2 \cdot 2 \quad \cdot 3 \cdot 3$$
$$\text{ggT}\left(\tfrac{48}{72}\right) = 2 \cdot 2 \cdot 2 \quad \cdot 3 = \underline{24}$$

Ergebnis: $\frac{48}{72} = \underline{\frac{2}{3}}$

Abb. 36.2

Stelle an beiden Beispielen eine Beziehung her zwischen dem Mengenbild und dem rechnerischen Verfahren.

Aufgaben

1. Kürze die folgenden Brüche, nachdem du schriftlich den ggT ermittelt hast und zeichne die Mengenbilder.
   a) $\frac{25}{75}$ b) $\frac{12}{36}$ c) $\frac{12}{96}$ d) $\frac{24}{28}$ e) $\frac{24}{64}$ f) $\frac{54}{90}$ g) $\frac{42}{54}$ h) $\frac{40}{86}$ i) $\frac{18}{96}$ k) $\frac{42}{56}$ l) $\frac{84}{120}$

2. Ermittle den ggT im selben rechnerischen Verfahren und kürze.
   a) $\frac{14}{96}$ b) $\frac{56}{88}$ c) $\frac{112}{144}$ d) $\frac{135}{216}$ e) $\frac{54}{144}$ f) $\frac{96}{288}$ g) $\frac{54}{360}$ h) $\frac{648}{912}$ i) $\frac{228}{612}$ k) $\frac{625}{1000}$
   l) $\frac{625}{1750}$ m) $\frac{475}{1000}$ n) $\frac{252}{396}$ o) $\frac{360}{792}$ p) $\frac{495}{825}$ q) $\frac{144}{360}$ r) $\frac{600}{1440}$ s) $\frac{132}{165}$ t) $\frac{225}{360}$

4.6. Vergleichen von Brüchen

4.6.1. Bruchzahlen mit gleichen Nennern

Vergleiche   a) $\frac{1}{4}$ und $\frac{3}{4}$ b) $\frac{2}{5}$ und $\frac{3}{5}$ c) $\frac{3}{8}$, $\frac{5}{8}$ und $\frac{7}{8}$.
Was ist bei diesen Brüchen gleich, was verschieden?
Um Brüche vergleichen zu können, stellen wir sie am Zahlenstrahl dar.
Das Bild des größeren Bruchs liegt rechts vom kleineren.
Wir erkennen: $\frac{1}{4} < \frac{3}{4}$, $\frac{2}{5} < \frac{3}{5}$, $\frac{3}{8} < \frac{5}{8} < \frac{7}{8}$

> **Je größer der Zähler bei gleichem Nenner, desto größer ist die Bruchzahl.**

Aufgaben

1. Ordne folgende Brüche nach der Größe mit dem <-Zeichen.
   a) $\frac{3}{10}$, $\frac{7}{10}$, $\frac{9}{10}$, $\frac{1}{10}$, $\frac{4}{10}$, $\frac{2}{10}$, $\frac{8}{10}$, $\frac{11}{10}$
   b) $\frac{3}{12}$, $\frac{1}{12}$, $\frac{11}{12}$, $\frac{7}{12}$, $\frac{4}{12}$, $\frac{9}{12}$, $\frac{15}{12}$, $\frac{17}{12}$
   c) $\frac{11}{15}$, $\frac{7}{15}$, $\frac{14}{15}$, $\frac{3}{15}$, $\frac{8}{15}$, $\frac{2}{15}$, $\frac{16}{15}$, $\frac{19}{15}$
   d) $\frac{4}{21}$, $\frac{3}{21}$, $\frac{8}{21}$, $\frac{5}{21}$, $\frac{10}{21}$, $\frac{19}{21}$, $\frac{23}{21}$, $\frac{30}{21}$

2. Gib zu folgenden Ungleichungen die Lösungsmengen an, wobei $x \in \mathbb{N}$.

   Beispiele: $\frac{x}{5} < \frac{4}{5}$, $\mathbb{L} = \{1, 2, 3\}$ $\frac{5}{8} > \frac{x}{8}$, $\mathbb{L} = \{1, 2, 3, 4\}$

   a) $\frac{x}{3} < \frac{2}{3}$ b) $\frac{5}{9} > \frac{x}{9}$ c) $\frac{x}{6} < \frac{5}{6}$ d) $\frac{x}{7} < \frac{6}{7}$
   e) $\frac{7}{12} > \frac{x}{12}$ f) $\frac{x}{10} < \frac{3}{10}$ g) $\frac{6}{11} > \frac{x}{11}$ h) $\frac{x}{5} < \frac{8}{5}$

3. Gib für folgende Ungleichungen die Lösungsmengen an, wobei $x, y \in \mathbb{N}$. Welche Lösungsmengen sind endlich, welche nichtendlich?

   Beispiel: $\frac{x}{11} < \frac{6}{11} < \frac{y}{11}$ $\mathbb{L}_x = \{1, 2, 3, 4, 5\}$ $\mathbb{L}_y = \{7, 8, 9, 10, 11, \ldots\}$
   (endlich)   (nichtendlich)

   a) $\frac{x}{10} < \frac{7}{10} < \frac{y}{10}$ b) $\frac{x}{15} > \frac{8}{15} > \frac{y}{15}$ c) $\frac{x}{3} > \frac{2}{3} > \frac{y}{3}$
   d) $\frac{x}{21} < \frac{4}{21} < \frac{y}{21}$ e) $\frac{x}{17} > \frac{5}{17} > \frac{y}{17}$ f) $\frac{x}{13} < \frac{3}{13} < \frac{y}{13}$

4. Gib die Lösungsmengen für folgende Ungleichungen an, wobei $x \in \{3, 6, 9, 12, 15, \ldots\}$.

Beispiel: $\frac{12}{25} < \frac{x}{25} < \frac{22}{25}$ $\mathbb{L} = \{15, 18, 21\}$

a) $\frac{4}{12} < \frac{x}{12} < \frac{11}{12}$ b) $\frac{1}{16} < \frac{x}{16} < \frac{14}{16}$ c) $\frac{18}{19} > \frac{x}{19} > \frac{2}{19}$

d) $\frac{7}{30} < \frac{x}{30} < \frac{25}{30}$ e) $\frac{1}{8} < \frac{x}{8} < \frac{5}{8}$ f) $\frac{2}{5} < \frac{x}{5} < \frac{3}{5}$

In welcher dieser Aufgaben ist die Lösung eine **einelementige Menge**, in welcher die **leere Menge** $\{\ \}$?

4.6.2. Bruchzahlen mit gleichen Zählern

Vergleiche a) $\frac{1}{2}$ und $\frac{1}{3}$, b) $\frac{1}{3}$ und $\frac{1}{4}$, c) $\frac{2}{3}$ und $\frac{2}{5}$, d) $\frac{3}{4}$ und $\frac{3}{10}$.
Was ist bei diesen Brüchen gleich, was verschieden?
Am Zahlenstrahl erkennen wir, daß der Bildpunkt von $\frac{1}{2}$ rechts von $\frac{1}{3}$ liegt, $\frac{1}{3}$ rechts von $\frac{1}{4}$, $\frac{2}{3}$ rechts von $\frac{2}{5}$, $\frac{3}{4}$ rechts von $\frac{3}{10}$.
Es ist also: $\frac{1}{2} > \frac{1}{3}$, $\frac{1}{3} > \frac{1}{4}$, $\frac{2}{3} > \frac{2}{5}$, $\frac{3}{4} > \frac{3}{10}$

Je größer der Nenner bei gleichem Zähler ist, desto kleiner ist die Bruchzahl.

Aufgaben

1. Ordne die folgenden Brüche nach der Größe mit dem $<$-Zeichen.

a) $\frac{3}{10}$, $\frac{3}{100}$, $\frac{3}{20}$, $\frac{3}{4}$, $\frac{3}{8}$, $\frac{3}{25}$, $\frac{3}{5}$, $\frac{3}{2}$ b) $\frac{2}{3}$, $\frac{2}{7}$, $\frac{2}{15}$, $\frac{2}{9}$, $\frac{2}{5}$, $\frac{2}{11}$, $\frac{2}{17}$, $\frac{2}{4}$

c) $\frac{4}{3}$, $\frac{4}{7}$, $\frac{4}{11}$, $\frac{4}{9}$, $\frac{4}{15}$, $\frac{4}{13}$, $\frac{4}{4}$, $\frac{4}{5}$ d) $\frac{7}{10}$, $\frac{7}{2}$, $\frac{7}{5}$, $\frac{7}{3}$, $\frac{7}{8}$, $\frac{7}{15}$, $\frac{7}{12}$, $\frac{7}{9}$

2. Gib zu folgenden Ungleichungen die Lösungsmengen an, wobei $y \in \mathbb{N}$. Welche Lösungsmengen sind endlich, welche nichtendlich?

Beispiele: $\frac{5}{y} > \frac{5}{7}$, $\mathbb{L} = \{1, 2, 3, 4, 5, 6\}$ $\frac{7}{y} < \frac{7}{8}$, $\mathbb{L} = \{9, 10, 11, 12, 13, \ldots\}$
(endlich) (nichtendlich)

a) $\frac{3}{y} < \frac{3}{8}$ b) $\frac{9}{12} > \frac{9}{y}$ c) $\frac{4}{y} < \frac{4}{5}$ d) $\frac{6}{y} > \frac{6}{5}$

e) $\frac{8}{y} < \frac{8}{9}$ f) $\frac{10}{y} > \frac{10}{11}$ g) $\frac{2}{y} > \frac{2}{3}$ h) $\frac{12}{5} < \frac{12}{y}$

3. Gib für folgende Ungleichungen die Lösungsmengen an, wobei x und $y \in \mathbb{N}$. Welche Lösungsmengen sind endlich, welche nichtendlich?

Beispiele: $\frac{3}{x} < \frac{3}{4} < \frac{3}{y}$ $x \in \{5, 6, 7, \ldots\}$, $y \in \{1, 2, 3\}$
(nichtendlich) (endlich)

$\frac{8}{9} > \frac{8}{7} > \frac{8}{x}$ $x \in \{10, 11, 12\}$ (endlich)

a) $\frac{5}{x} < \frac{5}{6} < \frac{5}{y}$ b) $\frac{6}{x} > \frac{6}{7} > \frac{6}{y}$ c) $\frac{2}{x} < \frac{2}{3} < \frac{2}{y}$

d) $\frac{7}{8} > \frac{7}{x} > \frac{7}{10}$ e) $\frac{47}{57} < \frac{47}{x} < \frac{47}{52}$ f) $\frac{10}{11} > \frac{10}{x} > \frac{10}{17}$

4.7. Der Hauptnenner als kleinstes Element der Schnittmenge mehrerer Nenner

1. Vergleiche $\frac{1}{2}$ und $\frac{3}{4}$.

Diese Brüche haben nicht nur verschiedene Zähler, sondern auch verschiedene Nenner. Um sie zu vergleichen, muß man sie **gleichnamig** machen, d. h. auf denselben Nenner bringen. Man nennt ihn den **Hauptnenner**.
Die **Vielfachenmengen,** auch Einmaleinsfolgen genannt, vom Nenner 2 ($\mathbb{V}_2$) und vom Nenner 4 ($\mathbb{V}_4$) sind nachstehend im Mengendiagramm dargestellt.

Vielfachen-   Vielfachen-   Vielfachen-   Vereinfachtes
diagramm   diagramm   diagramm   Vielfachendia-
von 2   von 4   Abb. 39.1 von 2 u. 4   gramm von 2 u. 4

Da die Vielfachen einer Zahl eine **nichtendliche Menge** bilden, tragen wir nur einige der ersten Elemente im Mengendiagramm und in der Klammer ein.
$\{2, 4, 6, 8, 10, \ldots\} \cap \{4, 8, 12, 16, 20, \ldots\} = \{4, 8, 12, 16, 20, \ldots\}$
Um $\frac{1}{2}$ und $\frac{3}{4}$ zu vergleichen, könnten wir ein beliebiges Element aus der Zahlenmenge der Schnittmenge $\mathbb{V}_4$ wählen. Zweckmäßigerweise nehmen wir als Hauptnenner stets das **kleinste** gemeinsame Vielfache (kgV). Wir vergleichen statt $\frac{1}{2}$ und $\frac{3}{4}$ nun $\frac{2}{4}$ und $\frac{3}{4}$. Wir stellen fest: $\frac{2}{4} < \frac{3}{4}$.

2. Vergleiche $\frac{1}{2}$ und $\frac{2}{3}$.

Die **Vielfachenmengen** der Nenner im **Mengenbild**:

Vielfachen-   Vielfachen-   Vielfachen-   Vereinfachtes
diagramm des   diagramm des   diagramm der   Vielfachendia-
Nenners 2   Nenners 3 Abb. 39.2 Nenner 2 u. 3   gramm der Nenner 2 u. 3

In der Mengenschreibweise:
$\{2, 4, 6, 8, 10, \ldots\} \cap \{3, 6, 9, 12, 15, \ldots\} = \{6, 12, 18, 24, 30, \ldots\}$
oder $\mathbb{V}_2 \cap \mathbb{V}_3 = \mathbb{V}_6$.
Das kleinste gemeinsame Vielfache (der Hauptnenner) ist 6.
Wir vergleichen statt $\frac{1}{2}$ und $\frac{2}{3}$ nun $\frac{3}{6}$ und $\frac{4}{6}$. Es ist $\frac{3}{6} < \frac{4}{6}$.

Bruchzahlen

3. Vergleiche $\frac{2}{3}$ und $\frac{7}{10}$.

Das Mengenbild:

Vielfachen-   Vielfachen-   Vielfachendiagramm   Vereinfachtes
diagramm des   diagramm des   der Nenner 3 u. 10   Vielfachendiagramm
Nenners 3   Nenners 10   der Nenner 3 u. 10

Abb. 40.1

In der Mengenschreibweise:

$\{3, 6, 9, 12, \ldots\} \cap \{10, 20, 30, 40, \ldots\} = \{30, 60, 90, 120, \ldots\}$
oder $\mathbb{V}_3 \cap \mathbb{V}_{10} = \mathbb{V}_{30}$. Der Hauptnenner (das kgV) ist 30.
Wir vergleichen statt $\frac{2}{3}$ und $\frac{7}{10}$ nun $\frac{20}{30}$ und $\frac{21}{30}$. Es ist $\frac{20}{30} < \frac{21}{30}$.

4. Vergleiche $\frac{2}{3}$, $\frac{3}{4}$ und $\frac{4}{5}$.

Die Vielfachenmengen der Nenner im Mengenbild:

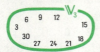

Vielfachendiagramm   Vielfachendiagramm   Vielfachendiagramm
des Nenners 3   des Nenners 4   des Nenners 5

Abb. 40.2

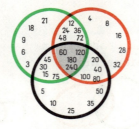

Abb. 40.3   Abb. 40.4

Vielfachendiagramm der Nenner   Vereinfachtes Vielfachen-
3, 4, 5   diagramm der Nenner 3, 4, 5

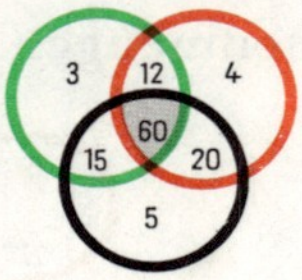

Die Vielfachenmengen der Nenner in der Mengenschreibweise:

$\{3, 6, 9, 12, \ldots\} \cap \{4, 8, 12, 16, \ldots\} = \{12, 24, 36, \ldots\}$ oder $\mathbb{V}_3 \cap \mathbb{V}_4 = \mathbb{V}_{12}$
$\{3, 6, 9, 12, \ldots\} \cap \{5, 10, 15, 20, \ldots\} = \{15, 30, 45, \ldots\}$ oder $\mathbb{V}_3 \cap \mathbb{V}_5 = \mathbb{V}_{15}$
$\{4, 8, 12, 16, \ldots\} \cap \{5, 10, 15, 20, \ldots\} = \{20, 40, 60, \ldots\}$ oder $\mathbb{V}_4 \cap \mathbb{V}_5 = \mathbb{V}_{20}$
$\mathbb{V}_{12} \cap \mathbb{V}_{15} \cap \mathbb{V}_{20} = \{60, 120, 180, \ldots\} = \mathbb{V}_{60}$

Bruchzahlen

Das kgV (der Hauptnenner) ist 60.
Wir vergleichen statt $\frac{2}{3}$, $\frac{3}{4}$ und $\frac{4}{5}$ nun die erweiterten Brüche $\frac{40}{60}$, $\frac{45}{60}$ und $\frac{48}{60}$.
Es ist $\frac{40}{60} < \frac{45}{60} < \frac{48}{60}$.

Beispiele: $\frac{4}{7} > \frac{3}{8}$, denn $\frac{32}{56} > \frac{21}{56}$ $\quad$ $\frac{11}{15} < \frac{7}{9}$, denn $\frac{33}{45} < \frac{35}{45}$

Man vergleicht ungleichnamige Brüche, indem man sie erst gleichnamig macht und dann die Zähler vergleicht.

Während wir die Vielfachenmengen der Nenner bisher im Mengenbild darstellten, wollen wir sie nun anders anordnen.
Wir bestimmen von den Nennern 6 und 8 die gemeinsamen Vielfachen und das **kleinste** gemeinsame Vielfache (den Hauptnenner).

$\mathbb{V}_6 = \{\ 6,\ 12,\ 18,\ 24,\ 30,\ 36,\ 42,\ 48,\ 54,\ 60,\ 66,\ 72,\ 78,\ \ldots\}$

$\mathbb{V}_8 = \{\ 8,\ 16,\ 24,\ 32,\ 40,\ 48,\ 56,\ 64,\ 72,\ 80,\ \ldots\}$

$\mathbb{V}_{24} = \{\ 24,\ \ 48,\ \ 72,\ \ \ldots\}$

Die Vielfachenmenge, die sowohl zur 6-er-Folge als auch zur 8-er-Folge gehört, ist die Schnittmenge { 24, 48, 72, 96, ... }. Das kleinste der Elemente dieser Menge ist das kgV, der Hauptnenner 24.
Folgende Regeln erleichtern in nachstehenden Fällen das Aufsuchen des Hauptnenners:

a) Ist der größere Nenner ein Vielfaches des kleineren, so ist der größere der Hauptnenner.

  Beispiel: 15 und 75; Hauptnenner 75.

b) Sind die Nenner teilerfremd, so ist ihr Produkt der Hauptnenner.

  Beispiel: 3, 5 und 8; der Hauptnenner ist $3 \cdot 5 \cdot 8 = 120$.

c) Haben zwei Nenner einen gemeinsamen Teiler, so teilt man einen Nenner durch ihn und multipliziert den anderen Nenner mit dem Quotienten.

  Beispiel: 12 und 15; Hauptnenner ist $\frac{12}{3} \cdot 15 = 4 \cdot 15 = 60$.

Aufgaben

1. Stelle im vereinfachten Vielfachendiagramm die Schnittmenge, das kgV, dar von:

   a) 3 und 4 $\quad$ b) 4 und 6 $\quad$ c) 2 und 5 $\quad$ d) 5 und 9
   e) 6 und 9 $\quad$ f) 6 und 12 $\quad$ g) 8 und 12 $\quad$ h) 10 und 15

2. Stelle ebenso im vereinfachten Vielfachendiagramm die Schnittmenge dar von:
   a) 2, 3 und 4   b) 2, 3 und 5   c) 4, 5 und 6   d) 2, 5 und 8
   e) 3, 6 und 9   f) 3, 5 und 9   g) 6, 8 und 48   h) 10, 12 und 15
   i) 12, 20 und 30   k) 15, 25 und 30   l) 5, 10 und 30   m) 12, 16 und 18

3. Um schnellstens das kgV, den Hauptnenner, zweier Nenner zu ermitteln, geht man in der Vielfachenmenge des größeren Nenners aufwärts, bis er sich durch den kleineren teilen läßt.

   Beispiel: Bestimme den Hauptnenner von 40 und 50. — 50, 100, 150, **200**.
   Bestimme so den Hauptnenner von:
   a) 20 und 30   b) 15 und 25   c) 24 und 36   d) 30 und 45
   e) 24 und 32   f) 30 und 40   g) 18 und 24   h) 25 und 30
   i) 18 und 27   k) 15 und 18   l) 8 und 10   m) 75 und 100

4. Mache gleichnamig und schreibe dann mit Ungleichheitszeichen.
   a) $\frac{1}{2}$ und $\frac{1}{8}$ b) $\frac{1}{2}$ und $\frac{1}{10}$ c) $\frac{1}{2}$ und $\frac{1}{100}$ d) $\frac{1}{3}$ und $\frac{1}{6}$
   e) $\frac{1}{3}$ und $\frac{1}{9}$ f) $\frac{1}{4}$ und $\frac{1}{12}$ g) $\frac{1}{2}$ und $\frac{1}{3}$ h) $\frac{1}{3}$ und $\frac{1}{4}$
   i) $\frac{3}{10}$ und $\frac{4}{15}$ k) $\frac{5}{6}$ und $\frac{7}{8}$ l) $\frac{3}{8}$ und $\frac{11}{12}$ m) $\frac{5}{6}$ und $\frac{7}{9}$

5. Ordne nach der Größe und schreibe mit Ungleichheitszeichen.
   a) $\frac{2}{3}, \frac{1}{2}, \frac{3}{4}$ b) $\frac{3}{4}, \frac{5}{8}, \frac{1}{2}$ c) $\frac{2}{3}, \frac{5}{6}, \frac{5}{12}$ d) $\frac{1}{2}, \frac{3}{5}, \frac{3}{10}$
   e) $\frac{1}{3}, \frac{5}{6}, \frac{7}{9}$ f) $\frac{7}{100}, \frac{3}{10}, \frac{1}{4}$ g) $\frac{1}{6}, \frac{7}{24}, \frac{2}{3}$ h) $\frac{1}{2}, \frac{17}{30}, \frac{4}{5}$

6. Vergleiche folgende Bruchzahlen und setze das passende Ungleichheitszeichen ein.
   a) $\frac{3}{10}$ und $\frac{3}{11}$ b) $\frac{3}{5}$ und $\frac{3}{4}$ c) $\frac{2}{3}$ und $\frac{3}{4}$ d) $\frac{11}{12}$ und $\frac{3}{4}$ e) $\frac{7}{12}$ und $\frac{2}{3}$
   f) $\frac{4}{9}$ und $\frac{2}{5}$ g) $\frac{5}{9}$ und $\frac{5}{8}$ h) $\frac{5}{8}$ und $\frac{7}{12}$ i) $\frac{4}{15}$ und $\frac{5}{12}$ k) $\frac{7}{12}$ und $\frac{9}{20}$
   l) $\frac{43}{100}$ und $\frac{3}{10}$ m) $\frac{53}{100}$ und $\frac{7}{20}$ n) $\frac{11}{24}$ und $\frac{17}{36}$ o) $\frac{19}{50}$ und $\frac{17}{40}$ p) $\frac{49}{60}$ und $\frac{23}{30}$

7. Gib in den vorstehenden Aufgaben 6 a) bis p) den wirklichen Unterschied (d) zwischen den Bruchzahlpaaren an.

8. Ordne die folgenden Bruchzahlen der Größe nach.
   a) $\frac{3}{4}, \frac{5}{6}, \frac{6}{7}, \frac{1}{2}, \frac{1}{3}, \frac{1}{4}, \frac{5}{8}, \frac{7}{12}, \frac{13}{24}, \frac{2}{3}$ b) $\frac{1}{2}, \frac{2}{3}, \frac{3}{4}, \frac{7}{15}, \frac{5}{12}, \frac{5}{6}, \frac{17}{30}, \frac{9}{10}, \frac{4}{5}$

9. Bestimme eine Bruchzahl x so, daß ihr Wert in der Mitte zwischen den Werten $\frac{2}{5}$ und $\frac{3}{5}$ liegt.

   Beispiel: $\frac{2}{5} < x < \frac{3}{5}$ $\frac{4}{10} < \frac{5}{10} < \frac{6}{10}$ $\frac{2}{5} < \frac{1}{2} < \frac{3}{5}$

   Bestimme x ebenso zwischen
   a) $\frac{3}{7}$ und $\frac{4}{7}$ b) $\frac{1}{3}$ und $\frac{1}{4}$ c) $\frac{2}{3}$ und $\frac{2}{5}$ d) $\frac{7}{11}$ und $\frac{7}{10}$

4.8. Der Hauptnenner als Vereinigung der Primfaktorenmengen mehrerer Nenner

Neben den bisher geübten Methoden kann man den Hauptnenner auch ermitteln, indem man die Nenner in ihre Primfaktoren zerlegt.

1. Beispiel: 48 und 72   ($48 = 2 \cdot 2 \cdot 2 \cdot 2 \cdot 3$ $72 = 2 \cdot 2 \cdot 2 \cdot 3 \cdot 3$)

Stellt man die Primfaktoren beider Nenner als Elemente von Mengen im Mengenbild (Abb. 43.1a) dar, so ist die **Vereinigungsmenge** beider Mengen die Primfaktorenmenge des Hauptnenners.

Die Vereinigungsmenge beider Mengen ist die Menge der Elemente, die in Abb. 43.1b grau gerastert sind. Die Vereinigungsmenge der Primfaktoren ergibt den Hauptnenner 144.

Um zu vermeiden, daß mehrere gleiche Primzahlen als nicht unterscheidbare Elemente bei der Mengenschreibweise auftreten, haben wir sie wieder mit einem Index versehen.

$\{2_\circ, 2_\square, 2_\triangle, 2_*, 3_\circ\} \cup \{2_\circ, 2_\square, 2_\triangle, 3_\circ, 3_\square\} = \{2_\circ, 2_\square, 2_\triangle, 2_*, 3_\circ, 3_\square\}$

Abb. 43.1a

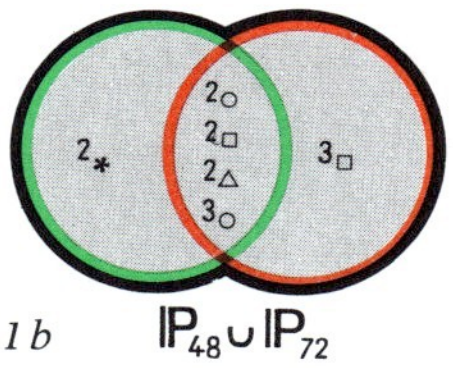

Abb. 43.1b $\mathbb{P}_{48} \cup \mathbb{P}_{72}$

Rechnerisches Verfahren

$48 = 2 \cdot 2 \cdot 2 \cdot 2 \cdot 3$
$72 = 2 \cdot 2 \cdot 2 \quad \cdot 3 \cdot 3$
$\text{kgV} = 2 \cdot 2 \cdot 2 \cdot 2 \cdot 3 \cdot 3 = \underline{144}$

oder $48 = 2 \cdot 2 \cdot 2 \cdot 2 \cdot 3 = 2^4 \cdot 3$
$72 = 2 \cdot 2 \cdot 2 \cdot 3 \cdot 3 = 2^3 \cdot 3^2$
$\text{kgV} = 2^4 \cdot 3^2 \qquad\qquad = \underline{144}$

2. Beispiel: Der Hauptnenner (das kgV) der Nenner 4, 5, 6, 12, 15, 25, 32, 36, 45 ist zu suchen.

Vor dem Zerlegen in Primfaktoren scheiden wir die kleineren Zahlen aus, die in größeren enthalten sind (4, 5, 6, 12, 15).

$25 = 5 \cdot 5 \qquad\qquad = 5^2$
$32 = 2 \cdot 2 \cdot 2 \cdot 2 \cdot 2 = 2^5$
$36 = 2 \cdot 2 \cdot 3 \cdot 3 \quad = 2^2 \cdot 3^2$
$45 = 3 \cdot 3 \cdot 5 \qquad\; = 3^2 \cdot 5$
$\text{kgV} = 2^5 \cdot 3^2 \cdot 5^2 \qquad = \underline{7200}$

Probe: $7200 : 25 = 288$
$7200 : 32 = 225$
$7200 : 36 = 200$
$7200 : 45 = 160$

Man findet den Hauptnenner zweier oder mehrerer Brüche, indem man die Nenner in ihre Primfaktoren zerlegt und die höchsten Primzahlpotenzen miteinander multipliziert.

Aufgaben

1. Suche durch Primfaktorenzerlegung das kgV und zeichne das Mengenbild.
   - **a)** 8 und 12
   - **b)** 10 und 25
   - **c)** 12, 15 und 18
   - **d)** 8, 36 und 45
   - **e)** 6, 12, 18 und 24
   - **f)** 10, 40, 75 und 100
   - **g)** 8, 16, 24 und 36
   - **h)** 9, 15, 27 und 30
   - **i)** 3, 4, 15, 81 und 200

2. Bestimme das kgV durch Primfaktorenzerlegung.
   - **a)** 6, 9, 12, 15 und 24
   - **b)** 12, 15, 16, 18, 24, 36 und 48
   - **c)** 2, 4, 6, 8, 12, 16, 24, 32 und 40
   - **d)** 6, 8, 12, 24, 32, 36 und 256
   - **e)** 54, 60, 90, 135, 180 und 270
   - **f)** 24, 32, 36, 48, 72, 96 und 144

3. Ermittle die Hauptnenner in den folgenden Aufgaben durch Primfaktorenzerlegung, mache gleichnamig und ordne der Größe nach. Nenne die Zahlen, mit denen du die verschiedenen Brüche erweitert hast (Erweiterungsfaktoren).
   - **a)** $\frac{1}{4}, \frac{2}{3}, \frac{5}{6}, \frac{7}{12}$
   - **b)** $\frac{1}{2}, \frac{3}{4}, \frac{5}{8}, \frac{9}{16}$
   - **c)** $\frac{3}{10}, \frac{4}{5}, \frac{1}{4}, \frac{1}{2}$
   - **d)** $\frac{1}{4}, \frac{3}{5}, \frac{7}{60}, \frac{3}{8}$
   - **e)** $\frac{5}{24}, \frac{7}{30}, \frac{5}{16}, \frac{9}{20}$
   - **f)** $\frac{7}{12}, \frac{9}{16}, \frac{13}{24}, \frac{3}{32}$
   - **g)** $\frac{3}{14}, \frac{4}{21}, \frac{5}{28}, \frac{8}{35}$
   - **h)** $\frac{1}{6}, \frac{7}{12}, \frac{4}{15}, \frac{6}{45}$
   - **i)** $\frac{3}{4}, \frac{9}{10}, \frac{5}{16}, \frac{7}{24}, \frac{11}{32}, \frac{17}{42}$

4. Fasse mit Hilfe folgender Mengenbilder noch einmal zusammen, wie sich der ggT (die größte Kürzungszahl) und das kgV (der Hauptnenner) ermitteln läßt.

Teilermengendiagramm   Vielfachenmengendiagramm

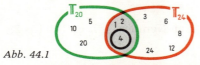

Abb. 44.1

Abb. 44.2

$\mathbb{T}_{20} \cap \mathbb{T}_{24}$ ggT = 4 $\mathbb{V}_{20} \cap \mathbb{V}_{24}$ kgV = 120

Primfaktorenmengendiagramme

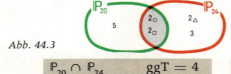

Abb. 44.3

Abb. 44.4

$\mathbb{P}_{20} \cap \mathbb{P}_{24}$ ggT = 4 $\mathbb{P}_{20} \cup \mathbb{P}_{24}$ kgV = 120

9. Erweitern und Kürzen von Dezimalbrüchen

a) Erweitere die Zehnerbrüche $\frac{1}{10}$ ($3\frac{7}{10}$) mit 10, 100, 1000, ... und schreibe sie dann mit Komma:

$$\frac{1}{10} = \frac{10}{100} = \frac{100}{1000} = \frac{1000}{10000} \ldots \qquad 3\frac{7}{10} = 3\frac{70}{100} = 3\frac{700}{1000} = 3\frac{7000}{10000} \ldots$$
$$0,1 = 0,10 = 0,100 = 0,1000 \ldots \qquad 3,7 = 3,70 = 3,700 = 3,7000 \ldots$$

Das Anhängen von Nullen an einen Dezimalbruch in der Kommaschreibweise ist demnach das Erweitern eines Zehnerbruchs mit einer Zehnerpotenz.

Auch nach Anhängen der Nullen ist immer noch dieselbe Zahl gemeint wie vorher.

b) Erweitere folgende Dezimalbrüche auf 5 Stellen hinter dem Komma:
0,7; 0,03; 0,362; 0,1892; 0,003; 0,5040; 0,0042; 0,0809

c) Kürze die folgenden Brüche durch 10, 100, 1000 und schreibe sie mit Komma:

$$\frac{1000}{10000} = \frac{100}{1000} = \frac{10}{100} = \frac{1}{10} \qquad 4\frac{3000}{10000} = 4\frac{300}{1000} = 4\frac{30}{100} = 4\frac{3}{10}$$
$$0,1000 = 0,100 = 0,10 = 0,1 \qquad 4,3000 = 4,300 = 4,30 = 4,3$$

Das Weglassen von Endnullen bei einem Dezimalbruch in der Kommaschreibweise ist demnach das Kürzen eines Bruches durch eine Zehnerpotenz.

Es ist dieselbe Zahl gemeint wie vorher.
$\{0,1; 0,10; 0,100; \ldots\}$, $\{3,7; 3,70; 3,700; \ldots\}$, $\{\ldots; 4,300; 4,30; 4,3\}$
sind **Gleichheitsklassen von Brüchen in dezimaler Darstellung. Jede Klasse bedeutet eine und nur eine Zahl.**

Aufgaben

1. Kürze durch Fortlassen der Endnullen.
   Beispiele: $\quad 0,200 = 0,2 \quad 0,0900 = 0,09 \quad 321,0800 = 321,08$
   a) 0,5000; 0,300000; 0,3500; 0,06000; 0,0520; 0,4000
   b) 18,0850; 145,400; 486,0660; 36,0600; 126,030; 3,00100

2. Auf Kilometersteinen stehen folgende Zahlen. Erweitere sie, so daß man km und m ablesen kann.
   0,5; 5,9; 6,8; 9,1; 12,0; 14,7; 17,2; 0,3; 172,9; 43,6

3. Erweitere folgende Kommazahlen, daß man außer den Maßeinheiten die Dezimalen in den nächstniederen Maßeinheiten ablesen kann.
   a) 0,5 hl; 6,4 kg; 8,2 km; 12,5 t; 4,2 dz; 5,8 ha; 7,25 kg
   b) 4,75 t; 0,8 l; 6,4 g; 5,18 km; 9,8 a; 12,5 m^3; 18,4 m^2

4. Erweitere ebenso, daß man die cm² hinter dem Komma ablesen kann.
   0,3;   0,15;   1,06;   7,55;   0,05;   5,09;   19,6;   0,80 m²

5. Warum kürzt man zweckmäßigerweise nicht folgende Maßangaben?
   3,60 DM; 4,20 m; 0,580 m; 0,600 kg; 2,750 km; 0,3250 m²; 3,7500 ha

6. Mache gleichstellig und ordne unter Verwendung des <-Zeichens.
   a) 0,10 und 0,9   b) 0,3 und 0,240   c) 0,5 und 0,3468
   d) 0,35 und 0,76358   e) 0,75 und 0,321468
   f) 0,7 und 0,205 und 0,4683   g) 1,0631 und 2,3 und 4,02 und 5,385

7. Mache zuerst gleichstellig und ermittle dann den Unterschied.
   a) 0,02 und 0,019   b) 0,025 und 0,0248   c) 0,3 und 0,03
   d) 0,038 und 0,04   e) 0,65 und 0,655   f) 0,3 und 0,003
   g) 0,6 und 0,60   h) 0,05 und 0,050   i) 0,070 und 0,0700

8. Nenne einige Dezimalbrüche, die zwischen den folgenden liegen.
   a) 3,4 und 3,5   b) 6,2 und 6,4   c) 2,63 und 2,64
   d) 7,526 und 7,527   e) 8,6585 und 8,6586   f) 89,0 und 90
   g) 99 und 100   h) 1,18 und 1,188   i) 9,0989 und 9,099

Um gewöhnliche Brüche als Dezimalbrüche mit Komma zu schreiben, erweitert man sie zunächst zu Zehnerbrüchen.

Beispiele:

$\frac{1}{2}$ m = $\frac{5}{10}$ m = __0,5 m__ $\qquad$ $\frac{3}{5}$ DM = $\frac{60}{100}$ DM = __0,60 DM__

$3\frac{1}{4}$ hl = $3\frac{25}{100}$ hl = __3,25 hl__ $\qquad$ $\frac{4}{5}$ m² = $\frac{8000}{10000}$ m² = __0,8000 m²__

$\frac{3}{4}$ dz = $\frac{75}{100}$ dz = __0,75 dz__ $\qquad$ $\frac{7}{8}$ km = $\frac{875}{1000}$ km = __0,875 km__

9. Erweitere folgende Brüche zu Zehnerbrüchen und schreibe sie mit Komma.
   a) $\frac{1}{5}$, $\frac{2}{5}$, $\frac{1}{8}$, $\frac{3}{8}$, $\frac{1}{20}$, $\frac{19}{20}$ $\qquad$ b) $\frac{3}{20}$, $\frac{7}{25}$, $\frac{8}{25}$, $\frac{9}{25}$, $\frac{18}{25}$, $\frac{7}{40}$
   c) $\frac{1}{50}$, $\frac{3}{50}$, $\frac{13}{50}$, $\frac{1}{125}$, $\frac{4}{125}$, $\frac{6}{125}$ $\qquad$ d) $1\frac{17}{20}$, $4\frac{4}{5}$, $5\frac{7}{50}$, $7\frac{9}{20}$, $2\frac{5}{8}$, $6\frac{17}{125}$

10. Um Dezimalbrüche in gewöhnliche Brüche zu verwandeln, schreibe mit Bruchstrich und kürze dann durch den größten gemeinsamen Teiler.

Beispiele:

0,6 = $\frac{6}{10}$ = __$\frac{3}{5}$__; 0,40 = $\frac{40}{100}$ = __$\frac{2}{5}$__; 4,05 = $\frac{5}{100}$ = __$4\frac{1}{20}$__; 15,040 = $15\frac{40}{1000}$ = __$15\frac{1}{25}$__

   a) 0,2; 0,5; 0,8; 0,25; 0,75; 0,55   b) 0,15; 0,02; 0,16; 0,04; 0,35
   c) 0,175; 4,20; 3,45; 6,75; 0,125   d) 2,625; 8,875; 0,350; 1,150; 0,64

5. Addition und Subtraktion von Bruchzahlen

5.1. Die Addition und Subtraktion gleichnamiger Brüche

Wir wiederholen

$\frac{4}{5} + \frac{3}{5} = \frac{4+3}{5} = \frac{7}{5} = 1\frac{2}{5}$ allgemein: $\boxed{\frac{a}{c} + \frac{b}{c} = \frac{a+b}{c}}$, mit $a, b, c \in \mathbb{N}$

Stelle die Additionsaufgabe am Zahlenstrahl dar.

$\frac{9}{10} - \frac{7}{10} = \frac{9-7}{10} = \frac{2}{10} = \frac{1}{5}$ allgemein: $\boxed{\frac{a}{c} - \frac{b}{c} = \frac{a-b}{c}}$, mit $a, b, c \in \mathbb{N}, a > b$

Stelle die Subtraktionsaufgabe am Zahlenstrahl dar.

Wie du schon bei den natürlichen Zahlen gelernt hast, sind das Addieren und das Subtrahieren Verknüpfungen entgegengesetzter Art (**Gegenoperationen**).

Man addiert oder subtrahiert Brüche mit gleichem Nenner, indem man ihre Zähler addiert oder subtrahiert und den Nenner beibehält.

Beispiele:

a) $4\frac{3}{5} + \frac{4}{5} = 4\frac{7}{5} = \underline{5\frac{2}{5}}$ b) $16\frac{5}{9} + 3\frac{7}{9} = 19\frac{12}{9} = 20\frac{3}{9} = \underline{20\frac{1}{3}}$

c) $6\frac{1}{4} - 2\frac{3}{4} = 5\frac{5}{4} - 2\frac{3}{4} = 3\frac{2}{4} = \underline{3\frac{1}{2}}$ d) $8 - 5\frac{4}{7} = 7\frac{7}{7} - 5\frac{4}{7} = \underline{2\frac{3}{7}}$

Aufgaben

1. Addiere.
   a) $\frac{4}{8} + \frac{3}{8}$ b) $\frac{7}{11} + \frac{4}{11}$ c) $\frac{8}{9} + \frac{7}{9}$ d) $\frac{13}{10} + \frac{7}{10}$ e) $\frac{13}{12} + \frac{11}{12}$
   f) $\frac{18}{17} + \frac{3}{17}$ g) $\frac{15}{13} + \frac{6}{13}$ h) $\frac{1}{2} + \frac{1}{2}$ i) $5\frac{2}{5} + 4$ k) $8 + 3\frac{1}{6}$

2. Addiere und subtrahiere.
   a) $12\frac{7}{12} \pm 7\frac{5}{12}$ b) $8\frac{6}{7} \pm 6\frac{4}{7}$ c) $18\frac{7}{8} \pm 11\frac{1}{8}$ d) $75\frac{3}{4} \pm 18\frac{1}{4}$
   e) $16\frac{3}{5} \pm 9\frac{1}{5}$ f) $65\frac{1}{4} \pm 9\frac{3}{4}$ g) $97\frac{1}{6} \pm 69\frac{5}{6}$ h) $28\frac{1}{8} \pm 17\frac{7}{8}$

3. Suche die Lösungen folgender Gleichungen.
   a) $\frac{3}{5} + x = \frac{4}{5}$ b) $\frac{4}{5} + x = 1\frac{1}{5}$ c) $x + \frac{5}{12} = 1$ d) $x + 2\frac{2}{3} = 6\frac{1}{3}$
   e) $x - \frac{7}{12} = 3\frac{5}{12}$ f) $5\frac{1}{2} - x = 3\frac{2}{3}$ g) $14\frac{2}{9} - x = 10\frac{4}{9}$ h) $x - 3\frac{7}{11} = 8\frac{8}{11}$

4. a) Nenne 10 Summandenpaare gleichnamiger Brüche, deren Summe = 1 ist.

   Beispiel: $\frac{8}{9} + \frac{1}{9} = \frac{21}{25} + \frac{4}{25} = \ldots$ (Summengleichheit)

b) Schreibe 10 Zahlenpaare von gleichnamigen gemischten Zahlen, deren Summe gleich 20 ist.

Beispiel: $5\frac{3}{4} + 14\frac{1}{4} = 8\frac{5}{12} + 11\frac{7}{12} = \ldots$

c) Nenne 10 gleichnamige Bruchzahlpaare, deren Differenz $2\frac{3}{5}$ ist.

Beispiel: $3\frac{2}{5} - \frac{4}{5} = 4\frac{1}{5} - 1\frac{3}{5} = \ldots = 2\frac{3}{5}$ **(Differenzgleichheit)**

Die Mengen summengleicher (differenzgleicher) Zahlenpaare bilden Gleichheitsklassen (siehe auch S. 30).

5. Schreibe folgende Aufgaben als Gleichungen und löse sie.
   a) Die Summe aus einer unbekannten Zahl und $15\frac{5}{9}$ beträgt $19\frac{8}{9}$. Wie lautet die unbekannte Zahl?
   b) Die Differenz aus einer unbekannten Zahl und der kleineren gemischten Zahl $6\frac{1}{5}$ beträgt $8\frac{3}{5}$. Wie heißt die unbekannte Zahl?

6. Rechne die folgenden Aufgaben.
   a) $(12\frac{7}{8} + 34\frac{1}{8} + 117\frac{1}{8} + 25\frac{3}{8}) - (49\frac{3}{8} + 19\frac{5}{8} + 25\frac{7}{8})$
   b) $(82\frac{5}{12} + 75\frac{11}{12} + 64\frac{5}{12} + 57\frac{7}{12}) - (12\frac{7}{12} + 13\frac{1}{12} + 48\frac{11}{12})$
   Addiere erst die Glieder, die in den Klammern stehen, dann subtrahiere.

5.2. Die Addition und Subtraktion ungleichnamiger Brüche

1. Teile einen Kreis in 8 gleiche Teile (Brucheinheiten oder Stammbrüche). (Siehe Abb. 17.2a.) Mache gleichnamig: $\frac{1}{2}, \frac{1}{4}, \frac{1}{8}, \frac{3}{4}, \frac{5}{8}, \frac{7}{8}$
Durch weitere Unterteilung des Kreises haben wir erreicht, daß die Bruchzahlen mit verschiedenen Nennern gleichnamig wurden.

2. Mache folgende Bruchzahlen gleichnamig: $\frac{1}{2}, \frac{1}{3}, \frac{1}{4}, \frac{1}{6}, \frac{1}{12}, \frac{2}{3}, \frac{3}{4}, \frac{5}{6}, \frac{5}{12}, \frac{7}{12}, \frac{11}{12}$

Brüche mit ungleichen Nennern heißen ungleichnamig.

Sie lassen sich nach der Regel für gleichnamige Brüche nicht ohne weiteres addieren und subtrahieren. Wir müssen sie zunächst gleichnamig machen.

3. Wir veranschaulichen uns die Addition und Subtraktion von ungleichnamigen Brüchen durch folgende **Teilkreisfiguren.** Erläutere Abb. 48.1–2.

Addition

$\frac{1}{4} + \frac{1}{3} = x$
$\frac{3}{12} + \frac{4}{12} = \frac{7}{12}$

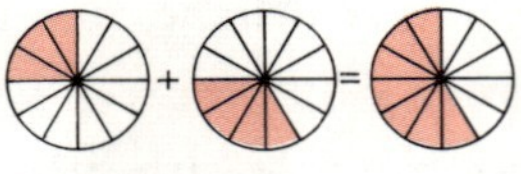

Abb. 48.1

Subtraktion

$\frac{2}{3} - \frac{1}{4} = x$
$\frac{8}{12} - \frac{3}{12} = \frac{5}{12}$

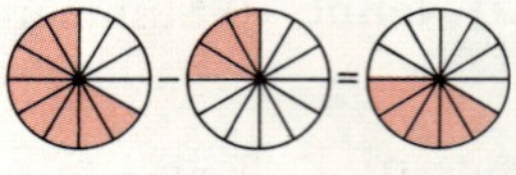

Abb. 48.2

Zeige ebenso und rechne.

a) $\frac{1}{2} \pm \frac{1}{12}$ b) $\frac{1}{2} \pm \frac{1}{6}$ c) $\frac{1}{2} \pm \frac{1}{3}$ d) $\frac{1}{3} \pm \frac{1}{12}$ e) $\frac{1}{3} \pm \frac{1}{6}$ f) $\frac{1}{4} \pm \frac{1}{12}$

g) $\frac{3}{4} \pm \frac{1}{6}$ h) $\frac{2}{3} \pm \frac{1}{12}$ i) $\frac{2}{3} \pm \frac{1}{6}$ k) $\frac{5}{6} \pm \frac{1}{12}$ l) $\frac{7}{12} \pm \frac{1}{3}$ m) $\frac{1}{2} \pm \frac{5}{12}$

Um ungleichnamige Brüche zu addieren oder zu subtrahieren, macht man sie gleichnamig. Man erweitert sie mit dem Erweiterungsfaktor auf den kleinsten gemeinsamen Nenner, den Hauptnenner.

4. Auch **quadratische und rechteckige Teilfiguren** helfen die Addition und Subtraktion von Brüchen veranschaulichen.

   a) Zeige, daß Abb. 49.1 darstellt:

   $\frac{1}{3} + \frac{1}{4} = \frac{4}{12} + \frac{3}{12} = \frac{4+3}{12} = \frac{7}{12}$

   $\frac{1}{3} - \frac{1}{4} = \frac{4}{12} - \frac{3}{12} = \frac{4-3}{12} = \frac{1}{12}$

   Abb. 49.1

   b) Stelle ebenso auf Gitterpapier dar:

   $\frac{2}{3} + \frac{1}{4} = \frac{8}{12} + \frac{3}{12} = \frac{8+3}{12} = \frac{11}{12}$ $\frac{2}{3} - \frac{1}{4} = \frac{8}{12} - \frac{3}{12} = \frac{8-3}{12} = \frac{5}{12}$

   c) Deute folgende Aufgaben an Abb. 49.2:

   $\frac{1}{2} + \frac{1}{5} = \frac{7}{10}$ $\frac{1}{2} - \frac{1}{5} = \frac{3}{10}$

   Abb. 49.2

   d) Rechne folgende Aufgaben und deute sie an Abb. 49.3:

   $\frac{1}{3} + \frac{1}{8} =$ $\frac{1}{3} - \frac{1}{8} =$

   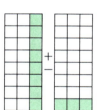

   Abb. 49.3

   e) Fertige Schaubilder für folgende Aufgaben:

   $\frac{2}{3} + \frac{1}{8}$, $\frac{1}{3} + \frac{3}{8}$, $\frac{3}{8} + \frac{1}{6}$, $\frac{5}{6} + \frac{1}{8}$

5. Abb. 49.4 zeigt **2 Walzenpaare**, von denen das untere eine Kunststoffmasse im Verhältnis 1 : 2, das obere eine andere im Verhältnis 2 : 5 verformt. Beide Platten werden dann aufeinander gebracht. Dieser technische Sachverhalt entspricht mathematisch gesehen einer **additiven Verknüpfung** der beiden Verformungszahlen ($\frac{1}{2}$) und ($\frac{2}{5}$).

   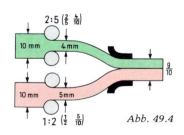

   Abb. 49.4

   $\frac{1}{2} + \frac{2}{5} = \frac{5+4}{10} = \frac{9}{10}$

6. Erkläre die Addition und Subtraktion durch **Vektoren am Zahlenstrahl** in Abb. 50.1 ($\frac{1}{2}$ km $+$ $\frac{1}{5}$ km, $\frac{7}{10}$ km $-$ $\frac{1}{5}$ km):

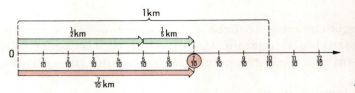

Abb. 50.1

Veranschauliche am Zahlenstrahl und rechne:

a) $\frac{1}{2}$ km $\pm$ $\frac{1}{10}$ km   b) $\frac{1}{2}$ km $\pm$ $\frac{2}{5}$ km   c) $\frac{3}{5}$ km $\pm$ $\frac{1}{2}$ km   d) $\frac{7}{10}$ km $\pm$ $\frac{1}{2}$ km

e) $\frac{3}{10}$ m $\pm$ $\frac{1}{5}$ m   f) $\frac{7}{10}$ m $\pm$ $\frac{2}{5}$ m   g) $\frac{9}{10}$ m $\pm$ $\frac{4}{5}$ m   h) $\frac{9}{10}$ m $\pm$ $\frac{1}{2}$ m

7. Stelle am Zahlenstrahl als Vektoren dar und rechne:

a) $\frac{1}{2} + \frac{2}{3}$ und   b) $\frac{2}{3} + \frac{1}{2}$. Das Vertauschen der Summanden bei Bruchzahlen ändert das Ergebnis nicht. Wir können das Vertauschungsgesetz für Bruchzahlen auch auf das für natürliche Zahlen zurückführen;

z. B. $\quad\quad\quad\quad \frac{2}{7} + \frac{3}{7} = \frac{2+3}{7} = \frac{3+2}{7} = \frac{3}{7} + \frac{2}{7}$

Bei der Addition von Bruchzahlen gilt das Vertauschungsgesetz. (Kommutatives Gesetz)

8. Rechne: $(\frac{1}{2} + \frac{1}{3}) + \frac{3}{4}$ und $\frac{1}{2} + (\frac{1}{3} + \frac{3}{4})$

Wir haben vereinbart, daß die in den Klammern stehenden Summen zuerst berechnet werden sollen. Wir stellen fest, daß man bei der Addition beliebig Klammern setzen und fortlassen kann. Das Ergebnis ändert sich nicht. Auch das Verbindungsgesetz für Bruchzahlen können wir auf das für natürliche Zahlen zurückführen;

z. B. $(\frac{2}{11} + \frac{3}{11}) + \frac{5}{11} = \frac{2+3}{11} + \frac{5}{11} = \frac{2+3+5}{11} = \frac{2}{11} + \frac{3+5}{11} = \frac{2}{11} + (\frac{3}{11} + \frac{5}{11})$

Bei der Addition von Bruchzahlen gilt das Verbindungsgesetz. (Assoziatives Gesetz)

5.2.1. Der Hauptnenner ist der größte der Nenner

Beispiele:

$\frac{1}{2} + \frac{1}{4} = \frac{2}{4} + \frac{1}{4} = \underline{\frac{3}{4}}$ $\frac{3}{4} + \frac{3}{8} + \frac{1}{2} = \frac{6}{8} + \frac{3}{8} + \frac{4}{8} = \frac{13}{8} = \underline{1\frac{5}{8}}$

50 **Bruchrechnung I**

Aufgaben

Mündlich oder halbschriftlich

1. Addiere.

   a) $\frac{1}{2}+\frac{1}{4}$ b) $\frac{1}{3}+\frac{1}{6}$ c) $\frac{1}{5}+\frac{3}{10}$ d) $\frac{1}{4}+\frac{5}{8}+\frac{1}{2}$

   $\frac{1}{2}+\frac{1}{8}$ $\frac{1}{3}+\frac{5}{6}$ $\frac{1}{5}+\frac{9}{10}$ $\frac{2}{3}+\frac{5}{6}+\frac{1}{12}$

   $\frac{1}{8}+\frac{3}{8}$ $\frac{1}{3}+\frac{11}{12}$ $\frac{1}{5}+\frac{17}{20}$ $\frac{4}{5}+\frac{9}{10}+\frac{3}{20}$

   $\frac{1}{4}+\frac{1}{8}$ $\frac{1}{4}+\frac{11}{12}$ $\frac{1}{6}+\frac{5}{18}$ $\frac{1}{3}+\frac{3}{4}+\frac{7}{12}$

Beispiele:

$$3\tfrac{1}{2}+\tfrac{1}{4}=3\tfrac{2}{4}+\tfrac{1}{4}=\underline{3\tfrac{3}{4}}$$

$$4\tfrac{3}{4}+2\tfrac{1}{2}=6+\tfrac{3}{4}+\tfrac{2}{4}=6+\tfrac{3+2}{4}=6+\tfrac{5}{4}=6+1\tfrac{1}{4}=\underline{7\tfrac{1}{4}}$$

2. Addiere.

   a) $3+1\tfrac{1}{2}$ b) $2\tfrac{3}{4}+3$ c) $3\tfrac{1}{3}+\tfrac{1}{6}$ d) $4\tfrac{1}{2}+2\tfrac{1}{8}$

   $6+2\tfrac{1}{4}$ $4\tfrac{5}{6}+4$ $4\tfrac{2}{3}+\tfrac{5}{6}$ $6\tfrac{2}{3}+3\tfrac{1}{6}$

   $7+3\tfrac{2}{3}$ $5\tfrac{9}{10}+6$ $5\tfrac{3}{5}+\tfrac{9}{10}$ $5\tfrac{4}{5}+6\tfrac{9}{10}$

3. Subtrahiere.

   a) $\tfrac{1}{2}-\tfrac{1}{8}$ b) $\tfrac{1}{4}-\tfrac{1}{8}$ c) $\tfrac{1}{3}-\tfrac{1}{6}$ d) $\tfrac{3}{4}-\tfrac{3}{8}$ e) $\tfrac{7}{8}-\tfrac{3}{4}$

   $\tfrac{1}{2}-\tfrac{3}{8}$ $\tfrac{1}{4}-\tfrac{3}{20}$ $\tfrac{1}{3}-\tfrac{1}{12}$ $\tfrac{2}{3}-\tfrac{1}{6}$ $\tfrac{9}{10}-\tfrac{4}{5}$

   $\tfrac{1}{2}-\tfrac{5}{12}$ $\tfrac{1}{4}-\tfrac{3}{16}$ $\tfrac{1}{3}-\tfrac{2}{9}$ $\tfrac{4}{5}-\tfrac{3}{10}$ $\tfrac{11}{12}-\tfrac{2}{3}$

Beispiel:

$$5\tfrac{1}{24}-2\tfrac{3}{8}=5\tfrac{1}{24}-2\tfrac{9}{24}=4\tfrac{25}{24}-2\tfrac{9}{24}=2\tfrac{16}{24}=\underline{2\tfrac{2}{3}}$$

4. Subtrahiere.

   a) $4-1\tfrac{1}{2}$ b) $3\tfrac{2}{3}-2$ c) $4\tfrac{1}{3}-\tfrac{1}{6}$ d) $7\tfrac{5}{6}-2\tfrac{1}{2}$

   $5-2\tfrac{3}{4}$ $5\tfrac{7}{8}-4$ $5\tfrac{1}{8}-\tfrac{1}{2}$ $8\tfrac{1}{4}-6\tfrac{3}{8}$

   $8-4\tfrac{2}{3}$ $6\tfrac{11}{12}-6$ $6\tfrac{1}{2}-\tfrac{5}{6}$ $9\tfrac{1}{3}-6\tfrac{5}{6}$

2.2. Der Hauptnenner muß erst ermittelt werden

Beachte, was du auf S. 39–44 vom kgV gelernt hast.

Wir addieren und subtrahieren Bruchzahlen, deren Hauptnenner sich im Kopf ermitteln läßt.

Beispiele:

Teilerfremde Nenner	Teilerverwandte Nenner
$\tfrac{1}{8}+\tfrac{5}{9}=\tfrac{9+40}{72}=\underline{\tfrac{49}{72}}$	$\tfrac{11}{15}+\tfrac{3}{10}=\tfrac{22+9}{30}=\tfrac{31}{30}=\underline{1\tfrac{1}{30}}$

Bruchrechnung I

5. Addiere und subtrahiere.

a) $\frac{1}{2} + \frac{1}{3}$ b) $\frac{2}{3} + \frac{3}{4}$ c) $\frac{1}{2} + \frac{2}{3} + \frac{1}{4}$ d) $\frac{1}{2} - \frac{1}{5}$ e) $\frac{7}{10} - \frac{1}{4}$
$\frac{1}{4} + \frac{1}{3}$ $\frac{4}{5} + \frac{1}{6}$ $\frac{3}{4} + \frac{4}{5} + \frac{1}{8}$ $\frac{3}{4} - \frac{1}{3}$ $\frac{5}{6} - \frac{2}{5}$
$\frac{1}{4} + \frac{1}{5}$ $\frac{2}{3} + \frac{4}{7}$ $\frac{1}{5} + \frac{5}{6} - \frac{3}{10}$ $\frac{5}{8} - \frac{1}{3}$ $\frac{5}{9} - \frac{1}{2}$

6. Addiere (subtrahiere) die folgenden echten Brüche.

a) $\frac{1}{4} + \frac{1}{6}$ b) $\frac{5}{6} + \frac{4}{9}$ c) $\frac{3}{4} + \frac{1}{6} + \frac{7}{8}$ d) $\frac{5}{8} - \frac{1}{3}$ e) $\frac{7}{12} - \frac{3}{8}$
$\frac{1}{6} + \frac{1}{8}$ $\frac{3}{8} + \frac{5}{12}$ $\frac{5}{6} + \frac{5}{9} + \frac{1}{3}$ $\frac{7}{9} - \frac{1}{6}$ $\frac{9}{10} - \frac{3}{4}$
$\frac{1}{10} + \frac{1}{6}$ $\frac{3}{10} + \frac{7}{15}$ $\frac{3}{8} + \frac{2}{3} + \frac{11}{12}$ $\frac{5}{8} - \frac{2}{15}$ $\frac{7}{15} - \frac{1}{10}$

7. Addiere (subtrahiere).

a) $7\frac{1}{5} + \frac{1}{4}$ b) $6\frac{3}{4} + \frac{1}{6}$ c) $16\frac{1}{2} - \frac{1}{3}$ d) $4\frac{1}{8} - \frac{2}{3}$ e) $5\frac{3}{4} - \frac{3}{7}$ f) $7\frac{1}{10} - \frac{5}{8}$
$\frac{3}{4} + 6\frac{2}{3}$ $\frac{5}{9} + 3\frac{7}{12}$ $5\frac{3}{4} - \frac{2}{5}$ $7\frac{2}{3} - \frac{3}{4}$ $9\frac{4}{9} - \frac{5}{12}$ $12\frac{1}{4} - \frac{3}{10}$
$9\frac{1}{2} + \frac{5}{7}$ $8\frac{3}{10} + \frac{7}{8}$ $9\frac{4}{9} - \frac{1}{2}$ $3\frac{1}{4} - \frac{3}{5}$ $12\frac{7}{8} - \frac{5}{12}$ $3\frac{3}{5} - \frac{3}{4}$

Benutze auch Rechenvorteile.

Beispiele:

$$7\frac{3}{4} + 4\frac{7}{8} = 8 + 5 - \frac{1}{4} - \frac{1}{8} = 13 - \frac{3}{8} = \underline{12\frac{5}{8}}$$
$$12\frac{1}{5} - 7\frac{9}{10} = 12\frac{1}{5} - 8 + \frac{1}{10} = 4\frac{2}{10} + \frac{1}{10} = \underline{4\frac{3}{10}}$$

Verwende das Vertauschungsgesetz und das Verbindungsgesetz, die hier helfen, die Aufgaben schnell zu lösen.

8. Addiere die folgenden gemischten Zahlen.

a) $4\frac{3}{4} + 4\frac{1}{3}$ b) $1\frac{3}{5} + 2\frac{1}{2}$ c) $2\frac{1}{2} + 6\frac{5}{7}$ d) $5\frac{4}{9} + 3\frac{5}{6}$ e) $12\frac{1}{10} + 5\frac{7}{12}$
$7\frac{4}{5} + 6\frac{3}{4}$ $6\frac{5}{9} + 3\frac{1}{3}$ $4\frac{1}{3} + 5\frac{1}{8}$ $10\frac{1}{6} + 4\frac{9}{10}$ $8\frac{2}{3} + 6\frac{3}{4}$
$8\frac{9}{10} + 4\frac{1}{3}$ $4\frac{3}{4} + 2\frac{5}{7}$ $7\frac{1}{5} + 4\frac{1}{8}$ $5\frac{5}{12} + 4\frac{3}{16}$ $3\frac{1}{6} + 3\frac{7}{8}$

9. Subtrahiere die folgenden gemischten Zahlen.

a) $11\frac{3}{4} - 6\frac{1}{5}$ b) $10\frac{1}{2} - 4\frac{3}{5}$ c) $8\frac{1}{20} - 1\frac{2}{25}$ d) $11\frac{4}{9} - 3\frac{1}{2}$ e) $8\frac{1}{2} - 5\frac{7}{8}$
$9\frac{5}{6} - 3\frac{1}{5}$ $16\frac{1}{3} - 7\frac{5}{8}$ $6\frac{5}{18} - 2\frac{5}{8}$ $15\frac{7}{10} - 5\frac{4}{15}$ $12\frac{4}{15} - 3\frac{7}{10}$
$4\frac{2}{3} - 2\frac{1}{4}$ $5\frac{1}{6} - 3\frac{4}{5}$ $2\frac{5}{6} - 1\frac{2}{5}$ $7\frac{7}{8} - 2\frac{11}{20}$ $2\frac{4}{9} - 1\frac{7}{15}$

10. Überschlagen ist der wohlüberlegte Versuch, an das richtige Ergebnis möglichst nahe heranzukommen.

a) $\frac{3}{8} + \frac{1}{2}$. – Ich überschlage: $\frac{1}{2} + \frac{1}{2} = 1$; $\frac{3}{8} + \frac{1}{2} < 1$, genau $\frac{1}{8}$ weniger, also $\frac{7}{8}$.

b) Überschlage: $\frac{1}{6} + \frac{2}{3}$, $\frac{1}{2} + \frac{1}{3}$, $\frac{1}{2} + \frac{2}{3}$, $2\frac{1}{2} + 1\frac{7}{10}$, $\frac{5}{6} + \frac{1}{3}$, $2\frac{3}{5} + 4\frac{1}{3}$, $2\frac{3}{4} + 1\frac{2}{3}$

c) Überschlage: $28\frac{2}{3} - 7\frac{1}{4}$, $16\frac{5}{6} - 2\frac{1}{5}$, $6\frac{3}{4} - 2\frac{1}{2}$, $10\frac{8}{11} - 3\frac{1}{4}$, $13\frac{4}{9} - 5\frac{5}{7}$

Der Hauptnenner ist als das kgV aller Nenner leicht erkennbar.

Sollen gemischte Zahlen addiert werden, addiert man zunächst die Ganzen; dann werden die echten Brüche gleichnamig gemacht und ihre Zähler addiert.

Beispiele:

a) $\frac{2}{5} + \frac{3}{4} + \frac{3}{10} + \frac{5}{8} + \frac{11}{20} + \frac{1}{2} =$
$\frac{16 + 30 + 12 + 25 + 22 + 20}{40} =$
$\frac{125}{40} = 3\frac{5}{40} = \underline{3\frac{1}{8}}$

b) $8\frac{5}{8} + 19\frac{3}{4} + 36\frac{1}{2} + 7\frac{7}{16} + 3\frac{3}{8} =$
$73\frac{10+12+8+7+6}{16} =$
$73\frac{43}{16} = \underline{75\frac{11}{16}}$

Der Hauptnenner wird als das kgV aller Nenner durch Primfaktorenzerlegung ermittelt.

Beispiel:

c) $14\frac{7}{12} + 28\frac{11}{24} + 6\frac{23}{36} + 17\frac{4}{9} + 92\frac{7}{18} =$
$157\frac{42+33+46+32+28}{72} =$
$157\frac{181}{72} = \underline{159\frac{37}{72}}$

(N = Nenner, H = Hauptnenner, E = Erweiterungsfaktor)

$N = 12, 24, 36, 9, 18$
$24 = 2 \cdot 2 \cdot 2 \cdot 3 = 2^3 \cdot 3$
$36 = 2 \cdot 2 \cdot 3 \cdot 3 = 2^2 \cdot 3^2$
$H = 2^3 \cdot 3^2 = 8 \cdot 9 = \underline{72}$
$E = \frac{H}{N} = 6, 3, 2, 8, 4$

5

Schriftlich

11. Addiere folgende echten Brüche:

 a) b) c) d) e) f)

g) $\frac{1}{2} + \frac{2}{3} + \frac{4}{5} + \frac{5}{6} + \frac{3}{4} + \frac{4}{9}$

h) $\frac{1}{3} + \frac{3}{8} + \frac{1}{6} + \frac{7}{10} + \frac{4}{5} + \frac{11}{12}$

i) $\frac{1}{4} + \frac{1}{2} + \frac{2}{3} + \frac{1}{2} + \frac{3}{10} + \frac{5}{6}$

k) $\frac{1}{5} + \frac{3}{4} + \frac{9}{10} + \frac{1}{2} + \frac{7}{20} + \frac{4}{15}$

l) $\frac{1}{6} + \frac{7}{12} + \frac{11}{15} + \frac{23}{30} + \frac{3}{8} + \frac{1}{2}$

m) $\frac{1}{8} + \frac{5}{36} + \frac{3}{4} + \frac{2}{3} + \frac{1}{2} + \frac{1}{4}$

12. Addiere folgende gemischte Zahlen:

a) $6\frac{1}{2}$ b) $12\frac{3}{4}$ c) $2\frac{11}{20}$
$3\frac{3}{4}$ $7\frac{1}{36}$ $13\frac{3}{10}$
$1\frac{5}{6}$ $4\frac{3}{12}$ $9\frac{4}{5}$
$2\frac{1}{4}$ $15\frac{7}{9}$ $10\frac{1}{2}$
$5\frac{3}{8}$ $11\frac{2}{3}$ $7\frac{3}{4}$
$8\frac{7}{24}$ $3\frac{5}{6}$ $14\frac{1}{5}$

13. Addiere die folgenden gemischten Zahlen:

a) $5\frac{3}{4}$ b) $\frac{1}{2}$ c) $47\frac{4}{9}$ d) $33\frac{4}{5}$ e) $\frac{11}{24}$ f) $4\frac{5}{8}$
$\frac{35}{96}$ $4\frac{3}{4}$ $128\frac{3}{5}$ $7\frac{1}{6}$ $6\frac{13}{15}$ $13\frac{1}{2}$
$12\frac{11}{12}$ $26\frac{5}{8}$ $4\frac{5}{6}$ $\frac{3}{10}$ $13\frac{5}{8}$ $9\frac{3}{4}$
$\frac{15}{16}$ $\frac{51}{80}$ $\frac{5}{15}$ $125\frac{7}{15}$ $\frac{1}{6}$ $1\frac{11}{16}$
$19\frac{3}{8}$ $7\frac{9}{10}$ $8\frac{1}{2}$ $346\frac{3}{4}$ $8\frac{4}{5}$ $5\frac{1}{4}$
$\frac{11}{24}$ $6\frac{3}{5}$ $\frac{3}{4}$ $27\frac{2}{5}$ $300\frac{7}{12}$ $7\frac{9}{10}$

g) $249\frac{1}{2}$ h) $3\frac{2}{3}$ i) $\frac{7}{36}$ k) $5\frac{1}{2}$ l) $718\frac{3}{4}$ m) $314\frac{1}{2}$
  $36\frac{5}{8}$ $\frac{1}{2}$ $5\frac{1}{2}$ $14\frac{2}{3}$ $52\frac{7}{8}$ $57\frac{3}{4}$
  $4\frac{5}{9}$ $64\frac{5}{5}$ $9\frac{4}{5}$ $3\frac{4}{5}$ $9\frac{2}{5}$ $442\frac{19}{25}$
  $\frac{7}{36}$ $114\frac{1}{4}$ $13\frac{5}{24}$ $15\frac{5}{6}$ $27\frac{11}{100}$ $\frac{4}{5}$
  $18\frac{1}{2}$ $5\frac{7}{10}$ $7\frac{11}{12}$ $38\frac{5}{24}$ $16\frac{1}{2}$ $8\frac{1}{10}$
  $59\frac{3}{4}$ $9\frac{5}{6}$ $6\frac{5}{6}$ $104\frac{7}{9}$ $10\frac{38}{125}$ $12\frac{9}{10}$

14. Berechne $\frac{u}{v} + \frac{x}{y}$ (Setze für u, v, x, y folgende Zahlen ein.):

	a)	b)	c)	d)	e)	f)	g)	h)	i)	k)	l)	m)	n)
u	1	1	1	2	7	9	11	35	17	20	31	17	25
v	4	3	5	3	12	13	25	36	30	21	36	18	29
x	3	1	3	5	9	7	13	17	29	43	39	52	61
y	8	6	10	6	16	26	15	45	36	49	40	63	87

15. Es bedeuten $a = 2\frac{1}{2}$, $b = 1\frac{3}{4}$, $c = \frac{7}{8}$, $d = \frac{2}{5}$.
Berechne: **a)** $a + b$ **b)** $a + c$ **c)** $a + d$ **d)** $b + c$ **e)** $b + d$
f) $c + d$ **g)** $a + b + c$ **h)** $a + b + d$ **i)** $a + c + d$ **k)** $b + c + d$

Beispiele:
$328\frac{5}{6} - 129\frac{4}{5} = 199\frac{25-24}{30} = \underline{199\frac{1}{30}}$ Überschlage zuerst das Ergebnis!
$148\frac{7}{30} - 83\frac{13}{20} = 65\frac{14-39}{60} = 64\frac{74-39}{60} = 64\frac{35}{60} = \underline{64\frac{7}{12}}$

16. a) $51\frac{3}{5}$ b) $35\frac{2}{7}$ c) $14\frac{23}{50}$ d) $69\frac{5}{9}$ e) $46\frac{3}{10}$
       $-\,19\frac{8}{9}$ $-\,13\frac{7}{10}$ $-\,11\frac{14}{15}$ $-\,34\frac{3}{5}$ $-\,9\frac{7}{12}$

17. a) $148\frac{7}{12}$ b) $276\frac{11}{30}$ c) $333\frac{1}{5}$ d) $247\frac{3}{10}$ e) $109\frac{5}{8}$
       $-\,99\frac{11}{15}$ $-\,47\frac{9}{20}$ $-\,84\frac{7}{8}$ $-\,63\frac{14}{15}$ $-\,58\frac{14}{15}$

18. a) $63\frac{4}{5}$ b) $456\frac{7}{15}$ c) $204\frac{3}{5}$ d) $559\frac{5}{6}$ e) $134\frac{3}{4}$
       $-\,49\frac{11}{12}$ $-\,73\frac{5}{6}$ $-\,118\frac{7}{18}$ $-\,132\frac{4}{5}$ $-\,18\frac{7}{10}$

19. Berechne $\frac{u}{v} - \frac{x}{y}$ (Setze für die Buchstaben die folgenden Zahlen ein.):

	a)	b)	c)	d)	e)	f)	g)	h)	i)	k)	l)	m)	n)
u	3	5	5	11	5	23	29	5	1	7	16	17	31
v	4	12	6	15	7	51	60	9	2	9	17	19	32
x	2	1	1	2	3	4	4	2	7	3	3	2	17
y	3	3	3	5	14	17	15	5	15	10	4	3	28

20. Es sei $a = 5\frac{1}{2}$, $b = 3\frac{1}{3}$, $c = 1\frac{5}{6}$, $d = \frac{4}{5}$.
Berechne: **a)** $a - b$ **b)** $a - c$ **c)** $a - d$ **d)** $b - c$ **e)** $b - d$
         f) $c - d$ **g)** $a - b - c$ **h)** $a - b - d$ **i)** $a - c - d$

Bruchrechnung I

Beispiel:

$216\frac{3}{4} - 38\frac{1}{2} - 46\frac{2}{3} - 29\frac{9}{10} - 51\frac{7}{8} =$ 　　　4, 2, 3, 10, 8

$216\frac{90}{120} - (38\frac{60}{120} + 46\frac{80}{120} + 29\frac{108}{120} + 51\frac{105}{120}) =$ 　　$3 = 3$

$216\frac{90}{120} - 164\frac{353}{120} = 216\frac{90}{120} - 166\frac{113}{120} =$ 　　$10 = 2 \cdot 5$

$215\frac{210}{120} - 166\frac{113}{120} = \underline{49\frac{97}{120}}$ 　　$8 = 2^3$

$\text{H} = 2^3 \cdot 3 \cdot 5 = \underline{120}$

Statt die Glieder einzeln abzuziehen, addiert man sie und zieht dann ihre Summe ab.

21. Subtrahiere wie vorstehend.

a) $35\frac{3}{4}$　　b) 50　　c) 100　　d) $182\frac{4}{9}$　　e) $98\frac{5}{18}$

$-\begin{cases}6\frac{2}{3}\\8\frac{7}{12}\\4\frac{3}{5}\\12\frac{7}{15}\end{cases}$　　$-\begin{cases}18\frac{3}{25}\\7\frac{7}{25}\\8\frac{2}{3}\\9\frac{4}{75}\end{cases}$　　$-\begin{cases}17\frac{7}{12}\\15\frac{11}{20}\\11\frac{13}{30}\\42\frac{17}{24}\end{cases}$　　$-\begin{cases}3\frac{4}{45}\\125\frac{5}{36}\\18\frac{7}{60}\\9\frac{73}{90}\end{cases}$　　$-\begin{cases}6\frac{11}{72}\\15\frac{13}{24}\\9\frac{17}{36}\\42\frac{19}{24}\end{cases}$

22. Rechne ebenso.

a) $386\frac{5}{12} - 51\frac{3}{4} - 46\frac{4}{15} - 73\frac{5}{8} - 68\frac{1}{3} - 32\frac{1}{2}$

b) $514\frac{5}{6} - 123\frac{1}{3} - 56\frac{7}{24} - 96\frac{11}{15} - 218\frac{5}{12} - 2\frac{1}{2}$

c) $819\frac{7}{24} - 200\frac{5}{36} - 119\frac{11}{12} - 97\frac{11}{18} - 123\frac{3}{4} - 68\frac{2}{3}$

23. Bestimme x in den folgenden Gleichungen.

a) $370\frac{1}{2} + x = 1000$　　b) $6\frac{1}{4} + x = 10$　　c) $100 - x = 33\frac{1}{3}$

d) $1000 - x = 625\frac{1}{2}$　　e) $x + 4\frac{1}{2} = 10$　　f) $x + 66\frac{2}{3} = 100$

g) $x - 12 = 87\frac{1}{2}$　　h) $x - 7\frac{1}{2} = 22\frac{1}{2}$　　i) $12\frac{1}{4} + x = 15\frac{1}{2}$

24. a) Wenn man $16\frac{2}{3}$ von einer Zahl subtrahiert, so erhält man $13\frac{4}{5}$. Wie heißt die Zahl?

b) Wie heißt die Zahl, die um $6\frac{1}{2}$ vermindert, $7\frac{4}{5}$ ergibt?

c) Um welche Zahl muß man $24\frac{3}{4}$ vermindern, damit man $4\frac{1}{5}$ erhält?

d) Wenn du eine Zahl um $14\frac{3}{4}$ verminderst, so erhältst du $20\frac{7}{8}$. Wie heißt sie?

5.2.3. Klammeraufgaben

Wir ordnen erst nach Plus- und Minusgliedern, setzen Klammern und verfahren wie bisher.

25. a) $24\frac{1}{3} - 6\frac{3}{8} + 5\frac{1}{6} - 4\frac{7}{16} - 5\frac{1}{4}$　　**26.** a) $116\frac{5}{6} - 108\frac{2}{9} + 26\frac{11}{12} - 18\frac{7}{10}$

b) $34\frac{3}{5} - 15\frac{1}{4} + 9\frac{3}{5} - 5\frac{7}{10} + 6\frac{11}{21}$　　b) $284\frac{4}{5} - 132\frac{7}{10} + 98\frac{21}{25} - 8\frac{7}{15}$

c) $17\frac{3}{8} - 4\frac{7}{12} + 9\frac{3}{4} - 1\frac{1}{6} - 4\frac{5}{24}$　　c) $312\frac{17}{60} - 89\frac{29}{72} + 75\frac{4}{15} - 9\frac{1}{2}$

27. a) $3\frac{4}{5} \pm (\frac{7}{8} + \frac{8}{15})$　　**28.** a) $20\frac{3}{4} \pm (7\frac{4}{9} + 6\frac{5}{6})$　　**29.** a) $14\frac{1}{14} \pm (3\frac{27}{28} + 2\frac{2}{7})$

b) $6\frac{1}{3} \pm (\frac{50}{51} + \frac{4}{17})$　　b) $62\frac{4}{5} \pm (31\frac{1}{2} + 18\frac{3}{7})$　　b) $26\frac{15}{16} \pm (4\frac{1}{32} + 3\frac{1}{8})$

c) $8\frac{3}{7} \pm (\frac{3}{4} + \frac{9}{14})$　　c) $49\frac{3}{8} \pm (23\frac{5}{7} + 17\frac{9}{28})$　　c) $32\frac{2}{17} \pm (9\frac{3}{34} + 8\frac{1}{2})$

30. a) Vermehre die Differenz $(83\frac{3}{8} - 76\frac{5}{7})$ um die Summe von $112\frac{3}{4}$ und $43\frac{2}{3}$.

b) Addiere zur Differenz $(75\frac{7}{12} - 48\frac{4}{9})$ die Differenz von 100 und $1\frac{12}{13}$.

31. Heinz hat genau nach der Uhr gesehen, als Vater die Filme vom Sommerurlaub in Borkum vorführte. Der erste Film dauerte $4\frac{1}{2}$ Min., der zweite $4\frac{1}{3}$ Min., der dritte $4\frac{1}{4}$ Min. und der letzte $4\frac{2}{5}$ Min.

32. Die Jungen der Klasse 6a machten einen Ausflug. Um 8 Uhr wanderten sie von der Schule in $2\frac{1}{2}$ Std. zum Stausee und legten dort eine Frühstückspause ein. Dann wanderten sie noch $1\frac{3}{4}$ Std. zur Burgruine, die sie um 13 Uhr erreichten. Wie lange dauerte die Pause?

33. Auf einem Lieferwagen liegen 3 Kisten im Gewichte von $125\frac{1}{2}$ kg, $75\frac{7}{8}$ kg und $214\frac{3}{4}$ kg, 2 Fässer im Gewichte von $45\frac{3}{5}$ kg und $64\frac{7}{10}$ kg und 4 Ballen im Gewichte von $56\frac{11}{20}$ kg, $53\frac{1}{4}$ kg, $65\frac{1}{2}$ kg und $71\frac{13}{25}$ kg. Berechne das Gesamtgewicht der Lieferung.

34. Zauberquadrate. (Man nennt sie auch magische Quadrate.)

a)
$2\frac{3}{5}$	$1\frac{3}{10}$	$1\frac{1}{5}$	$2\frac{3}{10}$
$1\frac{1}{2}$	2	$2\frac{1}{10}$	$1\frac{4}{5}$
$1\frac{9}{10}$	$1\frac{3}{5}$	$1\frac{7}{10}$	$2\frac{2}{5}$
$1\frac{2}{5}$	$2\frac{1}{2}$	$2\frac{2}{5}$	$1\frac{1}{10}$

b)
$1\frac{5}{12}$	$7\frac{1}{4}$		
	$2\frac{2}{3}$	$3\frac{11}{12}$	
	$5\frac{1}{6}$		$2\frac{1}{4}$
$5\frac{7}{12}$	$3\frac{1}{12}$		$7\frac{2}{3}$

c)
$4\frac{3}{4}$	$1\frac{1}{2}$	$1\frac{1}{4}$	$4\frac{1}{2}$
	$3\frac{1}{4}$		$2\frac{3}{4}$
		3	
$1\frac{3}{4}$	5		

a) Addiere im linken Zauberquadrat jeweils 4 Zahlen:
1. die Zahlen jeder Zeile, 2. die Zahlen jeder Spalte, 3. die Zahlen von einer Quadratecke zur gegenüberliegenden, 4. die Zahlen in den Quadratecken, 5. die Zahlen um die Quadratmitte, 6. die 4 Zahlen der Quadratgruppen in den Ecken.

b) Fülle im mittleren Zauberquadrat die leeren Felder aus:

Anleitung: Addiere die Zahlen der 2. Spalte $(7\frac{1}{4} + 2\frac{2}{3} + 5\frac{1}{6} + 3\frac{1}{12} = 18\frac{1}{6})$. Die Zahl in der oberen rechten Ecke ist $18\frac{1}{6} - (5\frac{7}{12} + 5\frac{1}{6} + 3\frac{11}{12}) = 3\frac{1}{2}$. Trage ein. Verfahre dann ebenso bei der obersten Zeile und der rechten Spalte usw.

c) Fülle die leeren Felder des rechten Zauberquadrats aus.

35. Im Altertum war das heutige systematische Rechnen mit Brüchen unbekannt. Gewöhnliche Brüche, also Brüche, die nicht Stammbrüche sind, pflegte man als Summe von Stammbrüchen darzustellen;

z. B. $\frac{3}{4} = \frac{1}{2} + \frac{1}{4}$, $\quad \frac{5}{6} = \frac{1}{2} + \frac{1}{3}$, $\quad \frac{7}{12} = \frac{1}{3} + \frac{1}{4}$, $\quad \frac{7}{10} = \frac{1}{2} + \frac{1}{5}$

Versuche weitere 6 echte Brüche als Summe von 2 ungleichnamigen Stammbrüchen zu schreiben.

6. Multiplikation und Division von Bruchzahlen

6.1. Die Multiplikation eines Bruches mit einer natürlichen Zahl

1. $\frac{2}{7} \cdot 3$ – Die Bruchzahl $\frac{2}{7}$ soll mit einer natürlichen Zahl multipliziert werden. Beim Rechnen mit natürlichen Zahlen haben wir die Multiplikation als eine verkürzte Addition gleicher Summanden kennengelernt. Das soll auch für die **Addition gleicher Bruchzahlen** gelten.

   $\boxed{\frac{2}{7} \cdot 3 = \frac{2}{7} + \frac{2}{7} + \frac{2}{7}}$; allgemein: $\boxed{\frac{a}{b} \cdot c = \underbrace{\frac{a}{b} + \frac{a}{b} + \cdots \frac{a}{b}}_{c\text{-mal}}}$, wobei $a, b, c \in \mathbb{N}$

2. Stelle durch Vektoren am **Zahlenstrahl** dar und rechne:

   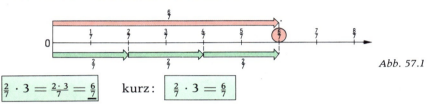

   Abb. 57.1

   $\boxed{\frac{2}{7} \cdot 3 = \frac{2 \cdot 3}{7} = \frac{6}{7}}$ kurz: $\boxed{\frac{2}{7} \cdot 3 = \frac{6}{7}}$

3. Erkläre die Aufgabe $\frac{3}{4} \cdot 3$ an folgenden **Teilfiguren**:

   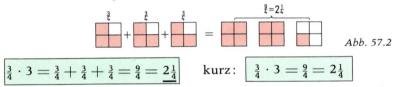

   Abb. 57.2

   $\boxed{\frac{3}{4} \cdot 3 = \frac{3}{4} + \frac{3}{4} + \frac{3}{4} = \frac{9}{4} = 2\frac{1}{4}}$ kurz: $\boxed{\frac{3}{4} \cdot 3 = \frac{9}{4} = 2\frac{1}{4}}$

   Der Zähler wurde multipliziert.

   Erkläre ebenso durch Schaubild: a) $\frac{2}{3} \cdot 4$, b) $\frac{3}{5} \cdot 3$

4. Schreibe die Summe folgender gleicher Bruchzahlen als Produkte und rechne:

   a) $\frac{1}{2} + \frac{1}{2} + \frac{1}{2} + \frac{1}{2} + \frac{1}{2}$ b) $\frac{3}{5} + \frac{3}{5} + \frac{3}{5} + \frac{3}{5}$ c) $\frac{5}{8} + \frac{5}{8} + \frac{5}{8} + \frac{5}{8} + \frac{5}{8}$

   Stelle vorstehende Aufgaben am Zahlenstrahl dar.

5. Kürze vor dem Multiplizieren:

   $\boxed{\frac{5}{24} \cdot 3 = \frac{15}{24} = \frac{5}{8}}$ oder kürze vorher: $\boxed{\frac{5 \cdot \cancel{3}^{1}}{\underset{8}{\cancel{24}}} = \frac{5}{8}}$ Nenner und Faktor wurden gekürzt.

   Rechne ebenso: a) $\frac{2}{9} \cdot 3$ b) $\frac{3}{8} \cdot 2$ c) $\frac{4}{25} \cdot 5$ d) $\frac{5}{12} \cdot 6$ e) $\frac{7}{10} \cdot 2$ f) $\frac{5}{6} \cdot 3$

   Man multipliziert einen Bruch mit einer natürlichen Zahl, indem man den Zähler mit der Zahl multipliziert und den Nenner beibehält.

Aufgaben

1. Berechne folgende Produkte.

   a) $\frac{2}{3} \cdot 2$ b) $\frac{1}{4} \cdot 5$ c) $\frac{4}{5} \cdot 9$ d) $\frac{2}{3} \cdot 10$ e) $\frac{2}{3} \cdot 100$

   $\frac{2}{5} \cdot 2$ $\frac{2}{11} \cdot 3$ $\frac{6}{7} \cdot 8$ $\frac{2}{7} \cdot 10$ $\frac{3}{7} \cdot 100$

   $\frac{3}{7} \cdot 2$ $\frac{4}{21} \cdot 5$ $\frac{7}{53} \cdot 8$ $\frac{1}{9} \cdot 10$ $\frac{8}{9} \cdot 100$

2. Rechne.   a) $\frac{3}{5} \cdot 5$ b) $\frac{4}{7} \cdot 7$ c) $\frac{7}{10} \cdot 10$ d) $\frac{11}{12} \cdot 12$ e) $\frac{13}{25} \cdot 25$ f) $\frac{3}{100} \cdot 100$

   g) $\frac{5}{6} \cdot 6$ h) $\frac{3}{8} \cdot 8$ i) $3\frac{2}{3} \cdot 3$

3. Mit welcher kleinsten natürlichen Zahl muß man   a) $\frac{11}{12}$,   b) $\frac{7}{16}$,   c) $\frac{9}{25}$, d) $1\frac{5}{8}$,   e) $2\frac{7}{9}$ multiplizieren, um eine ganze Zahl zu erhalten? Wie heißt die ganze Zahl?

Multipliziert man einen Bruch mit seinem Nenner, so erhält man den Zähler.

4. Berechne folgende Produkte (Kürze vorher!).

   a) $\frac{1}{3} \cdot 3$ b) $\frac{1}{24} \cdot 6$ c) $\frac{1}{25} \cdot 25$ d) $\frac{9}{275} \cdot 25$ e) $\frac{17}{36} \cdot 18$

   $\frac{1}{4} \cdot 4$ $\frac{5}{12} \cdot 4$ $\frac{7}{60} \cdot 6$ $\frac{14}{225} \cdot 25$ $\frac{5}{64} \cdot 16$

   $\frac{2}{9} \cdot 3$ $\frac{5}{24} \cdot 6$ $\frac{8}{169} \cdot 13$ $\frac{17}{144} \cdot 36$ $\frac{6}{85} \cdot 17$

5. Multipliziere auf die vorteilhafteste Art.

   a) $\frac{7}{19} \cdot 2$ b) $\frac{5}{28} \cdot 3$ c) $\frac{4}{35} \cdot 6$ d) $\frac{2}{21} \cdot 3$ e) $\frac{5}{42} \cdot 6$ f) $\frac{7}{72} \cdot 5$

   g) $\frac{3}{32} \cdot 8$ h) $\frac{5}{41} \cdot 7$ i) $\frac{11}{72} \cdot 6$ k) $\frac{6}{55} \cdot 9$ l) $\frac{5}{81} \cdot 9$ m) $\frac{3}{91} \cdot 13$

Schriftlich

Gemischte Zahlen verwandelt man vor dem Multiplizieren in unechte Brüche, oder man rechnet sie mit Klammern.

Beispiele:

$$4\frac{2}{5} \cdot 10 = \frac{22 \cdot \cancel{10}^{2}}{\cancel{5}_{1}} = \underline{44}$$

$$12\frac{3}{5} \cdot 11 = (12 + \frac{3}{5}) \cdot 11 = 132 + \frac{33}{5} = 132 + 6\frac{3}{5} = \underline{138\frac{3}{5}}$$

6. Multipliziere folgende gemischte Zahlen auf die vorteilhafteste Art.

   a) $2\frac{1}{2} \cdot 4$ b) $3\frac{1}{2} \cdot 10$ c) $8\frac{1}{3} \cdot 12$ d) $2\frac{1}{3} \cdot 7$ e) $1\frac{1}{2} \cdot 11$

   $3\frac{1}{3} \cdot 6$ $4\frac{1}{6} \cdot 24$ $5\frac{5}{9} \cdot 18$ $3\frac{3}{4} \cdot 5$ $2\frac{1}{2} \cdot 19$

   $6\frac{1}{4} \cdot 12$ $6\frac{2}{3} \cdot 15$ $2\frac{1}{2} \cdot 40$ $4\frac{2}{3} \cdot 4$ $3\frac{1}{4} \cdot 15$

7. Bilde Bruchzahlfolgen.
   a) $2\frac{4}{5} \cdot 2$, $2\frac{4}{5} \cdot 3$, ... $2\frac{4}{5} \cdot 9$ b) $6\frac{3}{8} \cdot 2$, $6\frac{3}{8} \cdot 3$, ... $6\frac{3}{8} \cdot 9$

8. Setze für die Platzhalter der folgenden Gleichungen den richtigen Multiplikator ($\triangle \in \mathbb{N}$).
   a) $\frac{1}{2} \cdot \triangle = 1\frac{1}{2}$ b) $\frac{2}{3} \cdot \triangle = 2$ c) $\frac{3}{7} \cdot \triangle = \frac{6}{7}$ d) $\frac{3}{5} \cdot \triangle = \frac{3}{5}$
   e) $\frac{4}{9} \cdot \triangle = 2\frac{2}{9}$ f) $\frac{7}{10} \cdot \triangle = 4\frac{9}{10}$ g) $\frac{7}{12} \cdot \triangle = 2\frac{11}{12}$ h) $2\frac{1}{3} \cdot \triangle = 9\frac{1}{3}$

9. Wie lautet der Multiplikand in den folgenden Gleichungen ($\bigcirc \in \mathbb{Q}^+$)? (Aus einem später ersichtlichen Grunde bezeichnen wir die Bruchzahlen mit $\mathbb{Q}^+$.)
   a) $\bigcirc \cdot 4 = \frac{4}{7}$ b) $\bigcirc \cdot 8 = \frac{16}{17}$ c) $\bigcirc \cdot 2 = 2\frac{4}{9}$ d) $\bigcirc \cdot 7 = 4\frac{1}{5}$
   e) $\bigcirc \cdot 3 = 10\frac{1}{2}$ f) $\bigcirc \cdot 4 = 5$ g) $\bigcirc \cdot 5 = 1\frac{1}{9}$ h) $\bigcirc \cdot 9 = 3\frac{3}{11}$

10. Nenne die Lösungsmengen zu folgenden Ungleichungen, wobei der Multiplikator $x \in \mathbb{N}$.

    > **Beispiele:**
    > z. B. $\frac{2}{3} \cdot x < 4$; $\mathbb{L} = \{1, 2, 3, 4, 5\}$, eine **endliche** Lösungsmenge
    > $\frac{3}{4} \cdot x > 3$; $\mathbb{L} = \{5, 6, 7, 8, 9, \ldots\}$, eine **nichtendliche** Lösungsmenge

    a) $\frac{3}{5} \cdot x < 5$ b) $\frac{2}{7} \cdot x < 1$ c) $\frac{5}{8} \cdot x < 3$ d) $\frac{7}{10} \cdot x < 4$
    e) $\frac{8}{9} \cdot x > 4$ f) $\frac{5}{6} \cdot x > 9$ g) $4\frac{3}{4} \cdot x > 18$ h) $6\frac{2}{3} \cdot x > 40$

11. Ein Quadrat ist $4\frac{7}{10}$ m ($16\frac{1}{5}$ cm) lang. Wie groß ist sein Umfang?

12. a) Ein Rechteck ist $4\frac{4}{5}$ m lang und $3\frac{3}{4}$ m breit. Wie groß ist sein Umfang?
    b) Ein anderes Rechteck ist   1) $9\frac{3}{4}$ m lang und 8 m breit;   2) $17\frac{3}{10}$ cm lang und 12 cm breit. Wieviel beträgt sein Flächeninhalt?

13. Ein rechteckiger Garten von $10\frac{1}{2}$ m Länge und $8\frac{3}{4}$ m Breite soll mit einem Drahtzaun eingefaßt werden. Wieviel m Maschendraht sind dazu nötig, wenn man für den Eingang $1\frac{1}{5}$ m frei läßt?

14. Die Küche ist $3\frac{3}{4}$ m lang und 4 m breit. Sie soll mit PVC ausgelegt werden, das pro m² 12,95 DM kostet.

15. Das Wohnzimmer ist $4\frac{4}{5}$ m lang und 4 m breit. Es soll mit einem Haargarnteppich ausgelegt werden, der 18 DM je m² kostet.

16. Ein LKW-Fahrer fährt mit seinem Lastwagen durchschnittlich 54 km in der Stunde. Er fährt $3\frac{2}{3}$ Std. ($2\frac{5}{6}$ Std., $6\frac{1}{3}$ Std.).

17. Ein Flugzeug legt in 1 Sek. $125\frac{2}{3}$ m, ein D-Zug $32\frac{3}{4}$ m, ein Auto $24\frac{1}{2}$ m zurück. Welche Strecke durcheilen die Verkehrsmittel in   a) 1 Min., b) $\frac{1}{4}$ Std.,   c) $1\frac{1}{2}$ Std.,   d) $2\frac{3}{4}$ Std.?

18. Zwei Personenwagen fuhren um $7\frac{3}{4}$ Uhr von Frankfurt nach Saarbrücken. Der erste Wagen benutzte die Autobahn und erreichte sein Ziel bei einer Geschwindigkeit von 90 km/Std. in $2\frac{1}{3}$ Std. Der zweite Wagen befuhr die Landstraße und kam bei einer Geschwindigkeit von 68 km/Std. um $10\frac{1}{2}$ Uhr in Saarbrücken an. Wie lang ist die Strecke Frankfurt–Saarbrücken über Autobahn und Landstraße?

6.2. Die Division eines Bruches durch eine natürliche Zahl

6.2.1. Der Zähler ist durch den Divisor teilbar

Inge und Gabriele wollen sich $\frac{4}{5}$ einer Pizza gleichmäßig teilen. Unserer Kreisteilfigur ist anschaulich zu entnehmen, daß jede $\frac{2}{5}$ erhält (Abb. 60.1). Es liegt eine Teilungsaufgabe vor. Wir kommen zum selben Ergebnis, wenn wir wie folgt rechnen:

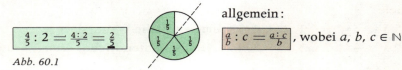

$$\frac{4}{5} : 2 = \frac{4:2}{5} = \frac{2}{5}$$

allgemein: $\frac{a}{b} : c = \frac{a:c}{b}$, wobei $a, b, c \in \mathbb{N}$

Abb. 60.1

Welcher Bestandteil des Bruches wurde dividiert? Welcher blieb unverändert? Stelle diesen Rechenvorgang auch am Zahlenstrahl durch Vektoren dar.

6.2.2. Der Zähler ist nicht durch den Divisor teilbar

$\frac{3}{5}$ einer Pizza sollen sich nun Udo und Jürgen gleichmäßig teilen.
Diese Teilungsaufgabe läßt sich zunächst nach der bisherigen Rechenanweisung nicht ausführen. Die Zahl 3 ist nicht durch 2 teilbar. Wenn wir aber $\frac{3}{5}$ mit 2 zu dem Bruch $\frac{6}{10}$ erweitern, so ist der Zähler teilbar geworden (Abb. 60.2).

$$\frac{3}{5} : 2 = \frac{6}{10} : 2 = \frac{6:2}{10} = \frac{3}{10}$$

Abb. 60.2

Das Multiplizieren und Dividieren sind entgegengesetzte Rechenoperationen. Wir gelangen zum selben Ergebnis, wenn wir den Nenner des Bruches unmittelbar mit dem Divisor multiplizieren.

$$\frac{3}{5} : 2 = \frac{3}{5 \cdot 2} = \frac{3}{10}$$

allgemein: $\frac{a}{b} : c = \frac{a}{b \cdot c}$, wobei $a, b, c \in \mathbb{N}$

Das Multiplizieren des Nenners ist ein Dividieren des Bruches.

Deute die Divisionsaufgabe auf S. 60 unten am **Zahlenstrahl** (Abb. 61.1).

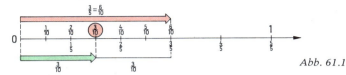

Abb. 61.1

Beispiele: Wir machen den Zähler durch Erweitern des Bruches teilbar.
$\frac{1}{2} : 2 = \frac{2}{4} : 2 = \frac{2:2}{4} = \underline{\frac{1}{4}}$; $\frac{1}{2} : 3 = \frac{3}{6} : 3 = \frac{3:3}{6} = \underline{\frac{1}{6}}$; $\frac{1}{2} : 4 = \frac{4}{8} : 4 = \frac{4:4}{8} = \underline{\frac{1}{8}}$

Wir kommen schneller zum selben Ergebnis durch Multiplizieren des Nenners mit dem Divisor.

$\frac{1}{2} : 2 = \frac{1}{2 \cdot 2} = \underline{\frac{1}{4}}$ $\frac{1}{2} : 3 = \frac{1}{2 \cdot 3} = \underline{\frac{1}{6}}$ $\frac{1}{2} : 4 = \frac{1}{2 \cdot 4} = \underline{\frac{1}{8}}$

Man dividiert eine Bruchzahl durch eine natürliche Zahl, indem man den Zähler durch den Divisor dividiert oder, wenn das nicht möglich ist, den Nenner mit dem Divisor multipliziert. – Kürze vorher!

Aufgaben

Mündlich und halbschriftlich

Beispiele:

a) $\frac{12}{25} : 4 = \frac{12:4}{25} = \underline{\frac{3}{25}}$ b) $\frac{8}{15} : 16 = \frac{\overset{1}{8}}{15 \cdot \underset{2}{16}} = \underline{\frac{1}{30}}$

c) $\frac{3}{16} : 5 = \frac{3}{16 \cdot 5} = \underline{\frac{3}{80}}$

1. Rechne.

a) $\frac{2}{5} : 2$ b) $\frac{6}{7} : 3$ c) $1\frac{3}{5} : 2$ d) $\frac{1}{2}$ von $\frac{4}{7}$ e) $\frac{1}{3}$ von $\frac{6}{7}$

$\frac{4}{7} : 2$ $\frac{12}{23} : 4$ $5\frac{1}{7} : 4$ $\frac{1}{4}$ von $\frac{8}{9}$ $\frac{3}{4}$ von $3\frac{1}{5}$

$\frac{8}{9} : 2$ $\frac{15}{16} : 5$ $33\frac{1}{3} : 10$ $\frac{1}{6}$ von $\frac{66}{100}$ $\frac{3}{10}$ von $3\frac{1}{3}$

2. Rechne ferner.

a) $\frac{1}{2} : 5$ b) $\frac{1}{3} : 2$ c) $\frac{1}{3} : 3$ d) $\frac{1}{4} : 4$ e) $\frac{1}{5} : 2$ f) $\frac{3}{4} : 2$ g) $\frac{3}{5} : 2$

h) $\frac{2}{5} : 3$ i) $\frac{2}{3} : 3$ k) $\frac{4}{5} : 3$ l) $\frac{5}{6} : 2$ m) $\frac{3}{8} : 4$ n) $\frac{9}{10} : 2$ o) $\frac{7}{15} : 3$

3. Dividiere.

a) durch 2: $\frac{1}{2}, \frac{3}{7}, \frac{5}{8}, \frac{7}{10}, 1\frac{2}{7}, 1\frac{3}{4}, 2\frac{1}{2}$ b) durch 5: $\frac{1}{3}, \frac{1}{7}, \frac{1}{5}, \frac{2}{3}, 1\frac{1}{6}, 1\frac{3}{4}, 2\frac{2}{5}$

c) durch 6: $\frac{1}{2}, \frac{5}{6}, \frac{5}{8}, \frac{5}{7}, 1\frac{4}{7}, 1\frac{3}{4}, 2\frac{1}{2}$ d) durch 8: $\frac{1}{2}, \frac{1}{4}, \frac{3}{4}, \frac{5}{6}, 1\frac{5}{6}, 1\frac{3}{4}, 2\frac{3}{5}$

Bruchrechnung II 61

Schriftlich

4. Stelle durch Vektoren am Zahlenstrahl dar. a) $\frac{1}{2} : 3$ b) $\frac{3}{4} : 2$

Beispiele:

a) $3\frac{8}{9} : 5 = \frac{35}{9} : 5 = \frac{\overset{7}{\cancel{35}}}{9 \cdot \underset{1}{\cancel{5}}} = \frac{7}{9}$

b) $268\frac{2}{3} : 5 = 53\frac{11}{35}$
$\underline{18}$
$3\frac{2}{3}$ $3\frac{2}{3} : 5 = \frac{11}{3 \cdot 5} = \frac{11}{15}$

5. Rechne nach vorstehenden Beispielen.

a) $2\frac{1}{2} : 2$ b) $76\frac{2}{3} : 10$ c) $9\frac{1}{2} : 4$ d) $469\frac{1}{2} : 3$ e) $128\frac{4}{9} : 30$
$4\frac{1}{3} : 3$ $18\frac{6}{7} : 12$ $14\frac{5}{8} : 9$ $386\frac{1}{4} : 4$ $483\frac{1}{3} : 25$
$7\frac{1}{4} : 5$ $16\frac{1}{5} : 27$ $13\frac{1}{8} : 5$ $666\frac{2}{3} : 10$ $204\frac{3}{10} : 26$

6. Setze den richtigen Divisor für die Platzhalter ($\bigcirc \in \mathbb{N}$).

a) $\frac{6}{7} : \bigcirc = \frac{2}{7}$ b) $\frac{2}{3} : \bigcirc = \frac{2}{9}$ c) $\frac{4}{9} : \bigcirc = \frac{1}{9}$ d) $\frac{5}{8} : \bigcirc = \frac{5}{24}$
e) $\frac{12}{13} : \bigcirc = \frac{3}{13}$ f) $\frac{3}{5} : \bigcirc = \frac{1}{10}$ g) $\frac{4}{11} : \bigcirc = \frac{2}{33}$ h) $\frac{9}{17} : \bigcirc = \frac{3}{68}$

7. Setze den richtigen Dividenden für die Platzhalter ein ($\triangle \in \mathbb{Q}^+$).

a) $\triangle : 4 = \frac{2}{9}$ b) $\triangle : 2 = \frac{4}{7}$ c) $\triangle : 7 = \frac{3}{4}$ d) $\triangle : 5 = \frac{7}{17}$
e) $\triangle : 8 = \frac{3}{5}$ f) $\triangle : 9 = \frac{2}{9}$ g) $\triangle : 11 = \frac{4}{5}$ h) $\triangle : 6 = 1\frac{2}{5}$

8. Ermittle die Lösungsmengen $\mathbb{L}$ ($\square \in \mathbb{N}$).

z. B.: $2\frac{1}{3} : \square > \frac{3}{4} \triangleq \frac{7}{3} : \square > \frac{3}{4} \triangleq \frac{28}{12} : \square > \frac{9}{12}$; $28 : \square > 9$; $\mathbb{L} = \{1, 2, 3\}$

a) $1\frac{5}{6} : \square > \frac{2}{3}$ b) $4\frac{3}{25} : \square > \frac{4}{5}$ c) $15\frac{4}{7} : \square > 3\frac{1}{2}$ d) $3\frac{1}{8} : \square > \frac{8}{9}$
e) $\frac{3}{40} : \square < \frac{3}{40}$ f) $\frac{1}{2} : \square < \frac{1}{8}$ g) $3\frac{1}{2} : \square < \frac{1}{4}$ h) $6\frac{2}{3} : \square < \frac{5}{6}$

9. Es sei $x = 17\frac{1}{2}$, $y = 5$, $z = 7$. Berechne a) $x : y$, b) $x : z$, c) $y : z$

10. Es sei $x = \frac{3}{4}$, $y = 2\frac{1}{2}$, $z = 3\frac{1}{4}$. Berechne a) $\frac{x}{4}$, b) $\frac{y}{5}$, c) $\frac{z}{10}$

11. Es sei $x = 10$, $y = 5$, $z = 8$. Berechne a) $3\frac{3}{4} : x$ b) $12\frac{1}{2} : y$ c) $18\frac{3}{4} : z$

12. a) Das 6fache einer Zahl ist 100. b) Wenn man eine Zahl mit 4 multipliziert, so erhält man 35. c) $3 \cdot x = 16\frac{1}{2}$ d) $4 \cdot x = 61\frac{1}{3}$ e) $x \cdot 5 = 32\frac{1}{2}$.

13. Das Produkt zweier Zahlen ist $214\frac{1}{2}$; der eine Faktor ist 6. Welches ist der andere?

14. a) Wenn man zu dem 4fachen einer Zahl noch das 3fache addiert, erhält man $17\frac{1}{2}$. b) $3x + 5x = 20\frac{1}{4}$ c) $5x + 10x = 50$

15. a) Wenn man von dem 5fachen einer Zahl das 2fache subtrahiert, bleibt 20; b) $12x - 8x = 22\frac{2}{3}$ c) $10x - 3x = 20$

6.3. Die Multiplikation einer natürlichen Zahl mit einem Bruch

Ein Lkw fährt in einer Std. 52 km. Welchen Weg legt er in $\frac{3}{4}$ Std. zurück?
Das Produkt 52 km $\cdot \frac{3}{4}$ hat zunächst keinen Sinn, denn man kann 52 km nicht $\frac{3}{4}$ mal als Summand setzen.
(Wir erinnern uns, daß ein **ganzzahliger** Multiplikator angibt, wievielmal der Multiplikand als Summand zu setzen ist;
z. B. 52 km $\cdot$ 3 = 52 km + 52 km + 52 km).
Das Produkt 52 km $\cdot \frac{3}{4}$ läßt sich nun aber auch schreiben 52 km $\cdot$ (3 : 4), denn wir lernten $\frac{3}{4}$ als den 4. Teil von 3 aufzufassen. Deshalb rechnen wir aus, was der LKW in 3 Std. zurücklegen würde und nehmen davon den 4. Teil. Wir können statt 52 $\cdot$ (3 : 4) also auch schreiben (52 $\cdot$ 3) : 4;   es ist:

a) $52 \cdot \frac{3}{4} = 52 \cdot (3 : 4) = (52 \cdot 3) : 4 = 156 : 4 = \underline{39}$

Zum selben Ergebnis gelangt man, wenn man die Faktoren vertauscht und rechnet: **b)** $52 \cdot \frac{3}{4} = \frac{3}{4} \cdot 52 = \frac{3 \cdot 52}{4} = \frac{156}{4} = \underline{39}$

$\boxed{52 \cdot \frac{3}{4} = \frac{3}{4} \cdot 52}$ allgemein: $\boxed{c \cdot \frac{a}{b} = \frac{a}{b} \cdot c}$ wobei $a, b, c \in \mathbb{N}$

Auch beim Multiplizieren mit Bruchzahlen ist das Vertauschen der Faktoren ohne Einfluß auf das Ergebnis. (Vertauschungsgesetz oder kommutatives Gesetz)

Wir deuten noch das kommutative Gesetz an nebenstehenden **Teilfiguren** (Abb. 63.1–2).

$4 \cdot \frac{2}{3} = 4 \cdot (2 : 3) = (4 \cdot 2) : 3 = 8 : 3 = \underline{2\frac{2}{3}}$

Abb. 63.1

Zum selben Ergebnis gelangen wir, wenn man die Faktoren vertauscht und rechnet:

$4 \cdot \frac{2}{3} = \frac{2}{3} \cdot 4 = \frac{2 \cdot 4}{3} = \frac{8}{3} = \underline{2\frac{2}{3}}$ also: $4 \cdot \frac{2}{3} = \frac{2}{3} \cdot 4$

Beispiele:

$8 \cdot \frac{3}{5} = \frac{8 \cdot 3}{5} = \frac{24}{5} = 4\underline{\frac{4}{5}}$ $6 \cdot \frac{4}{9} = \frac{\overset{2}{\cancel{6}} \cdot 4}{\underset{3}{\cancel{9}}} = \frac{8}{3} = 2\underline{\frac{2}{3}}$

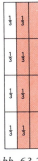

Abb. 63.2

Man multipliziert eine natürliche Zahl mit einem Bruch, indem man sie mit dem Zähler multipliziert und den Nenner beibehält.

Wenn möglich, erst kürzen, dann multiplizieren!

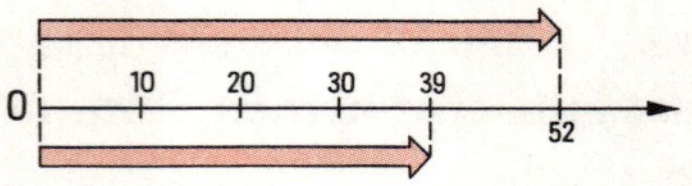

Abb. 64.1

Das Produkt 52 km · $\frac{3}{4}$ pflegt man auch als $\frac{3}{4}$ von 52 km zu deuten. Stelle 52 km als 52 mm am Zahlenstrahl dar und nimm $\frac{3}{4}$ davon (Abb. 64.1).

Aufgaben

Mündlich und halbschriftlich

1. Rechne folgende Aufgaben.

   a) $7 \cdot \frac{1}{5}$ b) $8 \cdot \frac{1}{10}$ c) $8 \cdot \frac{3}{4}$ d) $14 \cdot \frac{7}{8}$ e) $6 \cdot \frac{4}{5}$

   $9 \cdot \frac{1}{6}$ $12 \cdot \frac{1}{15}$ $6 \cdot \frac{2}{3}$ $16 \cdot \frac{5}{12}$ $5 \cdot \frac{7}{12}$

   $18 \cdot \frac{1}{4}$ $10 \cdot \frac{1}{20}$ $10 \cdot \frac{4}{5}$ $12 \cdot \frac{4}{9}$ $9 \cdot \frac{3}{4}$

2. Verwandle folgende Ausdrücke in Multiplikationsaufgaben und rechne.

   a) $\frac{1}{2}$ von 7   b) $\frac{1}{3}$ von 2   c) $\frac{2}{3}$ von 9   d) $\frac{3}{4}$ von 21   e) $\frac{4}{5}$ von 15

   $\frac{1}{3}$ von 8 $\frac{1}{5}$ von 4 $\frac{4}{5}$ von 11 $\frac{5}{8}$ von 16 $\frac{2}{7}$ von 28

   $\frac{1}{4}$ von 10 $\frac{1}{4}$ von 6 $\frac{3}{4}$ von 18 $\frac{5}{6}$ von 24 $\frac{4}{5}$ von 16

Merke:

$\frac{1}{2}, \frac{2}{3}, \frac{4}{5}$ usw. **von** einer Zahl ist soviel wie $\frac{1}{2}, \frac{2}{3}, \frac{4}{5}$ usw. **mal** diese Zahl.

3. Multipliziere jede ganze Zahl mit jedem Bruch.

   6, 9, 3, 10, 4, 12, 8, 5, 15, 18 mal   a) $\frac{2}{3}$ b) $\frac{1}{2}$ c) $\frac{3}{8}$ d) $\frac{7}{12}$ e) $\frac{3}{4}$

4. Multipliziere 10, (100, 1000) mit folgenden Brüchen.

   a) $\frac{1}{2}, \frac{1}{3}, \frac{2}{3}, \frac{1}{4}, \frac{3}{4}$ b) $\frac{1}{5}, \frac{4}{5}, \frac{3}{5}, \frac{1}{6}, \frac{5}{6}$ c) $\frac{1}{7}, \frac{1}{8}, \frac{3}{8}, \frac{5}{8}, \frac{7}{8}$

Beispiele:

$$8 \cdot 2\frac{1}{4} = 8 \cdot \frac{9}{4} = \frac{\overset{2}{8} \cdot 9}{\underset{1}{4}} = \underline{18}$$

oder $8 \cdot 2\frac{1}{4} = 8(2 + \frac{1}{4}) = 16 + \frac{8}{4} = 16 + 2 = \underline{18}$

5. Rechne die folgenden Aufgaben nach vorstehenden Beispielen jeweils auf die vorteilhafteste Art.

   a) $6 \cdot 1\frac{1}{2}$ b) $7 \cdot 3\frac{1}{3}$ c) $4 \cdot 8\frac{3}{7}$ d) $3 \cdot 16\frac{2}{3}$ e) $7 \cdot 14\frac{2}{7}$

   $8 \cdot 2\frac{3}{4}$ $8 \cdot 6\frac{3}{4}$ $7 \cdot 10\frac{1}{2}$ $8 \cdot 12\frac{1}{2}$ $16 \cdot 6\frac{1}{4}$

   $3 \cdot 7\frac{1}{4}$ $4 \cdot 5\frac{1}{6}$ $6 \cdot 12\frac{4}{5}$ $3 \cdot 33\frac{1}{3}$ $24 \cdot 4\frac{1}{6}$

Bruchrechnung II

Schriftlich

Beispiele:
a) $17 \cdot 21\frac{2}{3} = \frac{17 \cdot 65}{3} = \frac{1105}{3} = \underline{368\frac{1}{3}}$

  oder $17 \left(21 + \frac{2}{3}\right) = 357 + \frac{34}{3} = 357 + 11\frac{1}{3} = \underline{368\frac{1}{3}}$

b) $36 \cdot 3\frac{23}{24} = \frac{\overset{3}{\cancel{36}} \cdot 95}{\underset{2}{\cancel{24}}} = \frac{285}{2} = \underline{142\frac{1}{2}}$

  oder $36 \left(3 + \frac{23}{24}\right) = 108 + \frac{\overset{3}{\cancel{36}} \cdot 23}{\underset{2}{\cancel{24}}} = 108 + \frac{69}{2} = 108 + 34\frac{1}{2} = \underline{142\frac{1}{2}}$

Begründe die Aufgaben und die Schreibweise.

Rechne die folgenden Aufgaben nach vorstehenden Beispielen.

6. a) 45, b) 42, c) 60 $\cdot \frac{25}{36}$ d) 50, e) 63, f) 20 $\cdot \frac{51}{70}$

7. a) 42, b) 108, c) 80 $\cdot \frac{43}{90}$ d) 36, e) 96, f) 80 $\cdot \frac{57}{64}$

8. a) 21, b) 36, c) 70 $\cdot 24\frac{5}{8}$ d) 37, e) 93, f) 64 $\cdot 31\frac{2}{3}$

9. Setze den richtigen Multiplikanden für die Platzhalter ein, wobei $\bigcirc \in \mathbb{N}$.
  a) $\bigcirc \cdot \frac{2}{3} = \frac{2}{3}$ b) $\bigcirc \cdot \frac{2}{9} = 2$ c) $\bigcirc \cdot \frac{3}{4} = 6$ d) $\bigcirc \cdot \frac{5}{8} = 15$
  e) $\bigcirc \cdot \frac{1}{15} = \frac{7}{15}$ f) $\bigcirc \cdot \frac{5}{12} = \frac{10}{12}$ g) $\bigcirc \cdot \frac{5}{12} = \frac{5}{6}$ h) $\bigcirc \cdot \frac{8}{17} = \frac{16}{17}$
  i) $\bigcirc \cdot \frac{6}{17} = 1\frac{7}{17}$ k) $\bigcirc \cdot \frac{3}{5} = 4\frac{4}{5}$ l) $\bigcirc \cdot \frac{18}{19} = 4\frac{14}{19}$ m) $\bigcirc \cdot \frac{15}{16} = 11\frac{1}{4}$

10. Setze den richtigen Multiplikator für die Platzhalter ein ($\triangle \in \mathbb{Q}^+$).
  a) $5 \cdot \triangle = \frac{10}{11}$ b) $2 \cdot \triangle = 1\frac{1}{3}$ c) $4 \cdot \triangle = \frac{1}{2}$ d) $12 \cdot \triangle = 2$
  e) $14 \cdot \triangle = 6$ f) $3 \cdot \triangle = 2\frac{4}{7}$ g) $10 \cdot \triangle = 7\frac{1}{2}$ h) $9 \cdot \triangle = 3\frac{6}{13}$

11. Welches sind die Lösungsmengen $\mathbb{L} = \{\ldots\ldots\}$ folgender Ungleichungen, wobei $\square \in \mathbb{N}$?
  a) $\square \cdot \frac{2}{3} < 4$ b) $\square \cdot \frac{5}{6} < 3$ c) $\square \cdot \frac{4}{9} < 2$ d) $\square \cdot \frac{8}{7} < 1$
  e) $\square \cdot \frac{4}{5} > 6$ f) $\square \cdot \frac{5}{9} > 10$ g) $2 < \square \cdot \frac{3}{4} < 5$

12. a) Welche der Lösungsmengen der vorstehenden Ungleichungen sind endliche Mengen? (Wir vereinbarten, die leere Menge zu den endlichen Mengen zu rechnen.)
   b) Welche dieser endlichen Mengen ist die leere Menge?
   c) Welche dieser endlichen Mengen ist eine einelementige Menge?
   d) Welche Lösungsmengen sind nichtendliche Mengen?

13. Hertas Bruder verdient jährlich 16 600 DM. Er rechnet für die Ernährung $\frac{3}{10}$, für Bekleidung $\frac{1}{6}$, für die Wohnung $\frac{1}{8}$, für Heizung, Beleuchtung und Wasser $\frac{1}{20}$, und für sonstige Ausgaben $\frac{4}{25}$. Wieviel DM gibt er aus?

6.4. Die Multiplikation eines Bruches mit einem Bruch

1. Auch beim Produkt $\frac{4}{5} \cdot \frac{2}{3}$ kann $\frac{4}{5}$ nicht $\frac{2}{3}$ mal als Summand gesetzt werden. Wir können aber die Bruchzahl $\frac{2}{3}$ durch die Teilungsaufgabe (2 : 3) ersetzen, so daß wir erhalten $\frac{4}{5} \cdot \frac{2}{3} = \frac{4}{5} \cdot (2 : 3)$. Wir rechnen weiter

$$\frac{4}{5} \cdot \frac{2}{3} = \frac{4}{5} \cdot (2 : 3) = (\frac{4}{5} \cdot 2) : 3 = \frac{4 \cdot 2}{5} : 3 = \frac{4 \cdot 2}{5 \cdot 3} = \underline{\frac{8}{15}}$$

Man rechnet kurz:

$\frac{4}{5} \cdot \frac{2}{3} = \frac{4 \cdot 2}{5 \cdot 3} = \underline{\frac{8}{15}}$;   allgemein: $\frac{a}{b} \cdot \frac{c}{d} = \frac{a \cdot c}{b \cdot d}$, wobei $a, b, c, d \in \mathbb{N}$

Man multipliziert Brüche miteinander, indem man Zähler mit Zähler und Nenner mit Nenner multipliziert.

Da man jede natürliche Zahl als uneigentlichen Bruch ($\frac{4}{2}, \frac{6}{3}, \frac{10}{5}, \ldots$), also auch als Bruchzahl mit dem Nenner 1 ($\frac{1}{1}, \frac{2}{1}, \frac{3}{1}, \ldots$), darstellen kann, umfaßt vorstehende Regel die beiden bereits vorangegangenen Regeln über die Multiplikation von Bruchzahlen.

2. Das Produkt $\frac{4}{5} \cdot \frac{2}{3}$ läßt sich ähnlich wie jedes Produkt natürlicher Zahlen aus 2 Faktoren als ein Rechteck darstellen (Abb. 66.1). Zähle die Flächenstücke aus. Was stellen sie dar bezogen auf das ganze Rechteck? Wir erkennen, daß $\frac{4}{5} \cdot \frac{2}{3} = \frac{8}{15}$ ist. Der Zähler 8 des Ergebnisses $\frac{8}{15}$ ist das Produkt aus den Zählern 4 und 2. Der Nenner 15 ist das Produkt aus den Nennern 5 und 3. Wie kannst du beides an der Zeichnung ablesen?

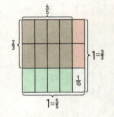

Abb. 66.1

$$\frac{4}{5} \cdot \frac{2}{13} = \frac{4 \cdot 2}{5 \cdot 13} = \underline{\frac{8}{65}} \qquad \frac{5}{6} \cdot \frac{4}{5} = \frac{\overset{1}{\cancel{5}} \cdot \overset{2}{\cancel{4}}}{\underset{3}{\cancel{6}} \cdot \underset{1}{\cancel{5}}} = \underline{\frac{2}{3}}$$

Kürze nach Möglichkeit vor dem Multiplizieren!

3. Das Produkt $\frac{4}{5} \cdot \frac{1}{2}$ läßt sich auch als „$\frac{1}{2}$ von $\frac{4}{5}$" deuten, z. B. am Zahlenstrahl. $\frac{4}{5} \cdot \frac{1}{2} = \underline{\frac{2}{5}}$ (Abb. 66.2).

Abb. 66.2

4. Auf einer **Walzenstraße** mit 2 Walzenpaaren (Abb. 67.1) werden Platten ausgewalzt. Das erste Walzenpaar A verformt die Platten im Verhältnis 1 : 2; anschließend verformt das zweite Walzenpaar B diese verformten Platten noch im Verhältnis 2 : 5. Die **Verkettung** der beiden Verformungen mit den Verformungszahlen ($\frac{1}{2}$) und ($\frac{2}{5}$) durch **multiplikative Verknüpfung** führt auf eine **Ersatzverformung** durch **ein** Walzenpaar C.

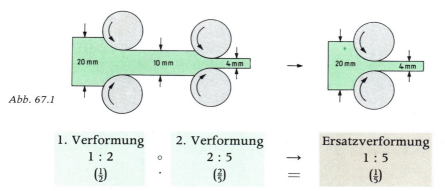

Abb. 67.1

1. Verformung		2. Verformung		Ersatzverformung
1 : 2	∘	2 : 5	→	1 : 5
$(\frac{1}{2})$	·	$(\frac{2}{5})$	=	$(\frac{1}{5})$

In einer Tabelle stellen wir einige Verformungsbeispiele zusammen:

Eingangsstärke	Zwischenstärke	Endstärke	Endstärke durch Ersatzverformung
	nach Walze A	nach Walze B	nach Walze C
E	$E \cdot (\frac{1}{2})$	$E \cdot (\frac{1}{2}) \cdot (\frac{2}{5})$	$E \cdot (\frac{1}{5})$
10 mm	10 mm · $(\frac{1}{2})$ = 5 mm	5 mm · $(\frac{2}{5})$ = 2 mm	10 · $(\frac{1}{5})$ = 2 mm
20 mm (s. Abb.)	20 mm · $(\frac{1}{2})$ = 10 mm	10 mm · $(\frac{2}{5})$ = 4 mm	20 · $(\frac{1}{5})$ = 4 mm
30 mm	30 mm · $(\frac{1}{2})$ = 15 mm	15 mm · $(\frac{2}{5})$ = 6 mm	30 · $(\frac{1}{5})$ = 6 mm
usw.	. .	. .	. .

Aus der vorstehenden Tabelle erkennen wir, daß die Ersatzverformungszahl durch das Walzenpaar C gleich $(\frac{1}{5})$ ist. Vergleiche 10 mm mit 2 mm (20 mit 4, 30 mit 6). Wir sehen, daß die Endstärke stets $E \cdot (\frac{1}{5})$ ist. Es ist also $(\frac{1}{2}) \cdot (\frac{2}{5}) = (\frac{1}{5})$.

5. Wir wollen ein weiteres **Verformungsmodell** zur Erläuterung der multiplikativen Verknüpfung heranziehen. Im nebenstehenden **Dreifedernmodell** stellt die obere Feder die unverformte „Einheitsfeder" dar. Wir stauchen die darunterliegende Feder derart, so daß ihre „3" unter die „2" der „Einheitsfeder" zu stehen kommt. Die zweite Feder wurde im Verhältnis 2 : 3 verformt. Die dritte Feder wollen wir gegenüber der zweiten Feder im Verhältnis 5 : 2 verformen. Wir dehnen die dritte Feder daher so, daß ihre „2" unter der „5" der zweiten Feder zu stehen kommt. Nach dieser Verkettung der beiden Verformungen steht nun die „5" der „Einheitsfeder" über der „3" der untersten Feder. Du liest das Verformungsergebnis, die Verformungszahl $(\frac{5}{3})$ ab. Es ist also $(\frac{2}{3}) \cdot (\frac{5}{2}) = (\frac{5}{3})$.

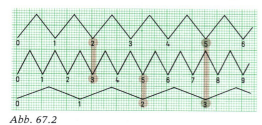

Abb. 67.2

6. Wir wollen unser Dreifedernmodell noch an einem weiteren Beispiel erproben. Die Aufgabe laute $\left(\frac{3}{4}\right) \cdot \left(\frac{2}{5}\right)$. Die Verformungen 3 : 4 und 2 : 5 liefern ein Verformungsergebnis 6 : 20 und auch 3 : 10. Lies an der Zeichnung ab und zeichne selbst (Abb. 68.1). Es ist also $\left(\frac{3}{4}\right) \cdot \left(\frac{2}{5}\right) = \left(\frac{6}{20}\right) = \left(\frac{3}{10}\right)$.

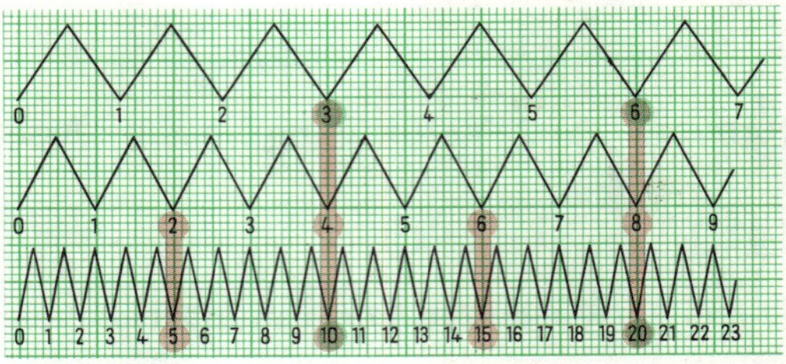

Abb. 68.1

7. Zu jeder Verformung gibt es eine **Kehrverformung**, d. h. eine Verformung, die die erste Verformung wieder rückgängig macht. Dehnen wir mit der Verformungszahl $\left(\frac{5}{3}\right)$ eine Feder AB auf AC aus, dann führt die Verformungszahl $\left(\frac{3}{5}\right)$ die Spiralfeder AC wieder auf AD zurück. Da AD = AB, ist nach zweimaliger Verformung das Verformungsergebnis 1 : 1 (Abb. 68.2); die Feder ist wieder ohne Verformung. Es ist also $\left(\frac{5}{3}\right) \cdot \left(\frac{3}{5}\right) = \left(\frac{1}{1}\right) = 1$. Man nennt $\frac{5}{3}$ die **Kehrzahl** von $\frac{3}{5}$ und $\frac{3}{5}$ die Kehrzahl von $\frac{5}{3}$.

Abb. 68.2

Mündlich oder halbschriftlich

8. Setze die Produkte der nebenstehenden Folgen mit gleichen Multiplikanden für die Platzhalter.

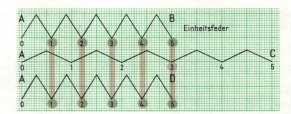

$\frac{1}{2} \cdot 8 = \square$	$\frac{4}{5} \cdot 4 = \square$	$\frac{3}{4} \cdot 27 = \square$
$\frac{1}{2} \cdot 4 = \square$	$\frac{4}{5} \cdot 2 = \square$	$\frac{3}{4} \cdot 9 = \square$
$\frac{1}{2} \cdot 2 = \square$	$\frac{4}{5} \cdot 1 = \square$	$\frac{3}{4} \cdot 3 = \square$
$\frac{1}{2} \cdot 1 = \square$	$\frac{4}{5} \cdot \frac{1}{2} = \square$	$\frac{3}{4} \cdot 1 = \square$
$\frac{1}{2} \cdot \frac{1}{2} = \square$	$\frac{4}{5} \cdot \frac{1}{4} = \square$	$\frac{3}{4} \cdot \frac{1}{3} = \square$

Vergleiche die Produkte jeder Folge in ihrer Abhängigkeit vom Multiplikator.

Achte auf den Übergang vom ganzzahligen zum Bruchzahl-Multiplikator. Stelle ähnliche Aufgabenfolgen für andere „Bruch mal Bruch"-Aufgaben her.

Bruchrechnung II

Aufgaben

Mündlich oder halbschriftlich

1. a) $\frac{2}{3} \cdot \frac{4}{5}$ b) $\frac{5}{6} \cdot \frac{3}{4}$ c) $\frac{7}{9} \cdot \frac{3}{4}$ d) $\frac{7}{10} \cdot \frac{5}{8}$ e) $\frac{1}{6} \cdot \frac{3}{8}$ f) $\frac{1}{2} \cdot \frac{8}{15}$

$\frac{3}{4} \cdot \frac{5}{8}$ $\frac{1}{2} \cdot \frac{2}{5}$ $\frac{3}{8} \cdot \frac{6}{7}$ $\frac{2}{3} \cdot \frac{3}{10}$ $\frac{5}{9} \cdot \frac{2}{5}$ $\frac{5}{12} \cdot \frac{9}{10}$

$\frac{4}{5} \cdot \frac{3}{5}$ $\frac{3}{4} \cdot \frac{3}{5}$ $\frac{2}{5} \cdot \frac{11}{12}$ $\frac{5}{6} \cdot \frac{3}{5}$ $\frac{2}{3} \cdot \frac{1}{4}$ $\frac{7}{16} \cdot \frac{2}{3}$

$\frac{1}{6} \cdot \frac{1}{5}$ $\frac{1}{4} \cdot \frac{6}{7}$ $\frac{5}{7} \cdot \frac{14}{15}$ $\frac{7}{9} \cdot \frac{6}{13}$ $\frac{7}{12} \cdot \frac{8}{21}$ $\frac{8}{15} \cdot \frac{25}{32}$

Gemischte Zahlen werden vorher eingerichtet.

Beispiele:

a) $6\frac{3}{4} \cdot \frac{2}{3} = \frac{27}{4} \cdot \frac{2}{3} = \frac{\overset{9}{\cancel{27}} \cdot \overset{1}{\cancel{2}}}{\underset{2}{\cancel{4}} \cdot \underset{1}{\cancel{3}}} = \frac{9}{2} = 4\frac{1}{2}$ b) $4\frac{3}{4} \cdot 1\frac{3}{7} = \frac{19}{\underset{2}{\cancel{4}}} \cdot \frac{\overset{5}{\cancel{10}}}{7} = \frac{95}{14} = 6\frac{11}{14}$

2. a) $\frac{2}{3} \cdot 1\frac{1}{2}$ b) $\frac{5}{7} \cdot 3\frac{1}{2}$ c) $4\frac{1}{2} \cdot \frac{2}{9}$ d) $2\frac{1}{2} \cdot 1\frac{1}{2}$ e) $1\frac{1}{3} \cdot 1\frac{1}{4}$ f) $3\frac{1}{2} \cdot 1\frac{1}{10}$

$\frac{4}{5} \cdot 1\frac{2}{3}$ $\frac{9}{10} \cdot 1\frac{3}{7}$ $2\frac{2}{5} \cdot \frac{7}{10}$ $3\frac{1}{3} \cdot 1\frac{1}{5}$ $2\frac{3}{5} \cdot 1\frac{5}{7}$ $2\frac{1}{2} \cdot 2\frac{2}{5}$

$\frac{5}{6} \cdot 2\frac{2}{5}$ $\frac{5}{8} \cdot 2\frac{2}{3}$ $3\frac{1}{2} \cdot \frac{4}{7}$ $7\frac{1}{2} \cdot 1\frac{3}{5}$ $2\frac{1}{2} \cdot 3\frac{1}{3}$ $4\frac{1}{3} \cdot 1\frac{4}{5}$

3. Berechne die folgenden Potenzen, indem du die gemischten Zahlen erst in unechte Brüche verwandelst.

a) $(1\frac{1}{2})^2$ b) $(2\frac{1}{2})^2$ c) $(4\frac{1}{2})^2$ d) $(6\frac{1}{2})^2$ e) $(8\frac{1}{2})^2$ f) $(10\frac{1}{2})^2$

g) $(2\frac{2}{3})^2$ h) $(2\frac{1}{4})^2$ i) $(3\frac{1}{3})^2$ k) $(3\frac{3}{4})^2$ l) $(9\frac{1}{2})^2$ m) $(1\frac{4}{5})^2$

4. Setze für die Platzhalter den passenden Faktor ein. Warum nennt man ihn die **Kehrzahl** der gegebenen Bruchzahl?

a) $\frac{1}{2} \cdot \bigcirc = 1$ b) $\frac{2}{3} \cdot \bigcirc = 1$ c) $\frac{5}{6} \cdot \bigcirc = 1$ d) $2\frac{1}{3} \cdot \bigcirc = 1$

e) $\bigcirc \cdot \frac{8}{15} = 1$ f) $\bigcirc \cdot 8 = 1$ g) $\bigcirc \cdot \frac{1}{21} = 1$ h) $\bigcirc \cdot 4\frac{1}{2} = 1$

5. Setze die passende Bruchzahl ein ($\square \in \mathbb{Q}^+$).

a) $\frac{3}{4} \cdot \square = \frac{3}{8}$ b) $\frac{5}{6} \cdot \square = \frac{25}{36}$ c) $\frac{5}{9} \cdot \square = \frac{25}{72}$ d) $\square \cdot \frac{4}{7} = \frac{8}{21}$

e) $\square \cdot \frac{8}{19} = \frac{3}{19}$ f) $6\frac{1}{4} \cdot \square = \frac{25}{48}$ g) $\square \cdot 4\frac{1}{3} = \frac{26}{45}$ h) $2\frac{8}{19} \cdot \square = \frac{92}{95}$

Schriftlich

6. Veranschauliche die Lösungen folgender Aufgaben am Zahlenstrahl durch Vektoren: a) $\frac{4}{5} \cdot \frac{1}{4}$ b) $\frac{4}{5} \cdot \frac{1}{8}$ c) $\frac{3}{4} \cdot \frac{1}{3}$ d) $\frac{3}{4} \cdot \frac{1}{4}$

7. Stelle vorstehende Produkte in Rechtecken (Teilfiguren) dar.

8. Setze die passenden Zahlen ($\triangle \in \mathbb{N}$) in folgende Gleichungen ein.

a) $\frac{1}{\triangle} \cdot \frac{12}{25} = \frac{4}{25}$ b) $\frac{17}{33} \cdot \frac{\triangle}{3} = \frac{34}{99}$ c) $\frac{3}{5} \cdot \frac{8}{\triangle} = \frac{24}{85}$ d) $\frac{\triangle}{6} \cdot \frac{11}{13} = \frac{55}{78}$

e) $\frac{4}{11} \cdot \frac{\triangle}{4} = \frac{9}{11}$ f) $\frac{\triangle}{8} \cdot \frac{5}{12} = \frac{5}{32}$ g) $\frac{8}{9} \cdot \frac{15}{\triangle} = \frac{5}{6}$ h) $\frac{9}{\triangle} \cdot \frac{2}{3} = \frac{6}{17}$

Bruchrechnung II

Beispiele:

a) $\dfrac{7}{16} \cdot \dfrac{24}{35} = \dfrac{\overset{1}{\cancel{7}} \cdot \overset{3}{\cancel{24}}}{\underset{2}{\cancel{16}} \cdot \underset{5}{\cancel{35}}} = \dfrac{3}{10}$ b) $3\dfrac{3}{5} \cdot 3\dfrac{3}{4} = \dfrac{18}{5} \cdot \dfrac{15}{4} = \dfrac{\overset{9}{\cancel{18}} \cdot \overset{3}{\cancel{15}}}{\underset{1}{\cancel{5}} \cdot \underset{2}{\cancel{4}}} = \dfrac{27}{2} = 13\dfrac{1}{2}$

c) $4\dfrac{1}{4} \cdot 6\dfrac{2}{3} \cdot 1\dfrac{4}{17} = \dfrac{\overset{1}{\cancel{17}} \cdot \overset{5}{\cancel{20}} \cdot \overset{7}{\cancel{21}}}{\underset{1}{\cancel{4}} \cdot \underset{1}{\cancel{3}} \cdot \underset{1}{\cancel{17}}} = 35$

d) $(8\dfrac{3}{4})^2 = 8\dfrac{3}{4} \cdot 8\dfrac{3}{4} = \dfrac{35 \cdot 35}{4 \cdot 4} = \dfrac{1225}{16} = 76\dfrac{9}{16}$

Berechne folgende Produkte; kürze vorher.

9. a) $(\dfrac{5}{8}, \dfrac{15}{16}, \dfrac{11}{12}) \cdot \dfrac{21}{50}$ b) $(\dfrac{5}{6}, \dfrac{7}{24}, \dfrac{11}{32}) \cdot \dfrac{16}{25}$ c) $(\dfrac{24}{55}, \dfrac{5}{18}, \dfrac{16}{25}) \cdot \dfrac{33}{64}$
   d) $(\dfrac{9}{25}, \dfrac{3}{75}, \dfrac{27}{125}) \cdot \dfrac{50}{81}$ e) $(\dfrac{5}{7}, \dfrac{17}{21}, \dfrac{34}{63}) \cdot \dfrac{21}{85}$ f) $(\dfrac{7}{9}, \dfrac{13}{27}, \dfrac{39}{40}) \cdot \dfrac{54}{91}$

10. a) $\dfrac{3}{8} \cdot \dfrac{5}{7} \cdot \dfrac{7}{10}$ b) $\dfrac{4}{9} \cdot \dfrac{3}{5} \cdot \dfrac{5}{8}$ c) $\dfrac{3}{4} \cdot \dfrac{4}{5} \cdot \dfrac{5}{9} \cdot \dfrac{7}{8}$ d) $\dfrac{1}{2} \cdot \dfrac{3}{4} \cdot \dfrac{5}{6} \cdot \dfrac{9}{10}$
    e) $\dfrac{4}{5} \cdot \dfrac{6}{13} \cdot \dfrac{26}{27}$ f) $\dfrac{5}{14} \cdot \dfrac{21}{22} \cdot \dfrac{11}{35}$ g) $\dfrac{4}{9} \cdot \dfrac{7}{16} \cdot \dfrac{5}{18} \cdot \dfrac{6}{35}$ h) $\dfrac{4}{11} \cdot \dfrac{5}{12} \cdot \dfrac{11}{15} \cdot \dfrac{1}{18}$

11. a) $\dfrac{4 \cdot 12}{9}$ b) $\dfrac{25 \cdot 36}{45}$ c) $\dfrac{27 \cdot 33}{81}$ d) $\dfrac{36 \cdot 93}{108}$ e) $\dfrac{35 \cdot 9}{8 \cdot 7}$ f) $\dfrac{26 \cdot 45}{75 \cdot 56}$
    g) $\dfrac{24 \cdot 39}{65 \cdot 90}$ h) $\dfrac{77 \cdot 48}{84 \cdot 33}$ i) $\dfrac{1400 \cdot 240}{90 \cdot 75 \cdot 64}$ k) $\dfrac{9 \cdot 16 \cdot 45}{4 \cdot 27 \cdot 80}$ l) $\dfrac{9 \cdot 7 \cdot 35}{75 \cdot 48 \cdot 21}$ m) $\dfrac{12 \cdot 49 \cdot 66}{28 \cdot 64 \cdot 42}$

12. Berechne folgende Produkte, nachdem du die gemischten Zahlen in unechte Brüche verwandelt hast.

    a) $8\dfrac{3}{4} \cdot \dfrac{8}{15}$ b) $12\dfrac{4}{5} \cdot \dfrac{15}{16}$ c) $5\dfrac{1}{2} \cdot \dfrac{10}{11}$ d) $3\dfrac{1}{3} \cdot \dfrac{9}{10}$ e) $\dfrac{7}{8} \cdot 3\dfrac{1}{5}$ f) $\dfrac{11}{15} \cdot 3\dfrac{1}{8}$
    g) $\dfrac{6}{7} \cdot 3\dfrac{1}{9}$ h) $\dfrac{9}{10} \cdot 33\dfrac{1}{3}$ i) $4\dfrac{1}{6} \cdot \dfrac{18}{75}$ k) $2\dfrac{1}{5} \cdot 6\dfrac{1}{2}$ l) $7\dfrac{3}{4} \cdot 4\dfrac{4}{5}$ m) $8\dfrac{2}{5} \cdot 6\dfrac{1}{6}$

13. a) $4\dfrac{2}{3} \cdot 5\dfrac{1}{7} \cdot 1\dfrac{7}{9}$ b) $3\dfrac{1}{5} \cdot 6\dfrac{3}{4} \cdot 1\dfrac{1}{9}$ c) $4\dfrac{1}{6} \cdot 7\dfrac{1}{5} \cdot 1\dfrac{7}{10} \cdot 2\dfrac{1}{2}$

14. Berechne folgende Potenzen:

    a) $(15\dfrac{1}{2})^2$ b) $(3\dfrac{3}{4})^3$ c) $(6\dfrac{2}{3})^3$ d) $(13\dfrac{1}{2})^2$ e) $(4\dfrac{1}{6})^2$
    f) $(1\dfrac{1}{2})^5$ g) $(\dfrac{3}{4})^4$ h) $(\dfrac{6}{7})^3$ i) $(1\dfrac{2}{3})^5$ k) $(3\dfrac{1}{2})^4$

15. Es sei $a = 50$, $b = \dfrac{1}{2}$, $c = \dfrac{4}{5}$, $d = \dfrac{7}{20}$.
    Berechne: $a \cdot b$, $a \cdot c$, $a \cdot d$, $b \cdot c$, $b \cdot d$, $c \cdot d$, $a \cdot b \cdot c$, $a \cdot c \cdot d$

16. Es sei $a = 24$, $b = \dfrac{2}{3}$, $c = \dfrac{3}{4}$, $d = \dfrac{7}{8}$.
    Berechne: $a \cdot b$, $a \cdot c$, $a \cdot d$, $b \cdot c$, $b \cdot d$, $c \cdot d$, $a \cdot b \cdot c$, $a \cdot c \cdot d$, $b \cdot c \cdot d$

17. Berechne erst den Klammerinhalt, dann multipliziere:

    a) $(\dfrac{4}{5} + \dfrac{7}{10}) \cdot \dfrac{1}{15}$ b) $(\dfrac{2}{3} - \dfrac{1}{5}) \cdot \dfrac{3}{4}$ c) $(\dfrac{1}{4} + \dfrac{3}{8}) \cdot \dfrac{2}{5}$ d) $(\dfrac{7}{15} - \dfrac{3}{8}) \cdot \dfrac{6}{11}$
    e) $2\dfrac{1}{7} \cdot (3\dfrac{5}{6} + 4\dfrac{1}{3})$ f) $5\dfrac{1}{3} \cdot (8\dfrac{1}{3} - 7\dfrac{5}{6})$ g) $1\dfrac{2}{5} \cdot (6\dfrac{2}{3} + 2\dfrac{2}{5})$ h) $4\dfrac{4}{5} \cdot (9\dfrac{3}{4} - 6\dfrac{5}{6})$

18. a) $(2\dfrac{3}{4} + 6\dfrac{2}{5}) \cdot (3\dfrac{1}{2} + 4\dfrac{1}{5})$ b) $(4\dfrac{1}{3} + 6\dfrac{5}{6}) \cdot (8\dfrac{3}{4} - 5\dfrac{1}{2})$
    c) $(4\dfrac{4}{5} - 1\dfrac{1}{3}) \cdot (9\dfrac{1}{2} - 4\dfrac{5}{6})$ d) $(8\dfrac{3}{4} + 7\dfrac{7}{8}) \cdot (4\dfrac{7}{12} + 3\dfrac{1}{4})$

19. Schreibe erst in Klammern, dann rechne.
   a) Berechne das Produkt aus der Summe von $8\frac{3}{4}$ und $5\frac{2}{5}$ und der Summe von $6\frac{1}{2}$ und $2\frac{5}{6}$.
   b) Berechne das Produkt aus der Differenz der beiden ersten Zahlen und der Differenz von den beiden letzten Zahlen.
   c) Berechne das Produkt aus der Summe der beiden ersten Zahlen und der Differenz der beiden letzten Zahlen.

20. Irmgard hat jedesmal auf die Uhr geschaut, als sie die elektrische Heizsonne vorige Woche gebrauchte. Es waren $1\frac{1}{4}$, $1\frac{1}{2}$, $\frac{3}{4}$, $\frac{1}{2}$, $1\frac{3}{4}$, $1\frac{1}{3}$, $2\frac{1}{4}$ Stunden. Der elektrische Heizkörper verbraucht $1\frac{1}{2}$ Kilowattstunden in einer Stunde. Eine Kilowattstunde kostet 12 Pf.

21. Mutter kaufte Strümpfe ein. Die Strumpfnummern geben die Größe in englischen Zoll an (1 Zoll = $2\frac{1}{2}$ cm). Sie bedeuten die Fußlänge. Rechne die Maße in cm um (Strumpfnummern: 8, $8\frac{1}{2}$ ... 9, $10\frac{1}{2}$).

22. In einer Schule sind in der 5. Klasse $\frac{5}{24}$, in der 6. Klasse $\frac{1}{5}$, in der 7. Klasse $\frac{1}{6}$, in der 8. Klasse $\frac{3}{20}$ und in der 9. Klasse $\frac{2}{15}$ aller Schüler. Die 10. Klasse wird von 34 Schülern besucht. Berechne die Gesamtzahl der Schüler und die Stärke der einzelnen Klassen.

23. Ein Wildhändler erhielt 3 Tage vor Weihnachten einen Posten Hasen. Er verkaufte am 1. Tage $\frac{2}{5}$ davon, am 2. Tage $\frac{2}{3}$ des Restes und am 3. Tage den Rest, der 12 betrug. Wieviel Hasen hatte er erhalten?

24. Eine Gans wiegt 5 kg und die Hälfte ihres Gesamtgewichtes. Wieviel wiegt sie also?

6.5. Die Division durch einen Bruch

1. In einem Mopedtank sind noch 2 l Benzin. Wie lange reicht der Vorrat, wenn für die tägliche Fahrt zum Arbeitsplatz $\frac{2}{3}$ l verbraucht werden? In dieser Aufgabe liegt kein Teilen, sondern ein **Messen, Aufteilen** oder **Enthaltensein** vor. Wir fragen: Wie oft messen wir 2 l mit $\frac{2}{3}$ l?

Wir verdeutlichen uns den Rechenvorgang am Zahlenstrahl (Abb. 71.1).

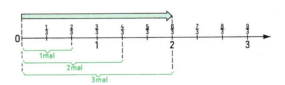

Abb. 71.1

Wir schreiben $\frac{2}{3}$ l in 2 l = $\underline{3 \text{ mal}}$ oder kürzer $2 : \frac{2}{3} = \underline{3}$

2. Die Aufgabe $6 : \frac{3}{4}$ kann nur bedeuten: Wie oft ist $\frac{3}{4}$ in 6 enthalten? Denn es ist sinnlos zu erklären: 6 soll in $\frac{3}{4}$ gleiche Teile geteilt werden. Um 6 mit $\frac{3}{4}$ zu messen, verwandeln wir 6 in $\frac{24}{4}$, d. h. wir machen gleichnamig und rechnen:

$$\frac{3}{4} \text{ in } 6 = \frac{3}{4} \text{ in } \frac{24}{4} = 3 \text{ in } 24 = \underline{8 \text{ mal}}$$

Dieser Rechenvorgang wird mit dem Divisionszeichen geschrieben:

$$6 : \frac{3}{4} = \frac{24}{4} : \frac{3}{4} = 24 : 3 = \underline{8}$$

3. Wie oft ist $\frac{3}{4}$ in $2\frac{1}{4}$ enthalten?

$$\frac{3}{4} \text{ in } 2\frac{1}{4} = \frac{3}{4} \text{ in } \frac{9}{4} = 3 \text{ in } 9 = \underline{3 \text{ mal}}$$

Wir können Divisionsaufgaben mit Brüchen auch als Umkehrung von Multiplikationsaufgaben auffassen.

Rechenoperation	**Gegenoperation**
Dividend : Divisor = Quotient;	denn Quotient · Divisor = Dividend
$\frac{5}{7} : \frac{2}{7} = \underline{\frac{5}{2}} (= 2\frac{1}{2})$;	denn $\frac{5}{2} \cdot \frac{2}{7} = \frac{5}{7}$

Am Zahlenstrahl:

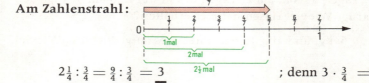

$$2\frac{1}{4} : \frac{3}{4} = \frac{9}{4} : \frac{3}{4} = \underline{3} \qquad ; \text{ denn } 3 \cdot \frac{3}{4} = \frac{9}{4} = \underline{2\frac{1}{4}}$$

Abb. 72.1

Man dividiert gleichnamige Bruchzahlen, indem man ihre Zähler dividiert.

4. In einem Tank sind noch 24 l Kraftstoff. Für eine Fahrt gebraucht man $\frac{3}{4}$ l. Für wieviel solcher Fahrten reicht der Kraftstoff?

$\frac{3}{4}$ in 24 oder $24 : \frac{3}{4}$. Dividieren wir $24 : 3$, so erhalten wir 8. Der Divisor ist aber 4mal so klein, also muß der Quotient 4mal so groß werden; $8 \cdot 4 = 32$.

$$24 : \frac{3}{4} = \frac{24}{3} \cdot 4 = \frac{\overset{8}{24} \cdot 4}{\underset{1}{3}} = \underline{32} \qquad \text{allgemein:} \qquad a : \frac{b}{c} = a \cdot \frac{c}{b}$$

5. Wende die gleichen Überlegungen auf die Aufgaben $\frac{5}{7} : \frac{2}{7}$ ($2\frac{1}{4} : \frac{3}{4}$) an.

$$\frac{5}{7} : \frac{2}{7} = \frac{5}{7 \cdot 2} \cdot 7 = \frac{5 \cdot 7}{7 \cdot 2} = \frac{5}{2} = \underline{2\frac{1}{2}} \text{ und } 2\frac{1}{4} : \frac{3}{4} = \frac{9}{4} : \frac{3}{4} = \frac{9}{4 \cdot 3} \cdot 4 = \frac{9 \cdot 4}{4 \cdot 3} = \underline{3}$$

6. Wir lernten bislang gleichnamige Brüche zu dividieren. Um **ungleichnamige** Brüche zu dividieren, kann man sie zuvor gleichnamig machen und dann ihre Zähler dividieren.

Rechenoperation	Gegenoperation
Dividend : Divisor = Quotient;	denn Quotient · Divisor = Dividend

$\frac{3}{5} : \frac{1}{2} = \frac{6}{10} : \frac{5}{10} = 6 : 5 = 1\frac{1}{5}$; denn $1\frac{1}{5} \cdot \frac{1}{2} = \frac{\overset{3}{\cancel{6}} \cdot 1}{5 \cdot \underset{1}{\cancel{2}}} = \frac{3}{5}$

$\frac{3}{4} : \frac{2}{5} = \frac{15}{20} : \frac{8}{20} = 15 : 8 = 1\frac{7}{8}$; denn $1\frac{7}{8} \cdot \frac{2}{5} = \frac{\overset{3}{\cancel{15}} \cdot \overset{1}{\cancel{2}}}{\underset{4}{\cancel{8}} \cdot \underset{1}{\cancel{5}}} = \frac{3}{4}$

$\frac{2}{9} : \frac{5}{6} = \frac{4}{18} : \frac{15}{18} = 4 : 15 = \frac{4}{15}$; denn $\frac{4}{15} \cdot \frac{5}{6} = \frac{\overset{2}{\cancel{4}} \cdot \overset{1}{\cancel{5}}}{\underset{3}{\cancel{15}} \cdot \underset{3}{\cancel{6}}} = \frac{2}{9}$

7. Folgende Untersuchung führt auf eine wichtige **Rechenregel**.
$\frac{5}{8} : \frac{3}{7} = ?$ Um diese Brüche gleichnamig zu machen, erweitern wir den Dividenden mit dem Nenner des Divisors und den Divisor mit dem Nenner des Dividenden.

$\boxed{\frac{5}{8} : \frac{3}{7}} = \frac{5 \cdot 7}{8 \cdot 7} : \frac{8 \cdot 3}{8 \cdot 7} = \frac{5 \cdot 7}{56} : \frac{8 \cdot 3}{56} = \boxed{\frac{5 \cdot 7}{8 \cdot 3}} = \frac{35}{24} = 1\frac{11}{24}$

Division   Multiplikation

Aus der Divisonsaufgabe ist eine Multiplikationsaufgabe geworden.

$\frac{5}{8} : \frac{3}{7} = \frac{5}{8} \cdot \frac{7}{3} = \frac{5 \cdot 7}{8 \cdot 3} = \frac{35}{24} = 1\frac{11}{24}$; allgemein $\frac{a}{b} : \frac{c}{d} = \frac{a}{b} \cdot \frac{d}{c}$, wobei $a, b, c, d \in \mathbb{N}$

Man dividiert durch einen Bruch, indem man mit seinem Kehrbruch multipliziert.

8. Die Richtigkeit der Regel folgt auch aus folgender Überlegung:
$\frac{5}{8} : \frac{3}{7} = ?$ Dividieren wir $\frac{5}{8} : 3$, so erhalten wir $\frac{5}{8 \cdot 3}$. Der Divisor ist aber 7mal so klein, daher muß der Quotient 7mal so groß werden, also $\frac{5}{8} : \frac{3}{7} = \frac{5 \cdot 7}{8 \cdot 3}$.

Aufgaben

Mündlich oder halbschriftlich

1. Dividiere nach der allgemeinen Rechenregel, indem du mit dem Kehrbruch multiplizierst.

Bruchrechnung II

a) $5 : \frac{1}{2}$ b) $4 : \frac{1}{3}$ c) $6 : \frac{1}{4}$ d) $8 : \frac{1}{5}$ e) $9 : \frac{1}{10}$
f) $2 : \frac{2}{3}$ g) $3 : \frac{3}{4}$ h) $5 : \frac{5}{6}$ i) $7 : \frac{7}{8}$ k) $9 : \frac{9}{10}$
l) $5 : \frac{3}{4}$ m) $7 : \frac{2}{3}$ n) $2 : \frac{3}{5}$ o) $3 : \frac{5}{7}$ p) $9 : \frac{5}{8}$

2. Rechne ebenso; gemischte Zahlen richte vorher ein.

a) $3 : 1\frac{1}{2}$ b) $4 : 1\frac{1}{3}$ c) $5 : 1\frac{1}{4}$ d) $6 : 1\frac{1}{5}$ e) $7 : 1\frac{1}{6}$
f) $8 : 2\frac{2}{3}$ g) $10 : 2\frac{1}{2}$ h) $12 : 2\frac{2}{5}$ i) $14 : 2\frac{1}{3}$ k) $15 : 2\frac{1}{2}$
l) $19 : 3\frac{1}{6}$ m) $22 : 3\frac{2}{3}$ n) $18 : 2\frac{1}{4}$ o) $25 : 4\frac{1}{6}$ p) $18 : 4\frac{1}{2}$

3. Setze den passenden Divisor ein ($\square \in \mathbb{Q}^+$).

a) $25 : \square = 10$ b) $12 : \square = 8$ c) $18 : \square = 8$ d) $11 : \square = 4$
e) $40 : \square = 12$ f) $22 : \square = 6$ g) $30 : \square = 8$ h) $42 : \square = 9$

4. Der Vorratsbehälter einer Lokomotive faßt 6 m³ Wasser. Das Füllen des Behälters am großen Wasserhahn dauert $3\frac{3}{4}$ Min. Wieviel m³ (l) Wasser fließen in einer Minute aus dem Hahn?

5. Dividiere folgende gleichnamigen Bruchzahlen, indem du kurzerhand die Zähler teilst.

a) $\frac{3}{4} : \frac{1}{4}$ b) $\frac{2}{5} : \frac{1}{5}$ c) $\frac{5}{6} : \frac{1}{6}$ d) $\frac{4}{7} : \frac{2}{7}$ e) $\frac{8}{9} : \frac{2}{9}$ f) $1\frac{3}{5} : \frac{4}{5}$
g) $1\frac{7}{8} : \frac{5}{8}$ h) $2\frac{2}{9} : \frac{4}{9}$ i) $14\frac{2}{5} : 3\frac{3}{5}$ k) $8\frac{1}{4} : 2\frac{3}{4}$ l) $13\frac{1}{3} : 2\frac{2}{3}$ m) $16\frac{1}{5} : 5\frac{2}{5}$

6. Rechne ebenso.

a) $\frac{1}{5} : \frac{3}{5}$ b) $\frac{1}{7} : \frac{6}{7}$ c) $\frac{4}{9} : \frac{8}{9}$ d) $\frac{2}{15} : \frac{8}{15}$ e) $\frac{3}{4} : 2\frac{1}{4}$ f) $\frac{5}{6} : 4\frac{1}{6}$
g) $2\frac{1}{2} : 12\frac{1}{2}$ h) $1\frac{1}{4} : 6\frac{1}{4}$ i) $3\frac{1}{3} : 16\frac{2}{3}$ k) $5\frac{1}{3} : 13\frac{1}{3}$ l) $10\frac{4}{5} : 16\frac{1}{5}$ m) $12\frac{3}{5} : 14\frac{2}{5}$

7. Mache erst gleichnamig und dividiere dann die Zähler.

a) $\frac{1}{3} : \frac{1}{4}$ b) $\frac{1}{4} : \frac{1}{5}$ c) $\frac{1}{2} : \frac{1}{3}$ d) $\frac{1}{5} : \frac{1}{6}$ e) $\frac{1}{3} : \frac{1}{2}$ f) $\frac{1}{6} : \frac{1}{5}$
g) $\frac{1}{4} : \frac{1}{3}$ h) $\frac{1}{5} : \frac{1}{4}$ i) $\frac{5}{8} : \frac{1}{6}$ k) $\frac{3}{4} : \frac{5}{6}$ l) $\frac{7}{12} : \frac{5}{9}$ m) $\frac{3}{7} : \frac{8}{9}$

8. I.
$16 : \square = 1$
$16 : \square = 2$
$\square > 1$ $16 : \square = 4$
$16 : \square = 8$

$\square = 1$ $16 : \square = 16$

$\square < 1$ $16 : \square = 32$
$16 : \square = 64$

II.
$\frac{1}{3} : \square = \frac{1}{48}$
$\frac{1}{3} : \square = \frac{1}{24}$
$\frac{1}{3} : \square = \frac{1}{12}$
$\frac{1}{3} : \square = \frac{1}{6}$

$\frac{1}{3} : \square = \frac{1}{3}$

$\frac{1}{3} : \square = \frac{2}{3}$
$\frac{1}{3} : \square = \frac{4}{3}$

III.
$\frac{2}{5} : \square = \frac{2}{405}$
$\frac{2}{5} : \square = \frac{2}{135}$
$\frac{2}{5} : \square = \frac{2}{45}$
$\frac{2}{5} : \square = \frac{2}{15}$

$\frac{2}{5} : \square = \frac{2}{5}$

$\frac{2}{5} : \square = \frac{6}{5}$
$\frac{2}{5} : \square = \frac{18}{5}$

a) Setze den passenden Divisor ein.
b) Wie ändert sich der Quotient, wenn der Divisor auf die Hälfte (den 3. Teil) verkleinert wird?
c) Vergleiche Dividend und Quotient, wenn ☐ = 1, ☐ > 1, ☐ < 1 ist.
d) Was bewirkt demnach die Division durch eine Bruchzahl (☐ < 1)?

Jede Zahl (natürliche Zahl und Bruchzahl) wird beim Dividieren kleiner, wenn der Divisor > 1; sie bleibt unverändert, wenn der Divisor = 1; sie wird größer, wenn der Divisor < 1.

9. Ein Bierglas ist auf $\frac{4}{10}$, ($\frac{1}{4}$, $\frac{1}{2}$) l geeicht. Wieviel Gläser jeder Sorte lassen sich aus einem Faß Bier zapfen, das   a) 60 l;   b) 80 l;   c) 1 hl enthält?

10. Wieviel Flaschen Wein zu $\frac{7}{10}$ l lassen sich von einem Faß abziehen, das
    a) 56 l;   b) 175 l enthält?

11. Aus der Wasserleitung fließt in 1 Sek. $\frac{1}{5}$ l Wasser ab. In welcher Zeit wird
    a) ein Eimer von 10 l Inhalt;   b) ein Bad von 240 l gefüllt?

12. Untersuche bei folgenden Aufgaben durch Blick auf den Divisor zunächst, ob das Ergebnis größer oder kleiner als der Dividend wird und rechne dann nach der Regel.

   a) $2\frac{2}{3} : \frac{8}{9}$ b) $\frac{5}{2} : \frac{3}{4}$ c) $\frac{4}{5} : \frac{8}{3}$ d) $1\frac{1}{3} : \frac{5}{4}$ e) $2\frac{1}{2} : 1\frac{3}{4}$
   f) $7\frac{1}{2} : \frac{5}{6}$ g) $\frac{7}{2} : \frac{7}{8}$ h) $\frac{2}{3} : \frac{9}{4}$ i) $1\frac{1}{3} : \frac{3}{2}$ k) $1\frac{2}{3} : 1\frac{1}{2}$
   l) $1\frac{1}{5} : \frac{9}{10}$ m) $\frac{10}{3} : \frac{5}{6}$ n) $\frac{6}{7} : \frac{6}{5}$ o) $1\frac{1}{2} : \frac{5}{2}$ p) $3\frac{1}{3} : 1\frac{1}{4}$

Schriftlich

Beispiele:

a) $37 : \frac{1}{4} = 37 \cdot \frac{4}{1} = 37 \cdot 4 = \underline{148}$ b) $\frac{19}{24} : \frac{2}{3} = \frac{19 \cdot \overset{1}{\cancel{3}}}{\underset{8}{\cancel{24}} \cdot 2} = \frac{19}{16} = 1\frac{3}{16}$

c) $45 : \frac{5}{6} = \overset{9}{\cancel{45}} \cdot \frac{6}{\underset{1}{\cancel{5}}} = \underline{54}$ d) $12 : 3\frac{1}{3} = 12 : \frac{10}{3} = \frac{\overset{6}{\cancel{12}} \cdot 3}{\underset{5}{\cancel{10}}} = \frac{18}{5} = 3\frac{3}{5}$

e) $73\frac{1}{2} : 2\frac{1}{4} = \frac{147}{2} : \frac{9}{4} = \frac{\overset{49}{\cancel{147}} \cdot \overset{2}{\cancel{4}}}{\underset{1}{\cancel{2}} \cdot \underset{3}{\cancel{9}}} = \frac{98}{3} = 32\frac{2}{3}$ (Probe!)

13. Kürze vor dem Multiplizieren mit dem Kehrbruch, wenn möglich.
    a) $4 : \frac{6}{7}$ b) $5 : \frac{10}{11}$ c) $14 : \frac{21}{25}$ d) $16 : \frac{24}{25}$ e) $28 : \frac{35}{39}$
    f) $21 : \frac{14}{17}$ g) $18 : \frac{24}{31}$ h) $48 : \frac{16}{17}$ i) $57 : \frac{38}{41}$ k) $13 : \frac{26}{29}$
    l) $96 : \frac{3}{5}$ m) $41 : \frac{4}{5}$ n) $21 : \frac{5}{6}$ o) $76 : \frac{3}{4}$ p) $88 : \frac{8}{9}$

14. Verwandle gemischte Zahlen erst in unechte Brüche, kürze und rechne.
- **a)** $58 : 4\frac{1}{7}$
- **b)** $39 : 4\frac{1}{3}$
- **c)** $40 : 6\frac{2}{3}$
- **d)** $48 : 5\frac{1}{3}$
- **e)** $50 : 6\frac{1}{4}$
- **f)** $20 : 8\frac{4}{7}$
- **g)** $35 : 8\frac{3}{4}$
- **h)** $42 : 2\frac{5}{8}$
- **i)** $57 : 7\frac{3}{5}$
- **k)** $55 : 3\frac{1}{7}$
- **l)** $63 : 1\frac{2}{5}$
- **m)** $37 : 2\frac{1}{3}$
- **n)** $46 : 3\frac{2}{7}$
- **o)** $24 : 6\frac{3}{4}$
- **p)** $50 : 8\frac{5}{6}$

15. Rechne ebenso.
- **a)** $\frac{1}{2} : \frac{2}{9}$
- **b)** $\frac{3}{8} : \frac{3}{4}$
- **c)** $\frac{4}{9} : \frac{8}{11}$
- **d)** $\frac{3}{4} : \frac{4}{5}$
- **e)** $\frac{5}{6} : \frac{5}{9}$
- **f)** $25\frac{2}{5} : \frac{4}{5}$
- **g)** $46\frac{1}{3} : \frac{2}{3}$
- **h)** $59\frac{4}{9} : \frac{8}{9}$
- **i)** $73\frac{5}{8} : \frac{7}{8}$
- **k)** $88\frac{3}{7} : \frac{5}{6}$
- **l)** $72\frac{3}{4} : \frac{2}{3}$
- **m)** $44\frac{3}{7} : \frac{5}{9}$
- **n)** $36\frac{7}{10} : \frac{4}{11}$
- **o)** $19\frac{5}{6} : \frac{7}{10}$
- **p)** $38\frac{1}{2} : \frac{3}{4}$
- **q)** $14\frac{1}{2} : 4\frac{1}{2}$
- **r)** $28\frac{3}{4} : 3\frac{3}{4}$
- **s)** $12\frac{4}{5} : 4\frac{4}{5}$
- **t)** $49\frac{1}{6} : 5\frac{5}{6}$
- **u)** $68\frac{2}{3} : 7\frac{7}{9}$

Steht statt des Divisionszeichens hier ein Bruchstrich, so spricht man von einem **Doppelbruch**.

Beispiele:

$$\frac{5}{\frac{1}{2}} = 5 : \frac{1}{2} = \frac{5 \cdot 2}{1} = \underline{10} \qquad \frac{\frac{3}{5}}{4} = \frac{3}{5} : 4 = \frac{3 \cdot 1}{5 \cdot 4} = \underline{\frac{3}{20}}$$

$$\frac{1\frac{1}{4}}{\frac{2}{3}} = \frac{\frac{5}{4}}{\frac{2}{3}} = \frac{5}{4} : \frac{2}{3} = \frac{5 \cdot 3}{4 \cdot 2} = \frac{15}{8} = \underline{1\frac{7}{8}}$$

Verwandle folgende Doppelbrüche zunächst in Divisionsaufgaben und rechne.

16.
- **a)** $\frac{\frac{6}{7}}{3}$
- **b)** $\frac{\frac{4}{9}}{8}$
- **c)** $\frac{\frac{5}{6}}{\frac{25}{30}}$
- **d)** $\frac{\frac{1}{2}}{\frac{4}{5}}$
- **e)** $\frac{\frac{6}{7}}{\frac{7}{8}}$
- **f)** $\frac{6}{\frac{9}{10}}$
- **g)** $\frac{9}{\frac{4}{5}}$
- **h)** $\frac{1\frac{3}{4}}{7}$
- **i)** $\frac{8\frac{1}{2}}{5}$
- **k)** $\frac{5\frac{1}{4}}{3}$

17.
- **a)** $\frac{3}{\frac{3}{4}}$
- **b)** $\frac{4}{\frac{9}{8}}$
- **c)** $\frac{\frac{4}{5}}{8}$
- **d)** $\frac{\frac{7}{10}}{2}$
- **e)** $\frac{\frac{5}{6}}{\frac{2}{3}}$
- **f)** $\frac{3\frac{3}{5}}{9}$
- **g)** $\frac{1\frac{2}{3}}{2\frac{1}{2}}$
- **h)** $\frac{15}{6\frac{3}{4}}$
- **i)** $\frac{2\frac{3}{4}}{8\frac{1}{3}}$
- **k)** $\frac{9\frac{2}{5}}{1\frac{16}{25}}$

18.
- **a)** $\frac{2\frac{1}{2}}{4\frac{1}{2}}$
- **b)** $\frac{15\frac{1}{2}}{3\frac{7}{8}}$
- **c)** $\frac{1\frac{3}{25}}{2\frac{1}{10}}$
- **d)** $\frac{16\frac{1}{2}}{6\frac{7}{8}}$
- **e)** $\frac{12\frac{5}{6}}{11\frac{1}{5}}$
- **f)** $\frac{72\frac{1}{2}}{3\frac{4}{5}}$
- **g)** $\frac{17\frac{3}{4}}{11\frac{5}{6}}$

19. Berechne 1) $a : b$, 2) $a : c$, 3) $b : c$, 4) $b : a$, 5) $c : a$, 6) $c : b$, wenn $a = 25$; $b = \frac{3}{4}$; $c = 2\frac{1}{2}$ ist.

20. Berechne **a)** $(3\frac{1}{2} + 1\frac{3}{4}) \cdot (4\frac{5}{6} - 2\frac{2}{5})$ **b)** $(9\frac{1}{2} - 4\frac{5}{6}) : (4\frac{4}{5} - 1\frac{1}{3})$

21. Setze in folgende Gleichungen die passende Bruchzahl ein.
- **a)** $\frac{3}{4} : \bigcirc = 1$
- **b)** $\frac{1}{2} : \bigcirc = 3$
- **c)** $\frac{5}{6} : \bigcirc = 2$
- **d)** $6\frac{3}{4} : \bigcirc = 3$
- **e)** $\frac{4}{5} : \bigcirc = 2\frac{2}{5}$
- **f)** $4 : \bigcirc = 6$
- **g)** $\frac{3}{5} : \bigcirc = \frac{4}{5}$
- **h)** $2\frac{2}{3} : \bigcirc = 8$

22. a) Welche Zahl muß man durch $2\frac{1}{2}$ dividieren, um 6 zu erhalten?
b) Welche Zahl muß man mit $2\frac{1}{2}$ multiplizieren, um $\frac{1}{2}$ zu erhalten?

c) Dividiert man eine Zahl durch $3\frac{1}{2}$ ($2\frac{1}{3}$), so erhält man 30 ($3\frac{1}{2}$). Wie heißt die Zahl?

d) Multipliziert man eine Zahl mit $7\frac{1}{2}$ ($4\frac{3}{4}$), so erhält man $33\frac{3}{4}$ ($33\frac{1}{4}$). Wie heißt der Multiplikand?

23. Nenne für folgende Ungleichungen die Lösungsmengen, wobei $\triangle \in \mathbb{N}$.

Beispiel: $\frac{5}{6} : \frac{4}{\triangle} < 1$, $\frac{5}{6} \cdot \frac{\triangle}{4} < 1$, $\mathbb{L} = \{1, 2, 3, 4\}$

a) $\frac{3}{4} : \frac{\triangle}{3} < 1$ b) $\frac{4}{5} : \frac{5}{\triangle} < 1$ c) $\frac{\triangle}{6} : \frac{3}{4} < 1$ d) $1\frac{3}{4} : \frac{\triangle}{6} < 1\frac{1}{2}$

e) $\frac{6}{\triangle} : 2\frac{1}{2} > 2$ f) $\frac{\triangle}{8} : \frac{5}{6} > \frac{3}{4}$ g) $2\frac{1}{4} : \frac{3}{\triangle} > 1\frac{11}{20}$ h) $\frac{13\frac{3}{4}}{\triangle} : 2\frac{3}{4} > 5$

i) Welche der Lösungsmengen sind endliche, nichtendliche Mengen, einelementige Mengen, leere Mengen?

24. In welcher Zeit wird eine Strecke von $7\frac{1}{2}$ km zurückgelegt
   a) von einem Fußgänger, der $1\frac{1}{2}$ m   b) von einem Radfahrer, der $6\frac{1}{4}$ m
   c) von einem Rennpferd, das $12\frac{1}{2}$ m   d) von einem Schnellzug, der $22\frac{1}{4}$ m
   e) von einem Kraftwagen, der $24\frac{1}{5}$ m in der Sekunde zurücklegt?

25. Die Schrittlänge eines Jungen ist $\frac{7}{10}$ m, die eines Mannes $\frac{3}{4}$ m. Wieviel Schritte braucht jeder, um
   a) $2\frac{1}{4}$ km,   b) 10 km,   c) 6 km 160 m zurückzulegen?

26. Ein Fahrrad bewegt sich bei jeder Kurbeldrehung $4\frac{1}{2}$ m vorwärts. Wie oft muß man „in die Pedale treten" auf einer Strecke von
   a) $5\frac{3}{4}$ km,   b) 1 km,   c) $3\frac{3}{5}$ km? (Jeder Tritt ist eine halbe Kurbeldrehung.)

27. Ein Ferngespräch von Frankfurt nach Dortmund kostet für jede $\frac{1}{5}$ Minute 18 Pf. Ein Kaufmann telefoniert $3\frac{2}{5}$ Min.

28. Die Bundespost berechnet alle Telefongespräche im Selbstwählferndienst nach Zeiteinheiten. Jede Zeiteinheit kostet 18 Pf. Je nach Entfernung beträgt eine Zeiteinheit $1\frac{1}{2}$, $\frac{3}{4}$, $\frac{1}{2}$, $\frac{1}{3}$, $\frac{1}{4}$, $\frac{1}{5}$, $\frac{1}{6}$ oder $\frac{1}{7}$ Minute. ($\frac{1}{7}$ Min. = 8,6 Sek.)
   a) Was kostet ein Ferngespräch von $4\frac{1}{2}$ Minuten, wenn die Zeiteinheit $\frac{1}{4}$ Min. beträgt?
   b) Die Spedition Runge, Hagen, hatte am Vormittag folgende Ferngespräche:

$4\frac{1}{2}$ Min. nach Dortmund,	Zeiteinheit $\frac{3}{4}$ Min.
$4\frac{2}{3}$ Min. nach Köln,	Zeiteinheit $\frac{1}{3}$ Min.
1 Min. nach München,	Zeiteinheit $\frac{1}{7}$ Min.
$2\frac{1}{2}$ Min. nach Hamburg,	Zeiteinheit $\frac{1}{6}$ Min.
$8\frac{1}{5}$ Min. nach Wiesbaden,	Zeiteinheit $\frac{1}{5}$ Min.

   Wie hoch belaufen sich die gesamten Gebühren für die Ferngespräche am Vormittag?

29. a) Eine Elektrofirma nimmt die Herstellung von Deckenleuchten auf. Man muß je Leuchte 3mal $1\frac{1}{4}$ m Draht einziehen. Wie weit reicht man mit einem 100 m-Bund?

b) Für das Verpacken eines Kartons für diese Lampen werden $1\frac{3}{10}$ m Bindfaden und $\frac{4}{5}$ m Papier gebraucht. Auf einer Papierrolle sind $11\frac{1}{5}$ m, auf einer Bindfadenrolle $32\frac{1}{2}$ m. Wieviel gleiche Kartons lassen sich damit packen?

30. Eine Brotfabrik hat 280 kg Teig für den Backofen bereit. Wieviel Brote werden daraus, wenn man $1\frac{3}{5}$ kg Teig für ein $1\frac{1}{2}$-kg-Brot rechnet?

31. a) Eine Konfektionsfirma hat von einem Ballen Stoff noch den Rest von 39 m. Wieviel Herrenanzüge kann man daraus fertigen, wenn man $3\frac{1}{4}$ m für Jacke, Hose und Weste rechnet?

b) Wieviel Anzüge kann man aus einem Ballen von $44\frac{4}{5}$ m Länge anfertigen, wenn man für jeden Anzug $3\frac{1}{5}$ m Stoff rechnet?

32. Das Straßenbauamt läßt für einen Straßenbau 300 m³ Boden ausheben. Für die Abfuhr stehen Lastwagen von $3\frac{3}{4}$ m³ Fassungsvermögen zur Verfügung. Wieviel Fuhren sind zu machen?

33. Die Stadtgärtnerei pflanzt entlang einer 120 m langen Allee beiderseits Bäume im Abstand von $4\frac{4}{5}$ m. Wieviel Bäume benötigt man? Wieviel Möglichkeiten gibt es?

34. Ein Gehege ist $37\frac{1}{2}$ m ($47\frac{1}{2}$ m) lang und $27\frac{1}{2}$ m ($30\frac{1}{2}$ m) breit. **a)** Wie groß ist es? **b)** Es wird mit Maschendraht eingezäunt. Wieviel m Drahtgeflecht sind erforderlich? **c)** Wieviel Pfähle braucht man, wenn sie $2\frac{1}{2}$ m ($3\frac{1}{2}$ m) auseinander stehen?

35. 1 Seemeile $\approx 1\frac{17}{20}$ km. Wieviel Seemeilen sind 128 (350, 5324) km?

36. 1 Zoll $\approx 2\frac{1}{2}$ cm. — Rechne die Rohrdurchmesser von 1–15 cm in Zoll um. Lege eine Tabelle mit deinen Ergebnissen an.

37. Ein Flugzeug fliegt in einer Höhe von 1000 m über NN. Gebräuchlich ist international die Höhenangabe in Fuß (1 ft $\approx 30\frac{1}{2}$ cm). Welche Höhe in Fuß über NN (Fl.-Sprache: Altitude) hat das Flugzeug?

38. Ein Verkehrsflugzeug befand sich, bevor es auf eine Landebahn eingewiesen wurde, in 1200 m Höhe über dem Flugplatz. Welche Höhe über der Flugplatzhöhe in Fuß (Fl.-Sprache: Height) hatte das Flugzeug, bevor es zum Landeflug überging?

Bruchrechnung II

7. Von den Zahlenbereichen

7.1. Die Menge der natürlichen Zahlen

1. Das folgerichtige Zuordnen der Zahlwörter 1, 2, 3, 4, 5, ... als Elemente einer Vergleichsmenge zu den Elementen einer anderen Menge nannten wir **Zählen**.
Die **Anzahl** der Elemente einer Menge nennt man ihre **Mächtigkeit**. Beim **Vergleichen** von Mengen sahen wir, daß diese entweder **gleichmächtig** oder **nicht von gleicher Mächtigkeit** sein können. Das ausschließlich Gemeinsame z. B. der Mengen $\{a, b, c, d, e\}$ und $\{\bigcirc, \triangle, \square, +, -\}$ ist die **Anzahl** ihrer Elemente. Beide Mengen sind also **gleichmächtig**. $M_1 \sim M_2$ (Lies: ,,gleichmächtig wie"). Mit Hilfe unserer Vergleichsmenge ermitteln wir in diesem Falle die Anzahl 5. Man sagt auch, die Mengen haben die gleiche **Kardinalzahl**.

Die Vergleichsmenge $\{1, 2, 3, 4, 5\}$ ist **Teilmenge** einer **nichtendlichen** Menge (Abb. 79.1), die wir natürliche Zahlen nennen:
$\mathbb{N} = \{1, 2, 3, 4, 5, 6, \ldots\}$

im Mengenbild:

Abb. 79.1

Sie sind vor langer Zeit überhaupt erst durch das Vergleichen von Mengen entstanden.
Wir bemerken, daß die 0 also **nicht** zu den natürlichen Zahlen gehört ($0 \notin \mathbb{N}$). Die 0 ist die Kardinalzahl der leeren Menge, die keine Elemente enthält. Nehmen wir die Zahl 0 hinzu, so schreiben wir $\mathbb{N}_0 = \{0, 1, 2, 3, 4, 5, \ldots\}$. $\mathbb{N} \cup \{0\} = \mathbb{N}_0$

2. Wir haben diese natürlichen Zahlen miteinander **verknüpft**, d. h. nach den Regeln für die **Grundoperationen** mit ihnen gerechnet und dabei gewisse Eigenschaften der natürlichen Zahlen als selbstverständlich angenommen, die wir ihre **Grundeigenschaften** nennen wollen.

Die Grundeigenschaften der natürlichen Zahlen

Jede natürliche Zahl hat einen Nachfolger.

(Auf 4 folgt 5, auf 10 folgt 11; allgemein: auf n folgt $n + 1$, wobei $n \in \mathbb{N}$)

Jede natürliche Zahl – außer 1 – hat einen Vorgänger.

(5 geht 6 voraus, 9 geht 10 voraus; allgemein: $n - 1 < n < n + 1$, wobei $n \in \mathbb{N}$ und $n > 1$)

Die Folge der natürlichen Zahlen ist der Größe nach geordnet.

($1 < 2 < 3 < 4 < 5 < 6 < 7 < 8 \ldots$; allgemein: $n-1 < n < n+1$; wobei $n \in \mathbb{N}$ und $n > 1$)

Es gibt keine letzte natürliche Zahl.

(Auf jede noch so große Zahl n folgt stets eine größere Zahl $n + 1$.)

3. Wir haben in der vorigen Klasse in der **Menge der natürlichen Zahlen** $\mathbb{N} = \{1, 2, 3, \ldots\}$ addiert und subtrahiert. Wir haben dabei festgestellt:

   a) Man kann in $\mathbb{N}$ uneingeschränkt **addieren**.
   (Beispiele: $2 + 3 = 5$, $7 + 8 = 15$, $104 + 19 = 123$)
   Jede Addition natürlicher Zahlen führt wieder auf eine natürliche Zahl.
   Allgemein: $a + b = c$, wobei $a, b, c \in \mathbb{N}$
   Wir sagen: $\mathbb{N}$ ist **abgeschlossen** bezüglich der Addition.

   b) Man kann in $\mathbb{N}$ aber **nicht uneingeschränkt subtrahieren**.
   (Beispiele: $5 - 2 = 3$, $15 - 7 = 8$, $123 - 104 = 19$)
   Allgemein: $a - b = c$, wenn $b < a$ und $a, b, c \in \mathbb{N}$
   (Aber $6 - 9$, $4 - 15$; $212 - 223$ konnten wir nicht berechnen, d. h. wenn der Subtrahend größer war als der Minuend, also $b > a$.)
   Wir sagen: $\mathbb{N}$ ist **nicht abgeschlossen** bezüglich der Subtraktion.

   c) Man kann in $\mathbb{N}$ die **Summanden vertauschen**. – Vertauschungsgesetz.
   (Beispiele: $4 + 7 = 7 + 4$, $15 + 16 = 16 + 15$.)
   Allgemein: $a + b = b + a$, wobei $a, b \in \mathbb{N}$

   d) Man kann in $\mathbb{N}$ die **Summanden in beliebiger Reihenfolge zusammenfassen**; d. h. beliebig Klammern setzen. – **Verbindungsgesetz**.
   (Beispiel: $(2 + 8) + 7 = 2 + (8 + 7)$)
   Allgemein: $(a + b) + c = a + (b + c)$, wobei $a, b, c \in \mathbb{N}$

Wir haben in der **Menge der natürlichen Zahlen** ferner multipliziert und dividiert. Wir haben dabei festgestellt:

   e) Man kann in $\mathbb{N}$ uneingeschränkt **multiplizieren**.
   (Beispiele: $2 \cdot 3 = 6$, $5 \cdot 7 = 35$, $12 \cdot 8 = 96$) – Jede Multiplikation natürlicher Zahlen führt wieder auf eine natürliche Zahl. Allgemein: $a \cdot b = c$, wobei $a, b, c \in \mathbb{N}$
   Wir sagen: $\mathbb{N}$ ist **abgeschlossen** bezüglich der Multiplikation.

   f) Man kann dagegen **nicht uneingeschränkt dividieren** in $\mathbb{N}$.
   (Beispiele: $15 : 3 = 5$, $28 : 7 = 4$, $57 : 19 = 3$.) Allgemein: $\frac{a}{b} = c$, wenn b Teiler von a ist, wobei $a, b, c \in \mathbb{N}$
   Aber $1 : 3 = \frac{1}{3}$, $3 : 4 = \frac{3}{4}$, $5 : 2 = 2\frac{1}{2}$. Allgemein: $\frac{a}{b} = c$, wobei $c \notin \mathbb{N}$
   Es gibt Divisionen, die aus der Menge $\mathbb{N}$ heraus auf die **Bruchzahlen** führen. $\mathbb{N}$ ist **nicht abgeschlossen** bezüglich der Division.

g) Man kann in ℕ die Faktoren vertauschen. – **Vertauschungsgesetz**.
(Beispiele: $4 \cdot 7 = 7 \cdot 4$, $8 \cdot 9 = 9 \cdot 8$)
Allgemein: $a \cdot b = b \cdot a$, wobei $a, b \in$ ℕ

h) Man kann in ℕ die Faktoren in beliebiger Reihenfolge zusammenfassen; d. h. beliebig Klammern setzen oder fortlassen. – **Verbindungsgesetz**.
(Beispiel: $(3 \cdot 4) \cdot 5 = 3 \cdot (4 \cdot 5)$)
Allgemein: $(a \cdot b) \cdot c = a \cdot (b \cdot c)$, wobei $a, b, c \in$ ℕ

i) Man kann in ℕ eine Summe mit einer Zahl multiplizieren, indem man jedes Glied der Summe multipliziert und dann die Produkte addiert. – **Verteilungsgesetz**.
(Beispiel: $3 \cdot (4 + 5) = 3 \cdot 4 + 3 \cdot 5$)
Allgemein: $a \cdot (b + c) = a \cdot b + a \cdot c$, wobei $a, b, c \in$ ℕ

4. Obige Rechengesetze gelten auch im „erweiterten Zahlenbereich der natürlichen Zahlen" ℕ$_0$ = ℕ ∪ { 0 } mit der zusätzlichen Einschränkung, daß man nicht durch 0 dividieren darf. Das Rechnen mit 0 zeigen noch einmal folgende Beispiele:

Addition	Subtraktion	Multiplikation	Division
$5 + 0 = 5$	$5 - 0 = 5$	$5 \cdot 0 = 0$	$0 : 5 = 0$
$0 + 0 = 0$	$0 - 0 = 0$	$0 \cdot 0 = 0$	$0 : 0$ (ist unbestimmt)
	$5 - 5 = 0$		$5 : 0$ (ist sinnlos)

Man darf nicht durch 0 dividieren.

Mache dir das noch einmal am Zahlenstrahl durch Pfeilrechnung klar. Welche Länge hat der „Nullpfeil"? (Wiederhole den Beweis; s. Kl. 5)

7.2. Die Menge der Bruchzahlen

1. Wir haben dann als neue Zahlen die **Bruchzahlen** eingeführt und auch auf sie die vier Grundoperationen angewandt. Damit haben wir den **Zahlbegriff erweitert,** der bis dahin auf die Bedeutung „Anzahl" beschränkt blieb.
Wir erinnern uns der begrifflichen Schwierigkeit z. B. bei der zunächst wenig sinnvoll erscheinenden Multiplikationsaufgabe $\frac{4}{5} \cdot \frac{2}{3}$. Die Bruchzahl $\frac{4}{5}$ müßte hier nach der engen Definition (Erklärung) einer Zahl als „Anzahl" $\frac{2}{3}$ mal als Summand gedacht werden, was sinnlos ist. Dadurch, daß man den Zahlbegriff erweiterte und definierte (erklärte, verabredete, vereinbarte), alles **Zahl** zu nennen, womit man nach den Rechengesetzen rechnen kann, gelangte man zu einem umfassenderen Zahlenbereich, der aus der **Menge der natürlichen Zahlen und der Menge der Bruchzahlen** besteht. Da wir lernten, jede natürliche Zahl als Bruchzahl zu

schreiben ($1 = \frac{2}{2} = \frac{3}{3} = \ldots, 5 = \frac{10}{2} = \frac{15}{3} \ldots$), können wir vom „Bereich der Bruchzahlen" schlechthin sprechen. Man nennt die Bruchzahlen auch **rationale Zahlen.** Wir wollen ihre Menge aus einem später ersichtlichen Grunde mit $\mathbb{Q}^+$ bezeichnen.
Es gilt demnach $\mathbb{N} \subset \mathbb{Q}^+$; im Mengenbild:

Abb. 82.1

2. Bei der Verknüpfung von Elementen einer Menge nach einer bestimmten Vorschrift ist es von Bedeutung zu wissen:

1. Ist **ein** Element (*e*) vorhanden, das mit einem beliebigen anderen Element (*a*) der Menge verknüpft, dieses unverändert läßt?

> **Beispiele:** In der Menge der natürlichen Zahlen $\mathbb{N}$ ist es bezüglich der Multiplikation die 1; denn $3 \cdot 1 = 3$, $10 \cdot 1 = 10$, ... Allgemein: $a \cdot e = a$. In der Menge $\mathbb{N}_0 = \{0, 1, 2, 3, \ldots\}$ ist das „neutrale Element" der Addition die 0; denn $1 + 0 = 1$, $6 + 0 = 6$, ... Allgemein: $a + e = a$.

Man nennt solch ein Element ein **neutrales Element.**

2. Ist weiterhin zu jedem Element (*a*) einer Menge ein anderes Element in der Menge vorhanden, das mit diesem verknüpft das neutrale Element ergibt?

> **Beispiele:** In der Menge der Bruchzahlen $\mathbb{Q}^+$ (rationale Zahlen) gibt es bezüglich der Multiplikation solche Elementenpaare:
> $2 \cdot \frac{1}{2} = 1$, $\frac{1}{3} \cdot 3 = 1$, $\frac{3}{4} \cdot \frac{4}{3} = 1$, $2\frac{1}{5} \cdot \frac{5}{11} = 1$

Man nennt solch ein Element ein **inverses**[1] **Element.** Der eine Faktor ist das inverse Element des anderen.

7.3. Die Menge der ganzen Zahlen

7.3.1. Die negativen Zahlen

1. Im Bereich der natürlichen Zahlen erfuhren wir eine **Einschränkung der Division.** Nicht alle Divisionen führten wieder auf eine natürliche Zahl ($12 : 3 = 4$; aber $12 : 5 = 2\frac{2}{5}$). Wir haben deshalb den Zahlenbereich $\mathbb{N}$ zu dem der rationalen Zahlen erweitert und mit positiven Bruchzahlen ($\mathbb{Q}^+$) als **neuen** Zahlen gerechnet.

2. Im Bereich der natürlichen Zahlen erfuhren wir außerdem eine **Einschränkung der Subtraktion.** Nicht alle Subtraktionen führten wieder auf eine natürliche Zahl ($5 - 2 = 3$; aber $3 - 5 = ?$). Weder im Bereich von $\mathbb{N}$ noch $\mathbb{Q}^+$ gibt es Zahlen, die eine Lösung der letzten Aufgabe darstellen.

---

[1] invertere (lat.) = umkehren

3. Es liegt nun nahe, den Zahlenbereich abermals zu erweitern, um auch für Gleichungen von der Art $a - b = c$ mit $b > a$ eine Lösung angeben zu können.

Karl glaubt, er könne der Aufgabe „3 — 5 =" doch einen Sinn geben. Er sagt, bei 3 DM **Guthaben** und 5 DM **Schulden** verbleiben noch 2 DM Schulden; wenn ich nun für „Guthaben" das **Vorzeichen** „+" und für „Schulden" das Vorzeichen „—" setze, dann erhalte ich die Gleichung $+3 - 5 = -2$. „—2" ist demnach die Lösung der Gleichung. Das wäre eine **neue** Zahl, die wir noch nicht kennen. Ob sie den Namen „Zahl" zurecht trägt, müssen wir nun untersuchen.

Lisa sind solche Zahlen schon vom **Thermometer** vertraut. Das Thermometer stand gestern abend auf +5° und fiel um 1°, 2°, 3°, 4°, 5°, 6°, 7°, 8°, 9°. Was zeigte das Thermometer jeweils an? – Lisa hält das Thermometer waagerecht und zwar so, daß die Grad unter 0 links und über 0 rechts liegen. Sie entdeckt einen Zusammenhang der Thermometerskala mit dem Zahlenstrahl.

4. Um die **neuen Zahlen** graphisch darstellen zu können, verlängern wir den Zahlenstrahl nach links über 0 hinaus und erhalten so die **Zahlengerade**. Die neuen Zahlen kennzeichnet man durch ein **Vorzeichen**, das Minuszeichen „—" und nennt sie **negative Zahlen**[4]. Um die natürlichen Zahlen deutlich von den neuen Zahlen abzuheben, kennzeichnet man auch sie durch ein **Vorzeichen**, das Pluszeichen „+" und nennt sie **positive Zahlen** (Abb. 83.1).

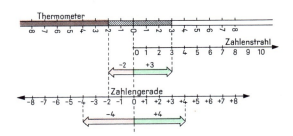

Abb. 83.1

Man nennt die Zahlen der Menge $\mathbb{Z}^+ = \{+1, +2, +3, \ldots\}$ auch **positive Zahlen** im Gegensatz zur Menge der negativen Zahlen $\mathbb{Z}^- = \{-1, -2, -3, \ldots\}$. Die Vereinigungsmenge (Abb. 84.1) beider mit der Menge $\{0\}$ ist die **Menge der ganzen Zahlen** ($\mathbb{Z}$).

---

[1] negare (lat.) = verneinen

$$\{+1, +2, +3, \ldots\} \cup \{-1, -2, -3, \ldots\} \cup \{0\} =$$
$$\{\ldots -3, -2, -1, 0, +1, +2, +3, \ldots\}$$

(Menge der positiven Zahlen) ∪ (Menge der negativen Zahlen) ∪ (0) = (Menge der ganzen Zahlen)

Abb. 84.1

Auf der **Zahlengeraden** haben wir jeder positiven und negativen Zahl einen **Punkt** als **geometrisches Bild** zugeordnet. Noch eindrucksvoller ist ihre Darstellung durch **gerichtete Strecken (Vektoren)** bestimmter Länge. Die graphische Darstellung der Zahl (+3) ist ein Vektor mit einem **Betrag** von 3 Längeneinheiten und dem **Richtungszeichen (Vorzeichen)** „+". Die Zahl (—2) ist bestimmt durch den Betrag „2" und das Vorzeichen „—". Unsere Vektoren haben also nur 2 Richtungen (nach rechts oder links!). Da die Richtung dieselbe bleibt, wenn man sie parallel verschiebt, werden wir sie der besseren Übersicht halber außerhalb der Zahlengeraden zeichnen (s. Abb. 83.1). Die Zahlen (+4) und (—4) haben denselben Betrag „4", aber ein verschiedenes Richtungszeichen. Die Vektoren solcher Zahlen liegen **spiegelbildlich** zum Nullpunkt auf der Zahlengeraden (Abb. 83.1). Wir wollen noch verabreden, einen Vektor mit $\overrightarrow{AZ}$ zu bezeichnen, wobei A den Angriffspunkt und Z den Zielpunkt des Vektors kennzeichnen soll (Abb. 84.2).

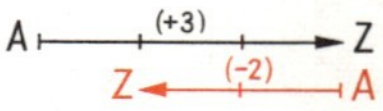

Abb. 84.2

Aufgaben

1. Zeichne eine Zahlengerade auf Gitterpapier.
2. Schreibe die Anordnung der ganzen Zahlen auf der Zahlengeraden als Ungleichungskette mit dem >-Zeichen wie folgt:
   $\ldots > +8 > +7 > +6 > +5 > +4, \ldots$ (Vervollständige über 0 hinaus bis —6. Vergleiche mit dem Thermometer. Schreibe die Anordnung in umgekehrter Reihenfolge mit dem <-Zeichen.

Wir vereinbaren auch für die negativen Zahlen:

Jede Zahl rechts von einer anderen Zahl auf der Zahlengeraden ist größer als diese.

Beispiele: $+6 > +4$, $\quad 0 > -1$, $\quad +1 > -1$, $\quad -2 > -5$, $\quad +3 > -4$

3. Setze das richtige Zeichen (> oder <) ein.
   a) +7,+1 b) +4,+9 c) +6, 0 d) +3,−1 e) −2,+5 f) −10,+1
   g) −2,−3 h) −3, 0 i) −4,+2 k) 0,−4 l) −1, 0 m) −6,−5

4. Ordne der Größe nach in einer Ungleichungskette.
   +4, −3, +7, −1, +5, 0, −6, +3, +8, +1, −8, −9, +10.

5. Zeichne außerhalb der Zahlengeraden die Vektoren mit den Zahlen (+5), (+1), (−1), (−6).

6. Stelle die Entfernung der Bildpunkte fest.
   a) (+1) bis (+5)   b) (−1) bis (+1)   c) (−1) bis (−6)
   d) (−1) bis (+5)   e) (+1) bis (−6)   f) (+5) bis (−6)

3.2. Die Addition und Subtraktion ganzer Zahlen

Die Addition

Um mit ganzen Zahlen zu rechnen, werden wir von nun an stets beachten, daß sie (bis auf 0) ein **Vorzeichen (Richtungszeichen)** haben. Davon zu unterscheiden ist das **Operationszeichen (Verknüpfungszeichen)**. In der Additionsaufgabe (+5) + (+3) = (+8) stehen 3 Vorzeichen in den Klammern. Zwischen den beiden ersten Klammern steht das Operationszeichen „+" als Verknüpfungsbefehl der Addition.

Zur graphischen Darstellung bedienen wir uns der nach rechts und links gerichteten Vektoren für die positiven und negativen Zahlen. Wir merken uns für die **Addition**, daß stets der A-Punkt des 2. Vektors an den Z-Punkt des 1. Vektors zu setzen ist **(AZ-Verbindung)**.

Beispiele:

a) $(+4) + (+3) = (+7) \; \triangleq \; +4 +3 = +7$

b) $(-4) + (-3) = (-7) \; \triangleq \; -4 -3 = -7$

c) $(+4) + (-3) = (+1) \; \triangleq \; +4 -3 = +1$

d) $(-4) + (+3) = (-1) \quad \triangleq \quad -4+3 = -1$

e) $(+4) + (-7) = (-3) \quad \triangleq \quad +4-7 = -3$

f) $(-4) + (+7) = (+3) \quad \triangleq \quad -4+7 = +3$

Aus vorstehenden Beispielen entnehmen wir folgende **Regeln für das Addieren**:

Man addiert eine positive Zahl, indem man ihren Betrag addiert. Man addiert eine negative Zahl, indem man ihren Betrag subtrahiert.

Eine Rechnung, die auf die Zahl 0 führt:

g) $(+4) + (-4) = 0 \quad \triangleq \quad +4-4 = 0$

Der Vektor der Zahl 0 (der Nullvektor) hat weder Betrag (Länge) noch Richtung.

Die Subtraktion

Bei der Subtraktionsaufgabe $(+5) - (+3) = (+2)$ stehen 3 **Vorzeichen** (Richtungszeichen) in den Klammern. Zwischen den beiden ersten Klammern steht das Operationszeichen „—" als Verknüpfungsbefehl der Subtraktion.
Für die graphische Darstellung der **Subtraktion** merken wir uns, daß stets der Z-Punkt des 2. Vektors an den Z-Punkt des 1. Vektors zu setzen ist **(ZZ-Verbindung)**.

Beispiele:

a) $(+5) - (+3) = (+2) \quad \triangleq \quad +5-3 = 2$

Zahlenbereiche

b) $(-5) - (-3) = (-2) \quad \triangleq \quad -5 + 3 = -2$

c) $(+5) - (-3) = (+8) \quad \triangleq \quad +5 + 3 = +8$

d) $(-5) - (+3) = (-8) \quad \triangleq \quad -5 - 3 = -8$

e) $(+3) - (+5) = (-2) \quad \triangleq \quad +3 - 5 = -2$

f) $(-3) - (-5) = (+2) \quad \triangleq \quad -3 + 5 = +2$

Aus den vorstehenden Beispielen entnehmen wir folgende **Regeln für das Subtrahieren**:

Man subtrahiert eine positive Zahl, indem man ihren Betrag subtrahiert.
Man subtrahiert eine negative Zahl, indem man ihren Betrag addiert.

Jetzt ist auch die Gleichung $a + x = b \triangleq x = b - a$ lösbar geworden für den Fall $b < a$. Das Ergebnis ist dann eine negative Zahl.

Die Lösung der Gleichung von der Form $a + x = b$, wobei a und $b \in \mathbb{Z}$, ist wieder eine ganze Zahl.

Aufgaben

1. Setze für die Platzhalter folgender Gleichungen die Lösung ein ($\bigcirc \in \mathbb{Z}$).
   a) $(+5) + \bigcirc = (+8)$ b) $\bigcirc + (-1) = (-4)$ c) $(-5) + \bigcirc = 0$
   d) $(-3) + \bigcirc = (+5)$ e) $\bigcirc + (-1) = (+3)$ f) $(+8) - \bigcirc = (+6)$
   g) $\bigcirc - (-2) = (+7)$ h) $(-4) - \bigcirc = (+9)$ i) $(+5) - \bigcirc = (+10)$
   k) $\bigcirc + (+1) = (-3)$ l) $(-6) - \bigcirc = 0$ m) $\bigcirc + (-8) = (-2)$

Zahlenbereiche **87**

2. Gib die Lösungsmengen $\mathbb{L} = \{\ldots\}$ folgender Ungleichungen an ($\square \in \mathbb{Z}$).

Beispiele:
$(+5) + \square > 0;$ $\mathbb{L} = \{-4, -3, -2, -1, 0, +1, +2, +3, \ldots\}$
$\square + (+3) < 0;$ $\mathbb{L} = \{\ldots, -6, -5, -4\}$
$(+4) + \square < (+2);$ $\mathbb{L} = \{\ldots, -6, -5, -4, -3\}$

a) $\square - (+5) < (+2)$ b) $(+4) - \square > 0$ c) $\square - (+3) > +1$
d) $(+5) + \square > 0$ e) $\square - (+3) > (-6)$ f) $(+8) - \square < (-5)$
g) $\square + (-3) > (+4)$ h) $(-7) - \square < (-3)$ i) $(+3) - \square > (+2)$

3. Rechne nach den oben gewonnenen Rechenregeln für ganze Zahlen.

a) $(+7) + (+5) = \triangle$ b) $(+19) + (+5) = \triangle$ c) $(+8) - (+6) = \triangle$
d) $(+10) - (+8) = \triangle$ e) $(-8) + (-3) = \triangle$ f) $(-11) + (-8) = \triangle$
g) $(-9) - (-7) = \triangle$ h) $(-12) - (-9) = \triangle$ i) $(-6) + (+6) = \triangle$
k) $(+14) - (-14) = \triangle$ l) $(+7) + (-7) = \triangle$ m) $(-13) - (+6) = \triangle$
n) $(-7) + (+9) = \triangle$ o) $(+10) - (+12) = \triangle$ p) $(-5) - (-5) = \triangle$

4. Stelle folgende Additionen und Subtraktionen 1. an der Zahlengeraden graphisch durch Vektoren dar und rechne 2. nach den gewonnenen Rechenregeln. Vergleiche!

a) $(+4) + (+2)$ b) $(+4) - (-1)$ c) $(+7) + (-3)$ d) $(+7) - (+3)$
e) $(+4) + (-5)$ f) $(+4) - (+5)$ g) $(-4) - (-6)$ h) $(-4) + (+6)$
i) $(-6) + (-2)$ k) $(-6) - (+2)$ l) $(+6) + (-2)$ m) $(-6) - (-2)$

5. Stelle eine Verknüpfungstafel (Additionstabelle) auf, indem du aus der nichtendlichen Menge der ganzen Zahlen die endliche Teilmenge $\{-3, -2, -1, 0, +1, +2, +3\}$ in die Kopfzeile und Vorspalte und die jeweilige **Summe** zweier Zahlen in das Feld einträgst. Was stellst du fest?

6. Prüfe an 6 Beispielen, ob das Verbindungsgesetz gültig ist.

Beispiel: $[(+3) + (-4)] + (+5) = (+3) + [(-4) + (+5)]$
$\underline{\quad -1 \qquad + 5 \quad = \quad +3 \qquad + 1 \quad}$
$+4 \quad = \quad +4$

Nach den vorstehenden Feststellungen wollen wir noch 2 Fragen beantworten:

7. a) Welches ist das **neutrale** Element der Addition?

Das neutrale Element bezüglich der Addition ist die 0, denn sie läßt bei der Verknüpfung jede Zahl unverändert. Die Null gehört zu den ganzen Zahlen.

Beispiele: $(+6) + 0 = (+6),\quad (-8) + 0 = (-8),\quad 0 + 0 = 0$

88 Zahlenbereiche

b) Gibt es zu jedem Element bezüglich der Addition ein **inverses** Element? Das **inverse** Element von (+5) ist (—5), denn ihre Verknüpfung führt auf das neutrale Element 0. Das inverse Element von (—9) ist (+9).

> Das inverse Element einer ganzen Zahl bezüglich der Addition ist ihre entgegengesetzte Zahl.

0 ist zu sich selbst invers. $0 + 0 = 0$

3.3. Die Multiplikation ganzer Zahlen

a) In der Aufgabe $(+4) \cdot (+3)$ sei (+4) der Multiplikand und (+3) der Multiplikator. Wir wissen, daß die Multiplikation eine abgekürzte Addition ist. Es soll hier (+4) also 3mal als Summand gesetzt werden. $(+4) + (+4) + (+4) = (+12)$. Dafür schreiben wir kürzer:

$$(+4) \cdot (+3) = (+12)$$

b) Auch die Aufgabe $(-4) \cdot (+3)$ ist so zu deuten, daß (—4) hier 3mal als Summand zu setzen ist. $(-4) + (-4) + (-4) = (-12)$ schreiben wir also kürzer:

$$(-4) \cdot (+3) = (-12)$$

c) Bei der Aufgabe $(+4) \cdot (-3)$ versagt eine entsprechende Deutung, da wir uns keine Summe vorstellen können, die (—3) Summanden hat. Dagegen können wir $(-3) \cdot (+4)$ als Summe darstellen: $(-3) + (-3) + (-3) + (-3)$. Wir vereinbaren, daß $(+4) \cdot (-3) = (-3) \cdot (+4) = (-12)$. Es gilt auch hier das **Vertauschungsgesetz der Multiplikation**. $(+4) \cdot (-3) = (-3) \cdot (+4) = (-3) + (-3) + (-3) + (-3) = (-12)$

$$(+4) \cdot (-3) = (-12)$$

d) Um das Produkt $(-4) \cdot (-3)$ zu berechnen, betrachte die nebenstehenden Produkte mit den gleichen Multiplikanden (—4). Die ersten 4 Produkte sind uns schon vertraut. Wir sehen, daß bei **gleichmäßiger Abnahme** des Multiplikators das Ergebnis gleichmäßig zunimmt. (Beachte, daß an der Zahlengeraden $(-12) < (-8) < (-4) < 0$.) Wir setzen nun fest, daß diese Gesetzmäßigkeit auch bei weiterer Abnahme des Multiplikators unter 0 herab gelten soll, und erhalten dadurch die 3 letzten Produkte unserer Folge. Wähle andere Beispiele.

$(-4) \cdot (+3) = (-12)$
$(-4) \cdot (+2) = (-8)$
$(-4) \cdot (+1) = (-4)$
$(-4) \cdot (0) = (0)$
$(-4) \cdot (-1) = (+4)$
$(-4) \cdot (-2) = (+8)$
$(-4) \cdot (-3) = (+12)$

Zahlenbereiche **89**

Wir erkennen folgende Multiplikationsregeln für ganze Zahlen:

**Das Produkt zweier Faktoren mit gleichen Vorzeichen ist positiv.
Das Produkt zweier Faktoren mit ungleichen Vorzeichen ist negativ.**

Allgemein: $(+a) \cdot (+b) = +(ab)$ $(-a) \cdot (-b) = +(ab)$
$(+a) \cdot (-b) = -(ab)$ $(-a) \cdot (+b) = -(ab)$
(wobei $a, b \in \mathbb{Z}$)

Aufgaben

1. Setze für die Platzhalter folgender Gleichungen die Lösung ein ($\bigcirc \in \mathbb{Z}$).
   a) $(+3) \cdot \bigcirc = (+6)$ b) $(+4) \cdot \bigcirc = (-4)$ c) $\bigcirc \cdot (+2) = (+8)$
   d) $\bigcirc \cdot (-5) = (-10)$ e) $(-4) \cdot (-1) = \bigcirc$ f) $\bigcirc \cdot (+6) = (+12)$
   g) $(-7) \cdot \bigcirc = (+7)$ h) $(+8) \cdot (-3) = \bigcirc$ i) $(-5) \cdot \bigcirc = (+5)$
   k) $(+3) \cdot \bigcirc = (+9)$ l) $\bigcirc \cdot (+1) = (-9)$ m) $(-8) \cdot \bigcirc = 0$

2. Nenne je 4 Paare von Faktoren, die ganze Zahlen ($\square, \triangle \in \mathbb{Z}$) sind und folgende Produkte ergeben.

   Beispiel: $\square \cdot \triangle = (+24)$
   $(+1) \cdot (+24) = (+2) \cdot (+12) = (-3) \cdot (-8) = (-4) \cdot (-6)$

   a) $(+36)$ b) $(+32)$ c) (-48) d) (-60) e) $(+64)$ f) $(+50)$ g) (-72)

3. Rechne nach der Multiplikationsregel für ganze Zahlen.
   a) $(+8) \cdot (+9)$ b) $(+5) \cdot (-8)$ c) $(-9) \cdot (+14)$ d) $(-7) \cdot (-12)$
   e) $(-4) \cdot (+8)$ f) $(-5) \cdot (-2)$ g) $(+8) \cdot (-15)$ h) $(+6) \cdot (-16)$
   i) $(+1) \cdot (-1)$ k) $(-9) \cdot (+9)$ l) $(-5) \cdot (-19)$ m) $(-4) \cdot (+17)$
   n) $(-3) \cdot (+9)$ o) $(+7) \cdot (+8)$ p) $(+6) \cdot (-13)$ q) $(-9) \cdot (-18)$

4. Berechne folgende Potenzen.
   a) $(+24)^2$ b) $(-18)^2$ c) $(+17)^2$ d) $(-19)^2$ e) $(-22)^2$ f) $(+25)^2$
   g) $(-16)^2$ h) $(-100)^2$ i) $(-13)^2$ k) $(-2)^3$ l) $(-3)^3$ m) $(-21)^2$

7.3.4. Die Division ganzer Zahlen

Die Division ist die Gegenoperation zur Multiplikation.

a) $(+18) : (+3) = (+6)$ Probe: $(+3) \cdot (+6) = (+18)$
b) $(+18) : (-3) = (-6)$ Probe: $(-3) \cdot (-6) = (+18)$
c) $(-18) : (+3) = (-6)$ Probe: $(+3) \cdot (-6) = (-18)$
d) $(-18) : (-3) = (+6)$ Probe: $(-3) \cdot (+6) = (-18)$

Wir erkennen folgende **Divisionsregel** für ganze Zahlen:

Der Quotient zweier Zahlen mit gleichen Vorzeichen ist positiv.
Der Quotient zweier Zahlen mit ungleichen Vorzeichen ist negativ.

Allgemein: $(+a):(+b) = +(\frac{a}{b})$ $(-a):(-b) = +(\frac{a}{b})$

$(+a):(-b) = -(\frac{a}{b})$ $(-a):(+b) = -(\frac{a}{b})$

(wobei $a, b \in \mathbb{Z}$ und $b \neq 0$)

Aufgaben

1. Rechne nach den Divisionsregeln für ganze Zahlen.
   a) $(+32):(+8)$ b) $(+21):(-3)$ c) $(-28):(+7)$ d) $(-57):(-19)$
   e) $(-36):(-9)$ f) $(-56):(+4)$ g) $(+72):(-9)$ h) $(+91):(+13)$

2. Berechne ebenso.
   a) $\frac{+68}{+17}$ b) $\frac{+112}{-16}$ c) $\frac{-76}{-19}$ d) $\frac{-153}{+17}$ e) $\frac{+92}{+23}$
   f) $\frac{-125}{-25}$ g) $\frac{-225}{+75}$ h) $\frac{+87}{-29}$ i) $\frac{-441}{+21}$ k) $\frac{-196}{-14}$

3. Setze für die Platzhalter die Lösung ein ($\bigcirc, \square, \triangle \in \mathbb{Z} \setminus \{0\}$).
   a) $(+14):\bigcirc = (+2)$ b) $\square:(+3) = (+5)$ c) $(+18):(+3) = \triangle$
   d) $(+32):\bigcirc = (-8)$ e) $\square:(-12) = (-6)$ f) $(-63):(-7) = \triangle$
   g) $(-58):\bigcirc = (-2)$ h) $\square:(+19) = (-3)$ i) $(-85):(+17) = \triangle$
   k) $(-87):\bigcirc = (+29)$ l) $\square:(-1) = (+10)$ m) $(-14):(-1) = \triangle$

4. Gib die Lösungsmengen folgender Ungleichungen an, wobei $\bigcirc, \square \in \mathbb{Z} \setminus \{0\}$.

   Beispiel: $\square:(+2) > (+5)$; $\mathbb{L} = \{+11, +12, +13, \ldots\}$;
   denn $(+\frac{11}{2}) > (+5)$, $(+\frac{12}{2}) > (+5)$, usw.

   a) $\square:(+3) > (+4)$ b) $\square:(-5) > (+6)$ c) $(+24):\bigcirc < (+6)$
   d) $(-60):\bigcirc > (+5)$ e) $\square:(-4) > (-7)$ f) $(+8):\bigcirc < (-2)$
   g) $\square:(-2) < (-4)$ h) $(-16):\bigcirc > (+2)$ i) $(-32):\bigcirc < (+4)$

3.5. Rückblick

a) Nachdem wir zur Menge der natürlichen Zahlen $\mathbb{N} = \{1, 2, 3, 4, \ldots\}$ noch $\{0\}$ und die Menge der negativen ganzen Zahlen $\mathbb{Z}^- = \{-1, -2, -3, -4, \ldots\}$ hinzugenommen haben, gelangten wir zum erweiterten

Bereich der ganzen Zahlen (ℤ). Die Menge ℕ ist also eine Teilmenge der ganzen Zahlen.

ℕ ⊂ ℤ, im Mengenbild:

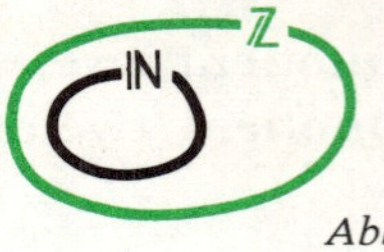

Abb. 92.1

b) Wir haben mit positiven Bruchzahlen (ℚ⁺) gerechnet. („ℚ" soll dabei an „Quotient" erinnern.) Mit negativen Bruchzahlen (ℚ⁻) wollen wir noch rechnen, wenn wir die Struktur des **Bereichs der rationalen Zahlen (ℚ)** untersuchen.

Wir sahen, daß die natürlichen Zahlen als Scheinbrüche, also als Bruchzahlen geschrieben werden können. Das gilt auch für die negativen ganzen Zahlen ($-1 = -\frac{2}{2} = -\frac{3}{3} = \ldots$). Es gehört also die Menge der ganzen Zahlen $\{\ldots -3, -2, -1, \ 0, +1, +2, +3, \ldots\}$ zur Menge der rationalen Zahlen (ℚ).

Es ist ℤ ⊂ ℚ, im Mengenbild:

Abb. 92.2

c) Ausgehend von der Menge der **natürlichen Zahlen** (ℕ) haben wir diesen Zahlenbereich zu dem der Menge der **ganzen Zahlen** (ℤ) erweitert. Als einen noch umfassenderen Zahlenbereich (Abb. 92.3) erkannten wir die Menge der **rationalen Zahlen** (ℚ).
Da ℕ ⊂ ℤ und ℤ ⊂ ℚ, gilt ℕ ⊂ ℤ ⊂ ℚ.

Die **Einbettung der Zahlenbereiche** veranschaulicht das Mengenbild.

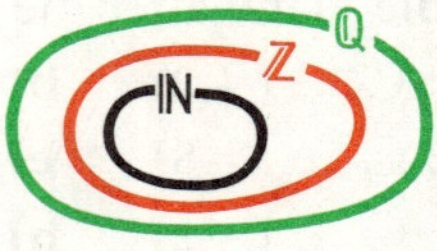

Abb. 92.3

d) Nachstehendes Schema vermittelt eine Übersicht über die Grenzen des uneingeschränkten Operierens mit den 4 Grundrechenarten in den Zahlenbereichen von ℕ, ℤ und ℚ.

Die 4 Grundrechenarten

Menge	Addition	Multiplikation	Subtraktion	Division
ℕ	uneingeschränkt		mit Einschränkungen	
ℤ	uneingeschränkt			mit Einschränkungen
ℚ	uneingeschränkt, Ausnahme: Divisor 0			

Zahlenbereiche

8. Maßstabgerechte und graphische Darstellung

1. Vom maßstabgerechten Zeichnen

1. **Große Gegenstände,** Flächen und Strecken können nicht in wahrer Größe in einer Zeichnung dargestellt werden. Man muß sie **verkleinert** zeichnen. Denke an Häuser, Brücken, Flugzeuge, Maschinen, Möbel, Grundstücke, Straßen.
   Kleine Gegenstände müssen häufig **vergrößert** gezeichnet werden. Denke an Uhrwerke, Staubgefäße, Stempel, Fruchtknoten, Samen und Bakterien.

2. Abb. 93.1 zeigt eine Ein-Mann-Jolle (Finn-Dinghi) mit 10 m² Segelfläche in $\frac{1}{150}$ seiner natürlichen Größe. Das Boot ist in der Zeichnung 3 cm lang. Wie lang ist es in Wirklichkeit?

3. Abb. 93.2 zeigt einen Globus. Er hat in der Zeichnung einen Durchmesser von 23 mm. Das ist $\frac{1}{554\,347\,826}$ des Erddurchmessers.
   Welchen Durchmesser hat demnach die Erde wirklich?

4. Abb. 93.3 zeigt zwei rote Blutkörperchen in 3000-facher Vergrößerung. Wie lang ist ihr Durchmesser in Wirklichkeit?

Abb. 93.1

Abb. 93.2

Abb. 93.4

5. Oft ist es von Nutzen, einen Gegenstand nicht nur in einem Bilde, in **einer Ansicht,** sondern in mehreren Ansichten darzustellen. Die Bücherbank in Abb. 93.4 ist in **Schrägansicht** gezeichnet. Dieselbe Bücherbank ist in Abb. 94.1 in 2 Ansichten dargestellt: in der **Vorderansicht** (a) und in der **Seitenansicht** (b).

Abb. 93.3

Graphische Darstellung

6. Ein Schreiner soll eine Bücherbank nach den Zeichnungen (Abb. 94.1) anfertigen. Die Zeichnungen stellen die Bank nicht in natürlicher Größe dar, sondern in verkleinerten Maßen: 10 cm der Bank sind nur 1 cm in der Zeichnung. Jedes Maß der Bank hat also in den Zeichnungen nur den 10. Teil der wirklichen Länge erhalten. Man sagt:

Die Zeichnungen sind im verkleinerten oder verjüngten Maßstab 1 : 10 (lies: 1 zu 10) angefertigt.

Bestimme aus der Vorder- und Seitenansicht die Maße.

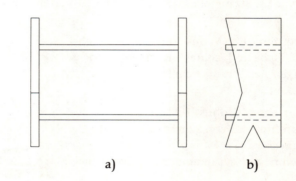

Abb. 94.1   a)   b)

7. Zeichne die 2 Ansichten der Bücherbank im Maßstab 1 : 10 (1 : 5) auf Millimeterpapier. (Benütze einen spitzen Bleistift und zeichne genau.)

$$50 \text{ cm} \cdot \tfrac{1}{10} \left(\tfrac{1}{5}\right) = 5 \text{ cm } (10 \text{ cm})$$

Natürliche Strecke · Maßstab = Zeichenstrecke
Gegenstandsgröße · Maßstab = Abbildungsgröße

8. Der Fußboden des Schulzimmers soll ins Heft gezeichnet werden. Er ist ein Rechteck von 9 m Länge und 6,50 m Breite. Läßt sich der Maßstab 1 : 10 anwenden? Ist die Zeichnung möglich, wenn man jedes m durch 1 cm darstellt? Welchen Maßstab hätte man dann angewandt?
Das gezeichnete Rechteck stimmt in seiner Form mit dem großen Rechteck des Fußbodens genau überein. Man sagt, beide Flächen sind **ähnlich**.

Bei maßstabgerechten Zeichnungen entstehen stets ähnliche Figuren.

9. Ein Fußballspielfeld ist 105 m lang und 70 m breit. Zeichne es in einem günstigen Maßstab in dein Heft. Als günstig erscheint hier die Abbildung von 105 mm Länge und 70 mm Breite. 1 mm in der Abbildung stellt 1 m am Gegenstand dar. Man sagt: Der Maßstab beträgt 1 : 1000.

Graphische Darstellung

0. Zeichne in das Fußballspielfeld (Aufg. 9) im Maßstab 1 : 1000 die beiden Torräume (18,32 m mal 5,5 m) und Strafräume (40,32 m mal 16,5 m), ferner die Elfmeterpunkte, die Mittellinie mit dem Mittelkreis ($r = 9{,}15$ m).

1. Das Fußballtor ist 7,32 m breit und 2,44 m hoch. Zeichne es im Maßstab 1 : 100 in dein Heft.

2. Überlege in gleicher Weise, welcher Maßstab beim Zeichnen folgender rechteckiger Flächen auf einer Heftseite vorteilhaft ist.
   a) Schulhof: Länge 55 m   b) Sportplatz: 160 m lang
                    Breite 36 m   125 m breit
   c) Turnhalle: 24 m lang   d) Wohnzimmer: 5 m lang
                     15 m breit   4,50 m breit

3. Was heißt, eine Zeichnung ist im **Maßstab** 1 : 1, 1 : 100, 1 : 1000, 1 : 50, 1 : 500, 1 : 2, 1 : 250, 1 : 20, 1 : 200 angefertigt? (2, 20, 50, 100 usw. heißen **Maßstabzahlen**.)

> **Aus der wirklichen Strecke erhält man die Zeichenstrecke, indem man sie durch die Maßstabzahl dividiert.**
> **Aus der Zeichenstrecke erhält man die wirkliche Strecke, indem man sie mit der Maßstabzahl multipliziert.**

4. Zuweilen ist der verkleinerte Maßstab auf den Zeichnungen nicht nur angegeben, sondern auch gezeichnet. Auf ihm kann man die mit dem Stechzirkel abgegriffenen Maße der Zeichnung sofort in ihrer wirklichen Länge ablesen und umgekehrt die wahren Maße mit dem Stechzirkel auf dem Maßstab abgreifen und in die Zeichnung übertragen. Warum ist die Null nicht an den Anfang des Stabes gesetzt worden?
   Greife auf dem Maßstab folgende Längen ab:
   5,40 m, 7,20 m, 8,80 m, 8,10 m, 1,25 m, 0,60 m, 1,90 m, 3,70 m, 4,50 m

5. a) Durch welche Strecke wird jedesmal 1 m dargestellt bei den Maßstäben 1 : 100, 1 : 10, 1 : 1000, 1 : 50, 1 : 200, 1 : 500, 1 : 250, 1 : 20, 1 : 25?
   b) Welche wirkliche Länge hat 1 cm (1 mm) der Zeichnung bei den genannten Maßstäben?

6. Welcher wirklichen Länge entsprechen 5 cm, 7 cm, 12 cm, 21 cm, 6,9 cm, 7,5 cm, 12,4 cm, 0,8 cm beim Maßstab   a) 1 : 100,   b) 1 : 10,   c) 1 : 1000, d) 1 : 50,   e) 1 : 200,   f) 1 : 2500,   g) 1 : 10000,   h) 1 : 1000000?

7. Durch welche Zeichenstrecke werden 18 m, 25 m, 6,60 m, 15,50 m, 16,75 m beim Maßstab   a) 1 : 100,   b) 1 : 50,   c) 1 : 200 dargestellt?

18. Zeichne im verjüngten Maßstab **a)** die Bodenfläche deiner Wohnräume (1 : 50), **b)** die Grund- und Gartenfläche eines Hauses (1 : 100 oder 1 : 200).

19. Erkläre Abb. 96.1. Sie zeigt den Erdgeschoßgrundriß eines Einfamilienhauses. Bestimme aus dem Grundriß

  a) die Länge und Breite des Hauses und seine Baufläche,

  b) die Länge, Breite und Wohnfläche des Wohnzimmers (1), des Elternschlafzimmer (2), des Kinderzimmers (3), des Gästezimmers (4), der Küche (5), des Badezimmers (6) und der Diele (7).

  c) Zeichne den Erdgeschoßgrundriß (M = 1 : 100) auf mm-Papier.

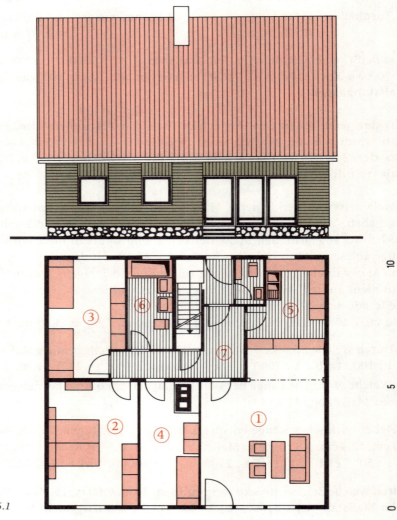

Abb. 96.1

96 *Graphische Darstellung*

.2. Graphische Darstellung

2.1. Stabdiagramme

1. Vier Geschwister wollen ihre Größe miteinander vergleichen: Heinz mißt 150 cm, Gerd 135 cm, Fritz 122 cm und Eva 108 cm. Heinz will in einer Zeichnung **(graphischen[1] Darstellung)** die einzelnen Größen durch **Strecken** darstellen. Da das Blatt für die wirklichen Größen nicht ausreicht, stellt er sie im verkleinerten Maßstab 1 : 30 dar. Er wählt also für 3 cm Körpergröße 1 mm und erhält die Zeichnung in Abb. 97.1.
Benutze beim Zeichnen möglichst Gitterpapier (Millimeterpapier)! Arbeite mit spitzem Bleistift und stets sauber und genau!

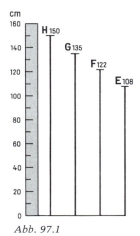

Abb. 97.1

2. Das Schaubild Abb. 97.2 zeigt die Zahl der Schüler in jeder der vier Schulen einer Stadt. Der Maßstab steht links, und in gleichen Abständen sind auf der **Grundstrecke (Basis)** senkrecht dazu Streifen aufgetragen, die die Zahl der Schüler darstellen.
Statt der Strecken zeichnet man also auch gleichbreite rechteckige Streifen, die auch **Stäbe** genannt werden **(Stabdiagramm[2])**. Wieviel Schüler hat jede Schule?

3. Das Schaubild Abb. 97.3 zeigt die Zahl der Schüler einer Schule in den einzelnen Klassen waagerecht dargestellt. Der Maßstab ist diesmal unten von links nach rechts aufgetragen. – Lies am Diagramm ab, wieviel Schüler in den einzelnen Klassen sind.

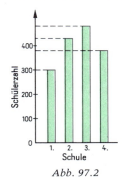

Abb. 97.2

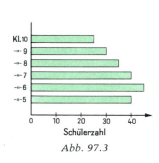

Abb. 97.3

---
[1] gráphein (griech.) = schreiben
[2] diagrámma (griech.) = Zeichnung, geometr. Figur

Um Zahlenwerte und zahlenmäßige Beziehungen übersichtlicher vergleichbar zu machen, stellt man sie in Diagrammen graphisch dar.

Aufgaben

1. In einer Klasse waren Montag 42, Dienstag 40, Mittwoch 35, Donnerstag 38, Freitag 43 und Sonnabend 39 Schüler anwesend. Zeichne den Schulbesuch als Schaubild.

2. Stelle die Schülerzahlen in den Klassen deiner Schule im Diagramm dar.

3. 5 Schüler verkauften Karten für das Schulfest: Gabriele verkaufte 80, Heike 75, Armin 92, Christel 65 und Wilfried 95. Stelle im Schaubild dar.

4. a) Um die Höhen deutscher Berge zu vergleichen, ordnet man sie der Größe nach und zeichnet sie als Senkrechte in gleichen Abständen auf die Grundstrecke. Den Maßstab stellt man als Senkrechte links auf. Lies die Höhen vom Schaubild Abb. 98.1 ab. – Zeichne das Diagramm.

   b) Das Schaubild Abb. 98.2 zeigt dieselben Berghöhen in figürlicher Darstellung noch anschaulicher. Es ist im Maßstab 1 : 100 000 gezeichnet, d. h., 1 mm $\widehat{=}$ 100 m.

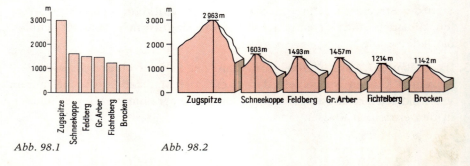

Abb. 98.1   Abb. 98.2

5. Um die Längen der deutschen Ströme anschaulich zu vergleichen, ordnet man sie der Länge nach und zeichnet sie z. B. als waagerechte parallele Strecken im Maßstab 1 : 20 000 000, d. h., 1 mm $\widehat{=}$ 20 km (Abb. 98.3). – Zeichne das Diagramm auf Millimeterpapier.

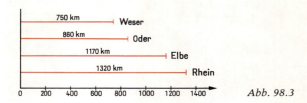

Abb. 98.3

98 *Graphische Darstellung*

6. In Abb. 99.1 ist die Einwohnerzahl von 9 deutschen Großstädten veranschaulicht:

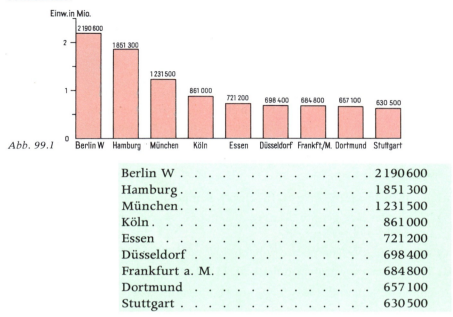

Abb. 99.1

Berlin W	2 190 600
Hamburg	1 851 300
München	1 231 500
Köln	861 000
Essen	721 200
Düsseldorf	698 400
Frankfurt a. M.	684 800
Dortmund	657 100
Stuttgart	630 500

a) Welcher Maßstab wurde gewählt?   **b)** Zeichne das Diagramm.

7. Zeichne ein Schaubild, das das Wachstum der Einwohnerzahl der Vereinigten Staaten von Amerika zeigt:

Jahr	1830	1850	1870	1890	1910	1930	1950	1970
Millionen	13	23	39	63	92	123	150	202

2.2. Liniendiagramme

1. Harald wollte feststellen, wie die Temperatur während des Tages schwankt. Deshalb las er stündlich von 8–16 Uhr die Uhrzeit und auf dem Thermometer die Temperatur ab.
Seine **Beobachtungen** trug er in das nebenstehende **Gitternetz** ein. Auf der links stehenden **Hochachse** ist die Temperatur aufgetragen, auf der nach rechts weisenden **Rechtsachse** die Uhrzeit. Jeder seiner Beobachtungen entspricht ein **Zahlenpaar** (Uhrzeit; Temperatur). **Jedem Zahlenpaar ist ein Punkt in der Zeichenebene zugeordnet.** Z. B.: (8 h; 6°), (9 h; 7°), (10 h; 9°). – Lies weitere Zahlenpaare ab und zeichne das Diagramm in dein Heft (Abb. 100.1).

Graphische Darstellung

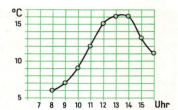

Abb. 100.1

Diese zeichnerische Darstellung heißt **graphische** Darstellung oder **Graph**[1]. Man kann die Punkte durch einen Linienzug verbinden, so daß eine **Kurve** entsteht. Eine solche graphische Darstellung nennt man auch ein **Linien-** oder **Kurvendiagramm**.

Aufgaben

1. a) Wann war die niedrigste (höchste) Temperatur?
   b) Wann war der größte Temperaturanstieg, wann der größte Temperaturabfall in einer Stunde?
   c) Wann war die Temperatur gleich?
   d) Wie warm war es etwa um 10.30, 11.30, 13.30, 15.30 Uhr?

2. Zeichne ein Schaubild, das folgende Temperaturen zeigt:

Stunde	7	8	9	10	11	12	13	14	15	16
Grad C	6°	7°	9°	11°	15°	17°	20°	20°	19°	16°

3. Markus hatte eine fiebrige Erkrankung. Die Krankenschwester las an 12 Tagen folgende Körpertemperatur ab:
38°; 39°; 40°; 40,5°; 41°; 40°; 39,5°; 39°; 38°; 37,5°; 37°; 37° C.
Zeichne die Fieberkurve. (Laß die Hochachse mit 35° C beginnen und nimm auf beiden Achsen als Einheit 1 cm.)

Unsere Kurvendiagramme zeigen den zeitlichen Verlauf der Temperatur. Die Kurven lassen eine Deutung **(Kurvendeutung)** des Verlaufs der Temperatur zu, ob sie schnell oder langsam steigt oder fällt. Sie gestatten einen Vergleich **(Kurvenvergleich)** mit Kurven an anderen Tagen.

8.2.3. Das Koordinatensystem

1. Achim fragt Anke nach ihrem Theaterplatz. Wie kann sie die Lage des Platzes durch 2 Angaben beschreiben?

2. Elke ruft ihren Bruder Norbert in seinem Büro an, wo sich das englische Lexikon befinde. Wie kann Norbert die Stelle im Bücherschrank kurz angeben? (3. Reihe von unten, 5. Buch von links.)

---

[1] der Graph (des Graphen, die Graphen)

3. Wie gibt man die Stellung einer Schachfigur auf den 64 Feldern des Schachbretts an? Was bedeutet, der „Springer" steht auf „D 6"? Schachspieler eurer Klasse können es erklären. — „A 1", als schwarzes Feld links unten, ist der „Bezugspunkt"; „D" ist der „Rechtswert", „6" der „Hochwert".

4. Was heißt, auf dem Stadtplan liegt der „Königsplatz" im Planquadrat „G 12"? Nimm einen Stadtplan deiner Stadt und mache ähnliche Angaben.

5. Suche auf der Straße an einem Hause ein Schild, das die genaue Lage einer Wasserzapfstelle für die Feuerwehr angibt. In Abb. 101.1 bedeutet „H 100", daß es sich um einen Hydranten[1] von 100 mm Rohrdurchmesser handelt. Um auch bei Schnee und Eis die Zapfstelle finden zu können, besagen die weiteren Zahlenangaben, daß man senkrecht zum Hause 2,3 m messen soll und 1,8 m nach links. **Bezugspunkt** ist der Punkt senkrecht unter dem Schild am Boden. **Bezugsgrößen** sind 1,8 m und 2,3 m.

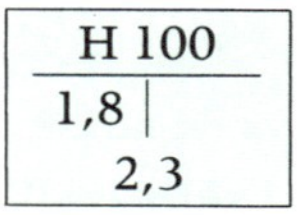

H 100
1,8
2,3

Abb. 101.1

In allen vorstehenden Beispielen stehen die Bezugsgrößen senkrecht aufeinander. Man spricht daher von einem **rechtwinkligen Bezugssystem**.

6. a) Ein **vollständiges Bezugssystem** ist das **Koordinatensystem**. — Wir haben gelegentlich der Einführung der negativen Zahlen (Kap. 7.3) den **Zahlenstrahl** zur **Zahlengerade** erweitert. (Abb. 101.2)

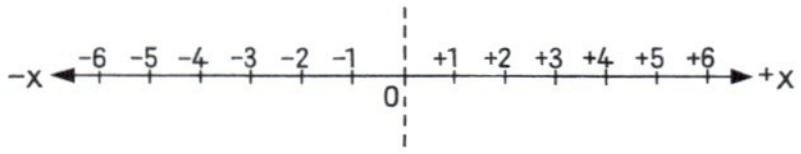

$-x \longleftarrow -6\ -5\ -4\ -3\ -2\ -1\ \mid\ +1\ +2\ +3\ +4\ +5\ +6 \longrightarrow +x$
$\qquad\qquad\qquad\qquad\qquad 0$

Abb. 101.2

Für unsere Betrachtungen ist es von Vorteil, die Senkrechte durch ihren Nullpunkt als eine **2. Zahlengerade** zu verwenden. Während wir die 1. Zahlengerade als **x-Achse** bezeichneten, wollen wir die dazu senkrechte 2. Zahlengerade **y-Achse** nennen.

Vom **Nullpunkt** O[2] aus trägt man nach **oben** als Einheiten die **positiven** Werte, nach **unten** die **negativen** Werte auf. Es ist ein **Achsenkreuz** entstanden, das die Ebene in 4 Felder teilt. Diese Felder bezeichnet man als **Quadranten**[3] (I, II, III, IV), die mit ihrer römischen Bezifferung, rechts oben mit I beginnend, im **entgegengesetzten Sinne des Uhrzeigers** umlaufen. Man nennt dies den **mathematisch positiven Drehsinn**.

Jedem **Zahlenpaar** x und y von den beiden Achsen läßt sich nun ein Punkt der nichtendlichen Punktmenge der ganzen Ebene **zuordnen**

---

[1] hydra (lat.) = Wasserschlange
[2] origo (lat.) = Ursprung
[3] quadrans (lat.) = Viertel

(koordinieren). Das Zahlenpaar eines Punktes nennt man daher seine **Koordinaten**[1]. Den **x**-Wert nennt man seine **Abszisse**[2], den **y**-Wert seine **Ordinate**.

b) Mit der Bestimmung von Punkten im I. Quadranten sind wir bereits vertraut. Im vorstehenden Abschnitt über Liniendiagramme haben wir schon Punkte durch Zahlenpaare bestimmt. Ebenso lassen sich Punkte in den anderen Quadranten bestimmen. Man pflegt an einzelne Punkte die Koordinaten zu schreiben. In Klammern setzt man **zuerst den x-Wert** und dann den **y**-Wert.

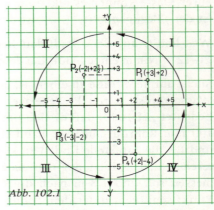

Abb. 102.1

Beispiele (Abb. 102.1):
$P_1(+3|+2)$ $P_2(-2|+2\frac{1}{2})$ $P_3(-3|-2)$ $P_4(+2|-4)$

8

Aufgaben

1. Zeichne ein Koordinatensystem auf Gitterpapier und trage die Punkte mit folgenden Koordinaten ein. (Strichle die Abszissen und Ordinaten.)
   a) $P_1(+5|+3)$ **b)** $P_2(-4|+6)$ **c)** $P_3(-3|-2)$ **d)** $P_4(+1|-4)$

2. Zeichne ein weiteres Koordinatensystem mit den Punkten.
   a) $P_1(+2\frac{1}{2}|+3\frac{1}{2})$ **b)** $P_2(-4,5|+5,5)$ **c)** $P_3(+5|0)$
   d) $P_4(0|-5,5)$ **e)** $P_5(-6|0)$ **f)** $P_6(0|+6,5)$
   g) $P_7(0|0)$ **h)** $P_8(-2,5|-2,5)$ **i)** $P_9(+4|-1)$

3. **a)** Welche Ordinaten haben die Punkte der *x*-Achse?   **b)** Welche Abszissen haben die Punkte der *y*-Achse?

4. Zeichne in ein Koordinatensystem zu mehreren Punkten der *x*-Achse Punkte, die die gleiche Ordinate haben, z. B.   **a)** $y=+3$ $(y=+4,5)$, **b)** $y=-2,5$ $(y=-6)$, und verbinde sie. Beurteile ihre Lage.

5. Zeichne zu mehreren Punkten der *y*-Achse Punkte mit der gleichen Abszisse, z. B. **a)** $x=+5$ $(x=+3,5)$, **b)** $x=-2$ $(x=-4)$, und verbinde.

Das verwendete Bezugssystem heißt auch **kartesisches Koordinatensystem**. Es ist nach dem französischen Philosophen und Mathematiker **René Descartes** (lat.: Renatus **Cartesius**) benannt, der von 1596–1650 lebte.

---

[1] ordinatus (lat.) = geordnet   [2] abscisus (lat.) = abgeschnitten

9. Rechnen mit Dezimalbrüchen in der Kommaschreibweise

9.1. Addition und Subtraktion

1. Im Bereich der Bruchzahlen haben wir als einen Sonderfall die **Zehnerbrüche** kennengelernt (siehe S. 26–28, Einf. in die Dezimalbrüche in der Kommaschreibweise und S. 45–46, Erweitern und Kürzen von Dezimalbrüchen).
Wir wollen die Rechenregel für die Addition an einem **Beispiel** erläutern:
Beim Autobahnbau wurde ein neuer Abschnitt von 12,653 km im letzten Monat um weitere 3,21 km verlängert. Berechne die fertiggestellte Gesamtstrecke.
Wir verwandeln bei dieser Additionsaufgabe die Zahlen zunächst in Zehnerbrüche, addieren sie und formen das Ergebnis wieder in einen Dezimalbruch in der Kommaschreibweise um.

$$12,653 \text{ km} + 3,21 \text{ km} = 12\tfrac{653}{1000} \text{ km} + 3\tfrac{21}{100} \text{ km} = 12\tfrac{653}{1000} \text{ km} + 3\tfrac{210}{1000} \text{ km}$$
$$= 15\tfrac{863}{1000} \text{ km} = \underline{15,863 \text{ km}}$$

Zum gleichen Ergebnis gelangen wir, wenn wir gleiche Einheiten der Summanden untereinander setzen – **Komma unter Komma** – und addieren.
Folgende Lösungsweisen stehen also gleichberechtigt nebeneinander:

```
  12653 m       12 km 653 m      12 653/1000 km      12,653 km
+  3210 m     +  3 km 210 m    +  3 210/1000 km    +  3,210 km
  15863 m       15 km 863 m      15 863/1000 km      15,863 km
```

2. Für die **Subtraktion** gelten **als Gegenoperation der Addition** die gleichen Überlegungen.

Beispiele:

$10 \text{ m} + 0,15 \text{ m}$ $2,8 \text{ l} + 15 \text{ l}$ $4,052 \text{ kg} + 37 \text{ g}$ $3,057 \text{ km} - 95 \text{ m}$

```
  10,00 m         2,8 l          4,052 kg          3,057 km
+  0,15 m      + 15,0 l        + 0,037 kg        - 0,095 km
  10,15 m        17,8 l          4,089 kg          2,962 km
```

Mache die Zahlen also vor dem Addieren (Subtrahieren) gleichstellig hinter dem Komma.

Dezimalbrüche in der Kommaschreibweise werden addiert (subtrahiert), indem man Komma unter Komma setzt und dann wie mit ganzen Zahlen rechnet.

Dezimalbrüche I

Aufgaben

Mündlich und halbschriftlich

1. Addiere (subtrahiere) folgende Zahlen, indem du sie als Zehnerbrüche liest und dann das Ergebnis wieder in Dezimalbrüche in der Kommaschreibweise verwandelst.

   a) 0,5 + 0,3 **b)** 0,7 + 0,8 **c)** 2,0 + 3,6 **d)** 0,7 — 0,3 **e)** 8,5 — 2
   f) 7,2 — 5,6 **g)** 0,6 + 0,2 **h)** 0,9 — 0,6 **i)** 0,3 + 0,9 **k)** 6,4 — 4,2
   l) 3,5 + 5,3 **m)** 8,1 — 6,8 **n)** 1 — 0,8 **o)** 0,4 + 0,6 **p)** 8 — 2,8

2. Berechne ebenso folgende Summen und Differenzen.

   a) 0,15 + 0,12 **b)** 0,23 + 0,39 **c)** 0,38 + 0,57 **d)** 0,46 — 0,19
   e) 0,91 — 0,13 **f)** 0,56 + 0,44 **g)** 0,46 + 0,87 **h)** 1 — 0,57
   i) 6 — 3,14 **k)** 4,12 — 0,57 **l)** 5,18 + 0,16 **m)** 9,46 — 0,83

3. Addiere (subtrahiere) neunmal.

   a) 0,7 + 0,7 + ... **b)** 1,8 + 1,8 + ... **c)** 10 — 0,8 — 0,8 — ...
   d) 17 — 1,7 — 1,7 — ... **e)** 36 — 2,4 — 2,4 — ...
   f) 0,08 + 0,08 + ... **g)** 0,27 + 0,27 + ... **h)** 3,24 — 0,18 —

4. Lies auch folgende Zahlen zuvor als Zehnerbrüche und mache sie gleichnamig. Lies dann das Ergebnis als Dezimalbruch in der Kommaschreibweise.

   a) 0,7 + 0,23 **b)** 4,6 + 0,37 **c)** 0,48 + 0,5 **d)** 0,4 — 0,26
   e) 0,9 — 0,63 **f)** 2,73 + 0,5 **g)** 2,7 — 0,43 **h)** 0,9 + 1,32
   i) 5,73 — 0,6 **k)** 1,2 — 0,84 **l)** 9,2 + 8,25 **m)** 4,5 + 2,73

5. Führe folgende Additionen (Subtraktionen) aus. Lies dabei die Maßzahl der niederen Einheit als Zehnerbruch der höheren.

   a) 1 DM + 1 Pf **b)** 1 kg + 1 g **c)** 6 hl + 6 l **d)** 14 cm + 4 mm
   e) 9 km — 70 m **f)** 4 dz — 4 kg **g)** 16 DM — 5 Pf **h)** 1 t — 74 kg

6. Zähle vorwärts (rückwärts).

   a) 0,7; 0,8; ... bis 1,3 **b)** 0,14; 0,13; ... bis 0,06 **c)** 0,495; 0,496; ... bis 0,505. Wieviel hast du jedesmal addiert (subtrahiert)?

7. Um wieviel ist   **a)** 0,1 > 0,01   **b)** 0,1 < 1
   Um wieviel ist   **c)** 0,99 > 0,09   **d)** 0,99 < 1?

8. Nenne in der Kommaschreibweise

   a) 5 Dezimalbruchpaare, die zusammen 100 ausmachen
   b) 5 einstellige Dezimalbruchpaare, die zusammen 1 betragen

Dezimalbrüche I

c) 5 zweistellige Dezimalbruchpaare, die zusammen 10 ausmachen
d) 5 dreistellige Dezimalbruchpaare, die zusammen 8 ergeben.

Zahlenpaare von gleicher Summe nennt man summengleich.

9. Subtrahiere von 1.
   a) 0,001   b) 0,2   c) 0,05   d) 0,003   e) 0,012   f) 0,043
   g) 0,123   h) 0,980   i) 0,087   k) 0,909   l) 0,0017   m) 0,0004

10. Ergänze folgende Maßzahlen.
    a) zu 1 (2) hl: 1) 0,2   2) 0,35   3) 0,67   4) 0,01
                      5) 0,1   6) 0,4   7) 0,58 hl
    b) zu 1 (7) kg: 1) 0,6   2) 0,550   3) 0,750   4) 0,003
                      5) 0,480   6) 0,575   7) 0,378 kg

11. Berechne folgende Differenzen.
    a) 4 — 0,4   b) 8 — 0,08   c) 9 — 0,009   d) 24 — 0,24
    e) 24 — 0,024   f) 0,1 — 0,01   g) 4,6 — 0,001   h) 0,7 — 0,07

Rechenvorteile

Beispiele:
a) $6,35 + 0,96 = (6,35 + 1,00) - 0,04 = \underline{7,31}$
b) $1,95 + 0,68 = (2,00 + 0,68) - 0,05 = \underline{2,63}$
c) $12,04 - 4,88 = (12,04 - 5,00) + 0,12 = \underline{7,16}$
d) $14,74 - 8,96 = (14,74 - 9,00) + 0,04 = \underline{5,78}$

12. Rechne vorteilhaft.
    a) 4,17 + 0,88   b) 8,25 + 2,93   c) 2,63 + 4,87   d) 7,64 + 3,91
    e) 4,36 — 0,99   f) 6,75 — 0,89   g) 7,64 + 3,91   h) 1,59 + 0,78
    i) 5,20 — 2,95   k) 16,48 — 9,99   l) 8,3 + 4,95   m) 3,91 + 5,48

Schriftlich

Beispiele:

a)	b)	c)	d)
348,605 km	98,56 ha	16,8 kW	128,462 t
+ 98,24 km	— 35,8012 ha	+ 112,28 kW	— 5,37 t
446,845 km	62,7588 ha	+ 205,687 kW	— 32,806 t
		+ 35,002 kW	90,286 t
		369,769 kW[1]	

Überschlage erst, dann rechne!

---
[1] Kilowatt

13. Addiere

a) 34,75 hl   b) 53,62 DM   c) 74,18 m   d) 72,1 ha
 + 18,92 hl   + 48,75 DM   + 29,29 m   + 68,09 ha

e) 774,05 ha   f) 984,11 dz   g) 54,675 kg   h) 65,0 t
 + 309,09 ha   + 896,74 dz   + 36,725 kg   + 48,526 t

14. Subtrahiere

a) 175,3   b) 38,53   c) 27,502   d) 287,405
 − 57,37   − 19,638   − 18,6387   − 102,1

e) 18,0   f) 100,01   g) 773,03   h) 982,12
 − 17,8642 − 68,40175 − 308,08   − 796,64

15. Berechne die Summenwerte.

a) 4,25   b) 6,35   c)   5,33   d) 615,408
 + 0,36   + 0,75   + 244,04   + 32,8923
 + 0,25   + 0,34   +   8,79   + 113,85
 + 0,34   + 0,04   + 14,03   + 4318,5
 + 0,07   + 7,35   +   6,08   +   9,98

16. Löse durch Ergänzen.

a) 375,65   b) 3479,4   c) 625   d) 563,24
 − 86,5   − 9,472   − 225,50   − 48,26
 − 34,675   − 63,212   − 35,6   − 37,4
 − 24,36   − 37,37   − 85,75   − 104,09
 − 95,6   − 278,566   − 236,24   − 13,24
 − 6,4354   − 3,9   − 18,3   − 9,17

17. Schreibe die Maßzahlen der niederen Maßeinheit als Zahlen der höheren Maßeinheit und addiere.

a) 0,25 DM + 38 Pf + 2,06 DM + 9 Pf + 4,67 DM + 0,98 DM + 5 DM
b) 1,38 m + 0,7 m + 8 cm + 0,09 m + 42,3 m + 34 m + 1 cm
c) 41,003 km + 0,3 km + 42 km + 0,08 km + 2,009 km + 18 m

18. Verfahre ebenso und subtrahiere.

a) 2,505 km − 276 m   b) 1,897 kg − 86 g   c) 78,46 m − 9 cm
d) 36,5 hl − 87 l   e) 681,01 dz − 80 kg f) 302,1 t − 327 kg

19. Setze für die Punkte in folgenden Additionsaufgaben die fehlenden Summanden ein.

Dezimalbrüche I

a) 1 6, 4 5 0
+ 4, 5
+ 8, 0 0 3
+ . . . , . .
  $\overline{4\,7\,8,\,0\,2\,3}$

b) 0, 6
+ . . , . .
+ 1 4 5, 8
+ 7, 0 0 5
  $\overline{1\,8\,9,\,8\,0\,5}$

c) 9, 0 2
+ . . , ...
+ 4 1 6, 5 9
+ 1, 4
  $\overline{4\,6\,0,\,0\,1\,7\,9}$

20. Setze für die Punkte in folgenden Subtraktionsaufgaben die richtigen Ziffern ein.

a) 8 ., 7 km
− 6 5, . . km
  $\overline{1\,7,\,8\text{ km}}$

b) . . ., 4 3 a
− 3 0 4, . . a
  $\overline{9\,8,\,7\,5\text{ a}}$

c) 7, . . 5 kg
− ., 7 5 . kg
  $\overline{6,\,2\,5\,5\text{ kg}}$

21. Eine Berechnung ergibt   1) 22,252 DM;   2) 8,679 DM;   3) 4,245 DM
    a) Auf wieviel DM und Pf wird die Rechnung jedesmal ausgestellt?
    b) Bestimme den Differenzwert, der beim Auf- und Abrunden entsteht.

Beim Runden von genau errechneten oder gemessenen Dezimalbrüchen in der Kommaschreibweise verfährt man wie bei den ganzen Zahlen.

22. Runde ab oder auf und gib an, wieviel das Ergebnis größer oder kleiner ist.
    a) auf 1 Stelle: 1) 0,44;   2) 0,55;   3) 0,66;   4) 0,318
    b) auf 2 Stellen: 1) 0,671; 2) 0,3429; 3) 0,4885; 4) 26,567
    c) auf 3 Stellen: 1) 0,3208; 2) 0,4351; 3) 2,3994; 4) 4,4545

23. a) Wieviel DM und Pf sind: 1) 19,748 DM 2) 21,833 DM 3) 275,095 DM
    b) Wieviel km und m sind: 1) 8,7352 km 2) 9,2468 km 3) 19,0758 km
    c) Wieviel m² und cm² sind: 1) 4,53286 m² 2) 6,75453 m² 3) 8,72145 m²

24. Überschlage in den folgenden Aufgaben vorher das ungefähre Ergebnis, indem du die Zahlen auf Ganze auf- oder abrundest. – Runde nach der Rechnung die Ergebnisse auf 1 Dezimalstelle ab oder auf. – Welche Dezimalstellen könntest du bei den einzelnen Posten weglassen, um zum selben gerundeten Ergebnis zu gelangen?
    a) 9,235 kg + 16,4 kg + 4,024 kg + 46,7 kg + 3,65 kg + 5,2 kg
       z. B. 9 + 16 + 4 + 47 + 4 + 5 = 85
    b) 3,50 m² + 0,7 m² + 8,54 m² + 16,3 m² + 25,52 m² + 0,05 m²
    c) (5,76 + 28,34 + 16,5 + 55,48 + 48,72 + 75,325) − (36,95 + 22,45)

25. Bestimme die Lösungen folgender Gleichungen ($x \in \mathbb{Q}$).
    a) $x + 3{,}4 = 9{,}6$ b) $4{,}2 + x = 11{,}6$ c) $13{,}4 - x = 8{,}7$
    d) $50{,}3 - 48{,}301 = x$ e) $76{,}307 - x = 28{,}888$ f) $33{,}6 + x = 54{,}905$

Dezimalbrüche I 107

26. a) Nachdem ich von 1000 DM Gehalt einen gewissen Betrag ausgegeben hatte, behielt ich noch 225,86 DM übrig. Wieviel hatte ich ausgegeben?

b) Nachdem ich von einem gewissen Betrag 39,15 DM für eine Fahrkarte ausgegeben hatte, behielt ich noch 905,70 DM übrig. Wie hoch war der ursprüngliche Betrag?

27. Schreibe folgende Aufgaben als Gleichungen mit x und bestimme die Lösungen.

a) Wenn man von 175,94 eine Zahl subtrahiert, so erhält man 58,309. Wie heißt die Zahl?

b) Welche Zahl mußt du zu 6,359 addieren, um 39,6 zu erhalten?

c) Vermehrt man eine Zahl um 18,73, so erhält man 84,658. Wie lautet die Zahl?

28. Setze für den Platzhalter a die Zahl 38,25, für b die Zahl 24,95, für c die Zahl 0,875 und bestimme den Wert der aus folgenden Buchstabenausdrücken (Termen) entsteht.

1) $a + b$ 2) $a + c$ 3) $b + c$ 4) $a + b + c$ 5) $a - b$
6) $a - c$ 7) $b - c$ 8) $a + b - c$ 9) $a - b + c$ 10) $a - b - c$

29. Gib für die Platzhalter folgender Ungleichungen 6 Elemente der Lösungsmenge an, wobei $\bigcirc \in \mathbb{Q}$.

a) $5,6 + \bigcirc < 5,9$ **b)** $\bigcirc + 4,28 < 4,32$ **c)** $\bigcirc + 0,74 < 0,76$
d) $0,276 - \bigcirc > 0,275$ **e)** $\bigcirc - 2,22 < 0,05$ **f)** $8,43 < 8,44 - \bigcirc$

30. a) Eine Wohnung hat ein Wohnzimmer von 16,4 m², ein Schlafzimmer von 15,85 m², ein Kinderzimmer von 14,6 m², eine Küche von 9,725 m², ein Badezimmer von 6,8 m² und eine Diele von 8,95 m². Berechne die Wohnfläche.   **b)** Miß die Räume eurer Wohnung aus und berechne.

31. Von einem Ballen Tuch von 60 m Länge wurden verkauft: 5,60 m; 17,40 m; 3,25 m; 8,75 m; 12,35 m; 0,75 m. Der Rest betrug beim Nachmessen 11,74 m. Wieviel war beim Verkauf insgesamt zugegeben worden?

32. Ein kaufmännischer Angestellter mußte für seine Firma Rechnungen begleichen: 560 DM; 22,40 DM; 180,25 DM; 744,65 DM; 5,56 DM; 78,35 DM; 45,60 DM. Wieviel bekommt er auf 33 Fünfzigmarkscheine heraus?

Aufgaben, die auf die einfachen Gleichungen x + y = z und x — y = z zurückzuführen sind.

Auf einen **Rechnungsbetrag** erhält man manchmal beim Kaufmann einen **Rabatt** (Preisnachlaß). Dieser verringert den Rechnungsbetrag auf die **Barzahlung**.

33. Berechne die fehlenden Posten. (Wenn zwei dieser Größen bekannt sind, können wir die dritte berechnen.)

Rechnungsbetrag (x) — Rabatt (y) = Barzahlung (z)

	a)	b)	c)
R.-Betrag (x):	75,85 (280,30) DM	104,13 (312,39) DM	x (x) DM
Rabatt (y):	9,35 (28,03) DM	y (y) DM	12,51 (15,61) DM
Barzahlg. (z):	z (z) DM	98,60 (295,80) DM	61,02 (374,64) DM
	$x - y = z$	$x - z = y$	$y + z = x$

Der **Einkaufspreis** einer Ware vermehrt sich beim Kaufmann um **Kosten**, die ihm durch Löhne, Beleuchtung, Heizung, Miete, Transport, usw. entstehen. Den erhöhten Preis nennt man **Selbstkostenpreis**. Dieser, um den **Gewinn** vermehrt, ergibt den **Verkaufspreis**. Manchmal erleidet der Kaufmann auch einen **Verlust**.

34. Berechne die fehlenden Posten.

Preiskalkulation:

Selbstkostenpreis (x) $\begin{matrix} + \text{Gewinn} \\ - \text{Verlust} \end{matrix}$ (y) = Verkaufspreis (z)

	a)	b)
Selbstk.-Preis (x):	x (x) DM	1248 (183,35) DM
Gewinn/Verlust (y):	Gew. 45,30 (38,55) DM	Verl. 80,25 (6,85) DM
Verkaufspreis (z):	480 (398,50) DM	z (z) DM
	$z - y = x$	$x - y = z$

c)

Selbstk.-Preis (x):	65 (7,85) DM
Gewinn/Verlust (y):	Gew. y (y) DM
Verkaufspreis (z):	78,20 (9,10) DM

$z - x = y$

Dezimalbrüche I

35. Berechne die fehlenden Angaben.
Von der Kasse:

Einnahme (x) — Ausgabe (y) = Kassenbestand (z)	
a)	b)

	a)	b)
Einnahme (x):	302,75 (451,04) DM	1027,16 (582,28) DM
Ausgabe (y):	76,95 (102,18) DM	y (y) DM
Kassenbestand (z):	z (z) DM	775,50 (493,35) DM

$x - y = z$ $x - z = y$

c)

Einnahme (x):	x (x) DM
Ausgabe (y):	76,83 (231,78) DM
Kassenbestand (z):	289,54 (643,59) DM

$y + z = x$

36. Ermittle aus folgenden Zählerständen den jeweiligen Strom-, Gas- und Wasserverbrauch zwischen den angegebenen Terminen.
Strom-, Gas- und Wasserversorgung:

Endbestand (x) — Anfangsbestand (y) = Verbrauch (z)					
	15. 8.	14. 10.	16. 12.	17. 12.	15. 4.
kWh Strom :	2134,8	2517,9	2963,5	3499,1	3901,7
m³ Gas :	1848,332	1912,459	1972,954	2030,348	2079,176
m³ Wasser:	2610,605	2641,318	2665,209	2687,593	2714,418

(Auf der Verbrauchsabrechnung steht nur der Verbrauch vor dem Komma.)

37. Viele Waren werden verpackt zu **Versand** gebracht. Das Gewicht von Ware und Verpackung heißt **Bruttogewicht**. Das Gewicht der Verpackung nennt man **Tara**. Das Gewicht der Ware nennt man **Nettogewicht**. Es besteht also die Beziehung:

Brutto (x) Gesamtgewicht	−	Tara (y) Verpackungsgewicht	=	Netto (z) Reingewicht

Rechne:

	a)	b)	c)
Brutto (x):	9,25 (4,5) kg	56,2 (98,3) kg	x (x) kg
Tara (y):	1,3 (0,6) kg	y (y) kg	26,4 (0,825) kg
Netto (z):	z (z) kg	49,35 (91,75) kg	138,75 (29,350) kg

$x - y = z$ $x - z = y$ $y + z = x$

Dezimalbrüche I

2. Multiplikation

Wir wollen an Zahlenbeispielen die **Rechenregeln** für die Multiplikation entwickeln.

2.1. Multiplikation eines Dezimalbruchs in der Kommaschreibweise mit einer natürlichen Zahl

Aufgabe: 1 kg Ware kostet 0,45 DM. Wieviel kosten 5 kg?

Wir schreiben die Zahl mit Komma als Zehnerbruch und multiplizieren:

$$0{,}45 \cdot 5 = \frac{45 \cdot 5}{100} = \frac{225}{100} = 2\frac{25}{100} = \underline{2{,}25}$$

5 kg kosten also 2,25 DM.

Es wurde hier ein Zehnerbruch mit dem Nenner 100 mit einer ganzen Zahl multipliziert. Das Ergebnis ist wieder ein Zehnerbruch mit dem Nenner 100, den man als 2stellige Kommazahl schreiben kann.

Man multipliziert einen Dezimalbruch in der Kommaschreibweise mit einer ganzen Zahl, indem man sie ohne Rücksicht auf das Komma multipliziert und im Ergebnis das Komma wieder einsetzt.

Beispiele: $0{,}8 \cdot 12 = \underline{9{,}6}$; $\quad 0{,}12 \cdot 12 = \underline{1{,}44}$; $\quad 0{,}043 \cdot 9 = \underline{0{,}387}$

2.2. Multiplikation mit 10, 100, 1000 usw.

Aufgabe: 1 kg Ware kostet 1,36 DM. Berechne den Preis für 10 kg, 1 dz, 1 t.

Wir schreiben die Zahl mit Komma als Zehnerbruch und erhalten durch Kürzen:

$1{,}36 \cdot 10 = 1\frac{36}{100} \cdot 10 = \frac{136 \cdot 10}{100} = 13\frac{6}{10} = 13{,}6 \qquad 1{,}36 \cdot 10 = 13{,}6$

$1{,}36 \cdot 100 = 1\frac{36}{100} \cdot 100 = \frac{136 \cdot 100}{100} = 136 \qquad 1{,}36 \cdot 100 = 136{,}0$

$1{,}36 \cdot 1000 = 1\frac{36}{100} \cdot 1000 = \frac{136 \cdot 1000}{100} = 1360 \qquad 1{,}36 \cdot 1000 = 1360$

Die Preise sind **13,60 DM, 136 DM, 1360 DM**.

Beachte die Ziffernfolge bei den Preisen des 1-, 10-, 100-, 1000-fachen. Wodurch unterscheiden sich die Preise nur?

Man multipliziert Dezimalbrüche in der Kommaschreibweise mit 10, 100, 1000 usw., indem man das Komma soviel Stellen nach rechts rückt, wie der Multiplikator Nullen hat. Fehlende Stellen werden durch Nullen ausgefüllt.

Dezimalbrüche I 111

9.2.3. Multiplikation von Dezimalbrüchen in der Kommaschreibweise

Aufgabe: Ein Perserteppich ist 2,85 m lang und 1,9 m breit. Welche Fläche bedeckt er?

Wir schreiben die beiden Zahlen als Zehnerbrüche und multiplizieren diese:

$2,85 \cdot 1,9 = 2\frac{85}{100} \cdot 1\frac{9}{10} = \frac{285}{100} \cdot \frac{19}{10} = \frac{5415}{1000} = 5\frac{415}{1000} = \underline{5,415}$

Er bedeckt eine Fläche von **5,415 m²**.

Das Produkt der Nenner der Zehnerbrüche ergibt 1000, was gleichbedeutend ist mit 3 Stellen nach dem Komma.
Es treten auch hier im Ergebnis soviel Dezimalstellen auf, wie die beiden Faktoren des Produkts zusammen haben.

Man multipliziert Dezimalbrüche in der Kommaschreibweise wie ganze Zahlen und streicht dann im Ergebnis von hinten soviel Dezimalstellen ab, wie die Faktoren zusammen haben.

Beispiele: $0,27 \cdot 0,3 = \underline{0,081}$; $0,9 \cdot 12,1 = \underline{10,89}$; $0,083 \cdot 0,2 = \underline{0,0166}$

Aufgaben

Mündlich und halbschriftlich

1. Multipliziere folgende Zahlen.
    a) mit 3: 0,45 DM; 0,58 m; 8,4 a; 6,9 kg; 0,92 m; 0,79 DM; 2,4 kg
    b) mit 4: 2,40 dz; 7,30 DM; 4,80 m; 5,25 ha; 9,15 hl; 6,26 DM; 3,64 hl

2. Multipliziere mit 10, 100, 1000, 10000.
    a) 0,2346   b) 4,7324   c) 0,0065   d) 7,034   e) 8,003   f) 25,064
    g) 26,04   h) 217,53   i) 2,07   k) 6,4   l) 38,7   m) 0,9

3. Sprich die Einmaleinsfolgen bis zum 10. Glied von:
    a) 0,2   b) 0,3   c) 0,4   d) 0,5   e) 0,6   f) 0,7   g) 0,8
    h) 0,9   i) 0,11   k) 0,12   l) 0,15   m) 0,19   n) 0,25   o) 0,125

4. Verwandle die Zahlen mit Komma zunächst in Zehnerbrüche. Rechne und forme die Ergebnisse wieder um. Du siehst dann deutlich, wohin das Komma gesetzt werden muß.
    a) $0,4 \cdot 2$ b) $0,7 \cdot 5$ c) $0,9 \cdot 8$ d) $0,3 \cdot 6$ e) $0,6 \cdot 9$ f) $0,8 \cdot 4$
    g) $0,5 \cdot 7$ h) $0,6 \cdot 11$ i) $0,4 \cdot 14$ k) $0,8 \cdot 17$ l) $0,7 \cdot 19$ m) $0,3 \cdot 24$

5. Verfahre ebenso mit folgenden Aufgaben.
   a) 0,4 · 70   b) 0,8 · 50   c) 0,6 · 20   d) 1,2 · 90
   e) 1,5 · 30   f) 4,5 · 60   g) 2,7 · 40   h) 0,02 · 7

6. Multipliziere
   a) 6,5 cm · 3   b) 17,4 l · 7   c) 5,9 t · 4   d) 0,34 m · 9
   e) 2,75 DM · 3   f) 3,6 km · 4   g) 1,56 m² · 5   h) 2,25 cm² · 7

7. Rechne zunächst, was in der Klammer steht, dann multipliziere.
   a) (0,7 + 6,5) · 2   b) (13,2 — 4,9) · 3   c) (8,3 + 0,26) · 5
   d) (5 — 3,17) · 4   e) (9,1 — 0,87) · 6   f) (6,4 + 5,7) · 2
   g) (7,3 + 9,8) · 7   h) (15,6 — 8,5) · 10   i) (4,2 — 3,5) · 4

8. Erkläre die folgenden Lösungen durch Rechenvorteile.
   a) 0,98 · 8 = 8 — 0,16 = $\underline{7,84}$ b) 0,35 · 29 = 10,5 — 0,35 = $\underline{10,15}$
   c) 18,4 · 5 = 184 : 2 = $\underline{92}$ d) 9,80 · 50 = 980 : 2 = $\underline{490}$
   e) 16,48 · 25 = 1648 : 4 = $\underline{412}$ f) 24,64 · 125 = 24640 : 8 = $\underline{3080}$

9. Rechne vorteilhaft.
   a) 8,8 · 8   b) 4,98 · 7   c) 4,9 · 6   d) 7,96 · 4
   e) 9,95 · 9   f) 10,9 · 18   g) 6,8 · 5   h) 7,28 · 5
   i) 4,6 · 50   k) 0,43 · 50   l) 2,8 · 500   m) 4,6 · 500
   n) 3,6 · 25   o) 0,48 · 25   p) 0,384 · 250   q) 1,64 · 250

10. Setze für die Platzhalter den fehlenden Faktor ein, wobei $\square \in \mathbb{N}$.
    a) 0,5 · $\square$ = 1,5   b) 0,27 · $\square$ = 1,35   c) 1,45 · $\square$ = 5,8
    d) 1,05 · $\square$ = 12,6   e) 0,39 · $\square$ = 1,95   f) 0,36 · $\square$ = 3,24

11. Schreibe folgende Zahlen ohne Gebrauch der Regel zunächst als Zehnerbrüche, dann multipliziere und forme das Ergebnis wieder um.
    a) 0,1 · 0,4   b) 0,3 · 0,5   c) 0,2 · 0,6   d) 0,4 · 0,7
    e) 0,05 · 0,9   f) 0,01 · 0,8   g) 0,02 · 0,03   h) 0,09 · 0,04
    i) 0,05 · 0,11   k) 0,9 · 0,12   l) 0,01 · 0,08   m) 0,18 · 0,09

12. Was bedeutet es ferner, eine Zahl
    a) mit $\frac{1}{10}$ (0,1),   b) mit $\frac{1}{100}$ (0,01),   c) mit $\frac{1}{1000}$ (0,001) zu multiplizieren?

13. Multipliziere 1, 10, 100, 1000, 10000, 100000, 1000000
    a) mit 0,1 ($\frac{1}{10}$),   b) mit 0,01 ($\frac{1}{100}$),   c) mit 0,001 ($\frac{1}{1000}$).

Dezimalbrüche I

14. Multipliziere folgende Zahlen miteinander und trage die Ergebnisse in nachstehende Tabelle.

	0,1	0,01	0,001	0,0001
a) mit 0,1 :				
b) mit 0,01 :				
c) mit 0,001 :				

15. Verfahre ebenso und multipliziere.

	24,5	36,25	638,4	48,3754	6,4	0,25	7,225	3,14
a) mit 10 :								
b) mit 0,1 :								
c) mit 100 :								
d) mit 0,01 :								

16. Berechne die Potenzen 1) $a^2 = a \cdot a$ 2) $b^2 = b \cdot b$ 3) $c^2 = c \cdot c$

$a =$ 0,5 0,4 0,7 0,3 0,8 0,2 0,9 0,6 0,1
$b =$ 0,1 0,2 0,3 0,4 0,5 0,6 0,7 0,8 0,9
$c =$ 1,3 1,6 1,8 2,1 3,2 3,5 4,8 7,5 6,4

17. Ein rotes Blutkörperchen ist 0,01 mm, ein Typhusbazillus 0,03 mm und ein Diphtheriebazillus 0,005 mm lang. Wir betrachten sie unter einem Mikroskop bei a) 200facher, b) 500facher, c) 1000facher Vergrößerung. Wie lang erscheinen sie?

Schriftlich   Überschlage zuerst das ungefähre Ergebnis!

Beispiele:

a) 78,45 · 68   Rechne:
   Überschlage: 78,45 · 68
   80 · 70   47070
   5600   62760
                          5334,60

b) 4,13 · 0,02   Rechne:
   Überschlage: 4,13 · 0,02
   0,02 · 4   0,0826
   0,08

c) 18,25 · 6,5   Rechne: Neunerrestprobe:
   Überschlage: 18,25 · 6,5
   18 · 6,5   10950   7 ╳ 2
   117   9125   5/5
                         118,625

Die Neunerrestprobe sagt nicht, ob ein Kommafehler gemacht wurde. Mache daher auch den Überschlag.

Dezimalbrüche I

8. Berechne folgende Produkte.
   a) 4,74 DM · 5   b) 12,35 m · 15   c) 114,93 hl · 28
   d) 71,57 dz · 52   e) 6,255 kg · 6   f) 0,863 kg · 14
   g) 0,456 t · 8   h) 0,371 m · 23   i) 0,753 hl · 74

9. Multipliziere folgende Zahlen 1) mit dem Faktor 0,5; 2) mit 0,126; 3) mit 4,53. Welchen der beiden Faktoren machst du am zweckmäßigsten zum Multiplikator?
   a) 0,75   b) 0,38   c) 3,72   d) 15,306   e) 1,5438
   f) 0,007   g) 3,4   h) 8,2468   i) 9,007   k) 19,56

10. Berechne folgende Potenzen ($4,5^2 = 4,5 \cdot 4,5$).
    a) $4,5^2$ b) $8,5^2$ c) $6,5^2$ d) $1,4^2$ e) $1,7^2$
    f) $3,4^2$ g) $4,8^2$ h) $6,15^2$ i) $36,7^2$ k) $4,59^2$

11. Berechne ferner folgende Potenzen ($1,5^3 = 1,5 \cdot 1,5 \cdot 1,5$).
    a) $1,5^3$ b) $2,5^3$ c) $0,3^3$ d) $0,9^3$ e) $0,08^3$
    f) $1,8^3$ g) $9,5^3$ h) $0,05^3$ i) $0,07^3$ k) $1,25^3$

12. Setze für die Platzhalter die richtigen Zahlen ein ($\square \in \mathbb{Q}$).
    a) $\square^2 = 0,01$ b) $\square^2 = 0,36$ c) $\square^2 = 2,25$ d) $\square^2 = 2,89$
    e) $\square^2 = 4,84$ f) $\square^3 = 0,512$ g) $\square^2 = 0,0004$ h) $\square^2 = 0,0121$
    i) $\square^3 = 0,008$ k) $\square^3 = 0,125$ l) $\square^3 = 0,729$ m) $\square^3 = 1,331$

13. Um das Ergebnis einer Multiplikation zu überschlagen, kann man es mit kleineren und größeren gerundeten Faktoren einschachteln.

Beispiele:

a) $7,6 \cdot 8,34 = x$
Es ist $(7 \cdot 8) = 56 \;(< x)$
und $(8 \cdot 9) = 72 \;(> x)$
Wir schreiben: $56 < x < 72$
x liegt zwischen 56 und 72.

b) $0,485 \cdot 0,271 = x$
Es ist $(0,48 \cdot 0,25) = 0,1200 \;(< x)$
und $(0,5 \cdot 0,28) = 0,140 \;(> x)$
also $0,1200 < x < 0,140$
x liegt zwischen 0,12 und 0,14

Die genauen Ergebnisse sind:

$x = 63,384$ $x = 0,131435$

14. Überschlage erst die Ergebnisse folgender Aufgaben wie vorstehend und multipliziere dann. – Runde die Ergebnisse auf die übliche Stellenzahl ab. Multipliziere mit 9,5.
    a) 7,35 DM   b) 250,05 m   c) 4,036 km   d) 3,445 kg   e) 67,45 hl

Dezimalbrüche I

Multipliziere mit 4,25.

f) 8,372 m **g)** 9,33 DM **h)** 25,471 m³ **i)** 8,4 dz **k)** 7,95 hl

Da Dezimalbrüche in der Kommaschreibweise Zehnerbrüche, also Bruchzahlen sind, so gilt auch für sie bei der Multiplikation

> das **Vertauschungsgesetz** $a \cdot b = b \cdot a$ (kommutatives Gesetz[1])
> das **Verbindungsgesetz** $(a \cdot b) \cdot c = a \cdot (b \cdot c)$ (assoziatives Gesetz[2])
> das **Verteilungsgesetz** $a \cdot (b + c) = a \cdot b + a \cdot c$ (distributives Gesetz[3])

25. Berechne folgende Produkte.
  a) 7,5 · 3,2 · 1,6   **b)** 2,5 · 5,7 · 9,5   **c)** 3,4 · 0,8 · 1,25
  d) 5,3 · 2,4 · 3,75   **e)** 0,3 · 1,4 · 0,05   **f)** 1,02 · 2,3 · 4,85

26. Multipliziere
  a) (0,16 + 0,9) · 0,3   **b)** (0,512 + 0,83) · 0,6
  c) (0,301 — 0,026) · 1,3   **d)** 0,9 · (4,87 + 12,18)
  e) 6,75 · (36,4 — 19,9)   **f)** 14,3 (1,304 + 73,08)

27. Setze für die Platzhalter der Gleichungen den richtigen Multiplikator.
  a) 0,5 · ○ = 0,15   **b)** 0,9 · ○ = 0,18   **c)** 0,6 · ○ = 0,3
  d) 1,1 · ○ = 0,99   **e)** 0,06 · ○ = 0,006 **f)** 6 · ○ = 0,24

28. Berechne nachstehende Buchstabenausdrücke, nachdem du für die Platzhalter a, b, c, d folgende Werte eingesetzt hast.

$$a = 36{,}25; \quad b = 4{,}8; \quad c = 7{,}5; \quad d = 0{,}144$$

  1) $a \cdot b$ 2) $a \cdot c$ 3) $a \cdot d$ 4) $b \cdot c$ 5) $b \cdot d$
  6) $c \cdot d$ 7) $a \cdot b \cdot c$ 8) $a \cdot b \cdot d$ 9) $a \cdot c \cdot d$ 10) $b \cdot c \cdot d$

Um das Produkt zweier Dezimalbrüche in der Kommaschreibweise zu überschlagen, macht man durch **entgegengesetzte Kommaverschiebung** zweckmäßig einen der Faktoren einstellig **vor** dem Komma.

> **Beispiel:** $0{,}125 \cdot 812{,}4 = 12{,}5 \cdot 8{,}124$ Überschlag: $12{,}5 \cdot 8 = 100$
> denn $\frac{125}{1000} \cdot \frac{8124}{10} = \frac{125}{10} \cdot \frac{8124}{1000} = \frac{1015500}{10000} = \underline{101{,}55}$

Beachte **a)** die gegensinnige Kommaverschiebung um dieselbe Stellenzahl bei den Dezimalbrüchen in der Kommaschreibweise,
  b) die unveränderten Zähler- und Nennerprodukte bei den entsprechenden Zehnerbrüchen.

---

[1] commutare (lat.) = vertauschen
[2] associare (lat.) = verbinden
[3] distribuere (lat.) = verteilen

29. Überschlage folgende Zahlen wie vorstehend, dann multipliziere.
a) 0,251 · 401,3   b) 0,334 · 310,8   c) 0,75 · 41,6   d) 0,015 · 201,3
e) 0,45 · 40,1   f) 19,9 · 51,2   g) 66,63 · 31,2   h) 703,4 · 0,506

30. Von 56 m Stoff werden verkauft a) 8,25 m b) 4,50 m c) 0,40 m d) $1\frac{3}{4}$ m
e) 6,65 m f) 5,15 m g) 0,85 m h) 30 cm i) 17,45 m. – 1 m kostet 17,25 DM. Wieviel kostet jeder Posten? Welchen Wert hat der Stoffrest?

31. Die Maße der deutschen Teppichindustrie sind
a) 1,38 · 1,20 m   b) 1,70 · 2,35 m   c) 2,00 · 3,00 m   d) 2,50 · 3,50 m
Welche Flächen bedecken die einzelnen Teppiche?

32. Herrn Schröder werden zwei Grundstücke zum Kauf angeboten. Das erste Grundstück ist 24,50 m lang und 32,80 m breit und kostet je m² 22,50 DM, während das zweite 28 m mal 30,75 m mißt und 24,25 DM je m² kosten soll.

33. Das fertige Haus soll einen umbauten Raum von 1040 m³ haben. Es wird für 1 m³ 146,50 DM veranschlagt.

34. Nach dem Richtfest muß Herr Schröder bezahlen: 86 Flaschen Bier zu je 0,65 DM; 3 Flaschen Weinbrand zu je 10,65 DM; 3,5 kg gehacktes Rindfleisch zu 7,40 DM je kg; 72 Brötchen Stck. 0,09 DM und 15 Schachteln Zigaretten zu je 1,75 DM.

35. Im Erdgeschoß des Neubaus befinden sich 5 Räume mit folgenden Maßen: Küche 4,25 × 3,80 m; Schlafzimmer 4,25 × 4,60 m; Wohnzimmer 4,20 × 4,80 m; Arbeitszimmer 4,20 × 5,45 m und Bad 3,80 × 2,10 m
a) Wieviel m² Parkettfußboden müssen die Handwerker im Wohn- und Arbeitszimmer, b) wieviel m² Steinfußboden im Bad und c) wieviel m² Holzdielen in den übrigen Räumen verlegen?

36. Im Niederrheinischen Braunkohlentagebau ist ein Großbagger in Betrieb, dessen Rad 12 Schaufeln trägt. 1 Schaufel faßt 3,6 m³. Das Rad macht 2,3 Umdr./min. Wieviel m³ werden in 1 Std., 8 Std., 24 Std. bewegt?

37. Der Bau von 1 km Bundesautobahn kostet rd. 2,15 Millionen DM. Es ist eine Baustrecke von 89,75 km vorgesehen.

38. Ein Lastwagen mit einer Ladefähigkeit von 3 t hat folgende Posten geladen: 3 Maschinenteile zu je 0,235 t, 2 Motore zu je 0,436 t, 12 Rohre zu je 0,042 t. Wieviel t dürfen dem Wagen noch zugeladen werden?

39. Ein Güterwagen hat ein Eigengewicht von 12,26 t und kann mit 16,4 t Kohlen beladen werden.   a) Welches Gesamtgewicht zeigt die Gleiswaage für 26 beladene Wagen an?   b) Wieviel Kohlen hatte der Zug geladen?

9.2.4. Rauminhalt (Volumen) von Quader und Würfel

1. **a)** Baue aus Baukastenwürfeln (Einheitswürfeln) **quadratische Säulen, eckige Säulen** und **Würfel** auf.
   b) Stelle fest, aus wieviel cm³ die in Abb. 118.1a) bis d) dargestellten Körper bestehen.

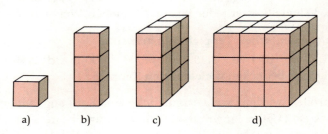

Abb. 118.1

2. Ein Geschenkkarton ist 8 cm lang, 5 cm breit und 3 cm hoch. Wie groß ist sein Rauminhalt?
   Um den Rauminhalt des Kartons auszumessen, muß man feststellen, wieviel Würfel von 1 cm³ Größe in ihn hineinpassen (Abb. 118.2).

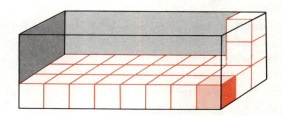

Abb. 118.2

Entlang der Längskante liegen 8 Kubikzentimeterwürfel, entlang der Seitenkante 5. Der gesamte Boden wird demnach von 40 Kubikzentimeterwürfeln bedeckt. Der Karton ist aber 3 cm hoch, enthält also 3 Schichten zu je 40 Würfeln. Es passen insgesamt 120 Kubikzentimeterwürfel hinein.
Ergebnis: Der Rauminhalt beträgt <u>120 cm³</u>.

3. Stelle aus einer Rübe einen Quader von 4 cm Länge, 3 cm Breite und 5 cm Höhe her. Zerlege ihn in 5 Schichten von 1 cm Dicke, zerschneide die unterste Schicht in 3 Säulen von 1 cm Breite und 1 Säule in 4 Würfel von je 1 cm³.
   Es ergibt sich: Der Rauminhalt jeder Säule ist 4 cm³, der jeder Schicht 4 cm³ · 3 und der des ganzen Quaders 4 cm³ · 3 · 5 = <u>60 cm³</u>.

4. Wieviel Preßstrohballen in Würfelform von 1 m³ Größe können in einer Feldscheune von 10 m Länge und 8 m Breite **a)** auf der Bodenfläche, **b)** in 3 übereinandergelagerten Schichten untergebracht werden?

5. Wieviel cm³ (Würfel) können in einem Pappkästchen Platz finden, das 15 cm lang, 10 cm breit und 5 cm hoch ist? Bestimme zuerst die Anzahl in der Bodenschicht, dann die Gesamtzahl in den 5 Schichten.

6. Bestimme auf ähnliche Weise den Rauminhalt 1) einer quadratischen Säule von 6 cm Grundkante und 8 cm Höhe, 2) eines Würfels von 5 cm Kantenlänge.

Der **Rauminhalt von rechteckigen Säulen** (auch **Quader** genannt), **quadratischen Säulen** und **Würfeln** wird in Wirklichkeit **nicht** mit den Raummaßen **ausgemessen** – wie in den voraufgegangenen Übungen – das wäre zu umständlich und bei nicht hohlen Körpern gar nicht möglich, sondern er wird **berechnet** und dann in Raummaßen angegeben. (Abb. 119.1)

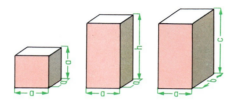

Abb. 119.1

Der Rauminhalt heißt auch Volumen, deshalb setzt man in Formeln, die den Rauminhalt angeben, den Buchstaben V. Die Maßzahl vom

Volumen des Quaders = **Länge · Breite · Höhe**
$V \quad\quad = \quad a \;\cdot\; b \;\cdot\; c$ $\boxed{V = a \cdot b \cdot c}$

Da bei einem Würfel alle Kanten gleich lang sind, beträgt sie vom
Volumen des Würfels:
$V = a \cdot a \cdot a$ $\boxed{V = a^3}$

Da bei einer **quadratischen Säule** die Grundkanten gleich sind, beträgt die Maßzahl ihres Volumens:
$V = a \cdot a \cdot h$ $\boxed{V = a^2 \cdot h}$

Bei der Berechnung des Volumens müssen die **Maßeinheiten** der Länge, Breite und Höhe **einheitlich** sein, d. h., sie müssen alle drei entweder in m oder alle drei in dm oder alle drei in cm angegeben sein. Der einheitlichen Längenbezeichnung in m oder dm oder cm entspricht dann das Raummaß m³ oder dm³ oder cm³.

Aufgaben

1. a) Berechne das Volumen aller Würfel von 1 bis 10 cm Kantenlänge.
   b) Berechne das Volumen folgender Würfel mit den Kanten.
      1) 0,6 m 2) 1,25 m 3) 7,8 cm 4) 2,5 m 5) 12,5 cm

2. Berechne das Volumen folgender quadratischer Säulen.
   Grundkante = a) 0,05 m b) 0,24 m c) 0,8 m   d) 0,45 m e) 0,6 m
   Höhe   =   0,08 m   0,50 m   1,25 m   0,75 m   1,25 m

3. Berechne das Volumen folgender Quader mit den Kanten.
   $a =$ 1) 0,8 m   2) 0,75 m 3) 6,5 m 4) 0,3 m   5) 1,5 m
   $b =$ 0,5 m   0,48 m   4,0 m   0,45 m   0,9 m
   $c =$ 0,4 m   0,42 m   3,5 m   1,5 m   2,5 m

4. Welchen Rauminhalt hat
   a) eine Kiste, die innen 0,60 m lang, 0,50 m breit und 0,40 m hoch ist
   b) ein Koffer, der innen 0,70 m lang, 0,50 m breit und 0,30 m hoch ist
   c) ein Schrank, der innen 1,80 m hoch, 1,20 m breit und 0,30 cm tief ist?

5. Berechne den Laderaum
   a) eines Möbelwagens mit den Maßen 8,1 / 2,5 / 2,1 m
   b) eines Güterwagens mit den Maßen 7,1 / 2,6 / 2,15 m.

6. Die Baugrube für einen Neubau ist 14,90 (18,75) m lang, 8,75 (10,6) m breit und 1,60 (1,85) m tief. Wieviel m³ Erde mußte vom Bagger ausgehoben werden?

9.3. Division

9.3.1. Dezimalbruch in der Kommaschreibweise durch eine natürliche Zahl

Aufgabe: Drei Freunde kaufen 2,25 hl Wein. Wieviel erhält jeder?

Wir schreiben die Zahl mit Komma als Zehnerbruch und dividieren.

$$2{,}25 : 3 = 2\tfrac{25}{100} : 3 = \tfrac{225}{100} : 3 = \tfrac{75}{100} = \underline{0{,}75}$$

Jeder erhält **0,75 hl** Wein.

Wir haben den Zehnerbruch mit dem Nenner 100 durch die ganze Zahl dividiert. Das Ergebnis ist wieder ein Zehnerbruch, den man in der Kommaschreibweise schreiben kann.

kurz: $\boxed{2{,}25 : 3 = 0{,}75}$

Dezimalbrüche I

Dieses Ergebnis erhalten wir kürzer nach folgender Regel:

Man dividiert einen Dezimalbruch in der Kommaschreibweise durch eine natürliche Zahl, indem man beim Überschreiten des Kommas auch im Ergebnis das Komma setzt.

Beispiele: $0,28 : 7 = 0,04 \quad 35,7 : 17 = 2,1 \quad 470,4 : 12 = 39,2$

2. Division durch 10, 100, 1000 usw.

Aufgabe: 1000 kleine gleichgroße Kugellagerkugeln wiegen 245,8 g. Wieviel wiegen 100, 10 Kugeln und wieviel wiegt 1 Kugel?

Wir schreiben die Zahl mit Komma als Zehnerbruch und dividieren:

$245,8 : 10 = 245\frac{8}{10} : 10 = \frac{2458}{10} : 10 = \frac{2458}{100} = 24\frac{58}{100} = \underline{24,58}$

$245,8 : 100 = 245\frac{8}{10} : 100 = \frac{2458}{10} : 100 = \frac{2458}{1000} = 2\frac{458}{1000} = \underline{2,458}$

$245,8 : 1000 = 245\frac{8}{10} : 1000 = \frac{2458}{10} : 1000 = \frac{2458}{10000} = \underline{0,2458}$

kurz: $245,8 : 10 = \underline{24,58} \quad 245,8 : 100 = \underline{2,458} \quad 245,8 : 1000 = \underline{0,2458}$

Die Kugeln wiegen **24,58 g; 2,458 g; 0,2458 g**.

Beachte die Ziffernfolge bei den Gewichten. Wodurch unterscheiden sich die Zahlen nur?

Man dividiert Dezimalbrüche in der Kommaschreibweise durch 10, 100, 1000 usw., indem man das Komma soviel Stellen nach links rückt, wie der Divisor Nullen hat.

Beispiele: $0,8 : 10 = \underline{0,08}; \quad 3,02 : 100 = \underline{0,0302}; \quad 56,98 : 1000 = \underline{0,05698}$

3. Dividend und Divisor sind Dezimalbrüche in der Kommaschreibweise

Wir sorgen durch Erweiterung der Divisionsaufgabe – die sich ja als ein Bruch auffassen läßt – dafür, daß im Divisor kein Komma mehr steht. Dann läßt sich nach der Rechenregel für die Division durch eine natürliche Zahl weiterrechnen.

Aufgabe: Irmgard zahlte für 2,5 l Milch 1,45 DM. Wie teuer ist 1 l?

$1,45 : 2,5 = 1\frac{45}{100} : 2\frac{5}{10} = \frac{145}{100} : \frac{25}{10} = \frac{145}{100}(\cdot 10) : \frac{25}{10}(\cdot 10) = \frac{1450}{100} : 25 = \frac{58}{100} = \underline{0,58}$

1 l Milch kostet **0,58 DM**

Dezimalbrüche I

Wir haben beide Zahlen in Zehnerbrüche verwandelt und Dividend und Divisor hier mit 10 multipliziert, also mit 10 erweitert.

kurz: $\boxed{1{,}45 : 2{,}5 = 14{,}5 : 25 = \underline{0{,}58}}$

Dieses Ergebnis erhalten wir demnach schneller durch folgende Regel:

Um einen Dezimalbruch durch einen Dezimalbruch in der Kommaschreibweise zu dividieren, rückt man beide Kommas um soviel Stellen nach rechts, daß der Divisor zu einer natürlichen Zahl wird.

Beispiele: $0{,}56 : 0{,}8 = 5{,}6 : 8 = \underline{0{,}7}$; $1{,}08 : 0{,}024 = 1080 : 24 = \underline{45}$;
$90 : 3{,}6 = 900 : 36 = \underline{25}$

Aufgaben

Mündlich und halbschriftlich

1. Verwandle folgende Zahlen erst in gemeine Brüche, dann dividiere.
   a) 3,14 DM : 2   b) 17,50 hl : 5   c) 2,52 dz : 9   d) 46,90 m : 7

2. Dividiere

	1)	2)	3)	4)	5)	6)	7)	
a)	0,9	1,2	2,1	4,2	0,24	8,19	5,22	: 3
b)	0,8	2,8	4,4	4,8	0,28	7,64	9,96	: 4
c)	0,7	5,6	2,1	3,5	0,28	0,49	7,63	: 7
d)	0,8	2,4	8,8	8,0	0,64	9,68	5,68	: 8

3. Dividiere
   a) 0,1 : 2   b) 1,2 : 8   c) 3,0 : 5   d) 1,4 : 4   e) 0,32 : 5
   f) 6,8 : 8   g) 2,48 : 4   h) 16,5 : 15   i) 1,02 : 17   k) 3,64 : 14
   l) 0,162 : 18   m) 12,6 : 18   n) 0,355 : 5   o) 0,136 : 17   p) 14,4 : 12

4. Wieviel ist $\frac{1}{2}$ von 4,7? — $\frac{1}{2}$ von $4{,}7 = 4{,}7 : 2 = \underline{2{,}35}$

Berechne ebenso.

		1)	2)	3)	4)	5)	
a)	$\frac{1}{2}$ von	6,3	4,9	0,17	6,13	4,15	DM
b)	$\frac{1}{4}$ von	7,4	9,8	0,22	3,06	6,62	m

5. Wieviel ist $\frac{2}{3}$ von 2,7? — $\frac{2}{3}$ von $2{,}7 = (2{,}7 : 3) \cdot 2 = 0{,}9 \cdot 2 = \underline{1{,}8}$

Berechne ebenso.

	a)	b)	c)	d)	e)
	$\frac{2}{3}$ von	$\frac{4}{5}$ von	$\frac{5}{8}$ von	$\frac{3}{4}$ von	$\frac{5}{6}$ von
1)	1,5	4,5	5,6	2,4	4,8
2)	3,6	13,5	14,4	17,2	9,6

6. Rechenvorteile! Erkläre folgende Umformungen und rechne weiter.

Beispiele:
a) $7{,}92 : 8 = 1 - 0{,}01 =$ _____
b) $3{,}70 : 5 = 0{,}37 \cdot 2 =$ _____
c) $3{,}70 : 5 = 7{,}40 : 10 =$ _____
d) $4{,}20 : 15 = 8{,}40 : 30 = 0{,}84 : 3 =$ _____
e) $4{,}20 : 15 = 4{,}20 : 5 : 3 =$ _____
f) $15{,}5 : 25 = 62 : 100 =$ _____

7. Rechne vorteilhaft.
a) $4{,}80 : 15$ b) $5{,}58 : 18$ c) $16{,}8 : 12$ d) $8{,}7 : 5$ e) $16{,}2 : 20$
f) $6{,}35 : 25$ g) $6{,}6 : 15$ h) $8{,}82 : 18$ i) $34{,}8 : 12$ k) $17{,}9 : 5$

8. Erkläre die folgenden vorteilhaften Verwandlungen und rechne.

Beispiele:
a) $0{,}52 \cdot 0{,}5 = 0{,}52 : 2 =$ _____
b) $1{,}08 \cdot 0{,}25 = 1{,}08 : 4 =$ _____
c) $5{,}2 \cdot 0{,}75 = (5{,}2 : 4) \cdot 3 =$ _____
d) $6{,}4 \cdot 3{,}5 = (6{,}4 : 2) \cdot 7 =$ _____

9. Rechne vorteilhaft.
a) $0{,}78 \cdot 0{,}5$ b) $1{,}12 \cdot 0{,}25$ c) $3{,}6 \cdot 0{,}75$ d) $1{,}44 \cdot 1{,}5$
e) $8{,}8 \cdot 2{,}5$ f) $7{,}2 \cdot 1{,}25$ g) $3{,}26 \cdot 0{,}5$ h) $34{,}8 \cdot 0{,}25$
i) $18{,}4 \cdot 0{,}75$ k) $2{,}6 \cdot 1{,}5$ l) $2{,}12 \cdot 2{,}5$ m) $10{,}4 \cdot 1{,}25$

10. Setze für die Platzhalter der Gleichungen den richtigen Divisor ($\square \in \mathbb{N}$).
a) $16{,}8 : \square = 4{,}2$ b) $0{,}9 : \square = 0{,}3$ c) $0{,}9 : \square = 0{,}03$
d) $21{,}6 : \square = 0{,}54$ e) $3{,}5 : \square = 1{,}75$ f) $12{,}5 : \square = 3{,}125$

11. Dividiere durch 10, 100, 1000, 10 000.
a) $1128{,}3$ b) $354{,}64$ c) $345{,}7$ d) $0{,}5$ e) $425{,}63$ f) $25{,}775$
g) $226{,}54$ h) $61{,}08$ i) $9{,}6$ k) $17{,}16$ l) $0{,}096$ m) $155{,}5$

12. Womit wurden folgende Divisionsaufgaben erweitert, damit der Divisor eine ganze Zahl wurde?
a) $2{,}4 : 0{,}6 = 24 : 6 = \underline{4}$
b) $0{,}45 : 0{,}9 = 4{,}5 : 9 = \underline{0{,}5}$
c) $1{,}44 : 1{,}2 = 14{,}4 : 12 = \underline{1{,}2}$
d) $0{,}9 : 0{,}3 = 9 : 3 =$ _____
e) $1{,}5 : 0{,}25 = 150 : 25 =$ _____
f) $1{,}32 : 0{,}165 = 1320 : 165 =$ _____
g) $0{,}24 : 0{,}6 = 2{,}4 : 6 =$ _____
h) $0{,}01 : 0{,}02 = 1 : 2 =$ _____

13. Dividiere
a) $0{,}8 : 0{,}2$ b) $0{,}9 : 0{,}3$ c) $1{,}2 : 0{,}4$ d) $1 : 0{,}5$ e) $3{,}3 : 1{,}1$
f) $3{,}6 : 1{,}2$ g) $5{,}2 : 1{,}3$ h) $7{,}0 : 1{,}4$ i) $7{,}2 : 1{,}8$ k) $9{,}6 : 2{,}4$
l) $10{,}8 : 3{,}6$ m) $13{,}5 : 4{,}5$ n) $0{,}15 : 0{,}05$ o) $0{,}36 : 0{,}09$ p) $0{,}90 : 0{,}15$

14. Dividiere   **a)** 1; 2; 4; 5; 10 : 0,1 (0,2)   **b)** 8; 20; 25; 50; 100 : 0,02 (0,05)

15. Dividiere
  a) 3 (6; 12; 18) : 0,3   **b)** 2 (4; 8; 16) : 0,4   **c)** 12 (24; 3; 15) : 0,6
  d) 9 (18; 45; 90) : 0,9   **e)** 6 (24; 18; 36) : 1,2   **f)** 6 (12; 18; 24) : 1,5
  g) 3 (9; 12; 6) : 0,06   **h)** 2 (4; 8; 10) : 0,08   **i)** 3 (6; 12; 36) : 0,12

16. Setze für die Platzhalter folgender Gleichungen die passenden Zahlen. Rechne und mache dann die Probe.

> **Beispiel:** 0,02 : □ = 0,5
> 0,02 : 0,5 = □   (denn Dividend : Quotient = Divisor)
> 0,2 : 5 = 0,04 $\mathbb{L} = \{\,0,04\,\}$
> Probe: 0,02 : 0,04 = 2 : 4 = 0,5

  a) 4,0 : □ = 8,0   **b)** 2,0 : □ = 2,5   **c)** 3,0 : □ = 15,0
  d) 2,4 : □ = 1,0   **e)** 0,3 : □ = 6,0   **f)** 0,5 : □ = 1,25

17. Erkläre folgende Berechnungen durch Rechenvorteile und rechne weiter.
  a) 15 : 0,5 = 30 : 1 =   **b)** 8 : 0,25 = 32 : 1 =   **c)** 2,1 : 1,5 = 4,2 : 3 =
  d) 42 : 3,5 = 84 : 7 =   **e)** 495 : 4,5 = 990 : 9 =   **f)** 2,88 : 1,8 = 14,4 : 9 =

18. Rechne ebenso vorteilhaft.
  a) 22 : 0,5   **b)** 11 : 0,25   **c)** 24 : 1,5   **d)** 20 : 2,5   **e)** 77 : 3,5
  f) 2,34 : 1,8   **g)** 8,4 : 0,5   **h)** 2,7 : 0,25   **i)** 3,6 : 1,5   **k)** 2,8 : 2,5

Schriftlich

> **Beispiele:**
> 372,95 : 5   Rechne   Kürzer
>   372,95 : 5 = 74,59   372,95 : 5 = 74,59
> Überschlage   22   Beachte auch das Kürzen durch
> 375 : 5 = 75   29   gleichsinnige Kommaverschiebung
>   45   1,565 : 50 = 0,1565 : 5 = 0,0343
>   25387,5 : 2500 = 253,875 : 25 = 10,155

19. Dividiere
  a) 3728,65 : 5   **b)** 4379,52 : 8   **c)** 8463,51 : 9   **d)** 349,28 : 4
  e) 0,7434 : 6   **f)** 543,27 : 7   **g)** 0,972 : 4   **h)** 0,00208 : 8

20. Rechne ebenso.
  a) 3497,10 : 15   **b)** 856,46 : 22   **c)** 0,575 : 25   **d)** 860,475 : 75
  e) 4785,344 : 32 **f)** 8,22129 : 35 **g)** 3348,60 : 24 **h)** 73 004,8 : 17
  i) 5,96343 : 33   **k)** 9414,396 : 45 **l)** 2004,736 : 64 **m)** 10 133,2 : 98

21. Berechne und brich die Division 3 Wertstellen nach dem Komma ab; beachte dabei das ordnungsgemäße Runden.
    a) 8520,09 : 723
    b) 0,067397 : 251
    c) 2007,46 : 594
    d) 156 349,2 : 476
    e) 879,436 : 198
    f) 78,6123 : 103
    g) 0,115864 : 242
    h) 11,3875 : 125
    i) 364,529 : 324
    k) 0,109557 : 111
    l) 0,493421 : 125
    m) 283,528 : 556

22. Kürze erst durch 10 (100); dividiere nach der Kommaverschiebung.
    a) 2,755 : 50
    b) 24,632 : 80
    c) 9117,072 : 720
    d) 728,534 : 450
    e) 834,282 : 180
    f) 547,449 : 240
    g) 178,61 : 70
    h) 676,2 : 300
    i) 53,58 : 600

23. Kürze erst am Bruchstrich, dann rechne.
    a) $\dfrac{8,25 \cdot 10 \cdot 72}{9 \cdot 66}$
    b) $\dfrac{7,52 \cdot 9}{5 \cdot 4}$
    c) $\dfrac{36,72 \cdot 4,5}{75}$
    d) $\dfrac{1,4 \cdot 35}{40}$
    e) $\dfrac{0,75 \cdot 162}{5 \cdot 9 \cdot 4}$
    f) $\dfrac{85 \cdot 181,09 \cdot 3}{7 \cdot 5 \cdot 17}$

24. Bei den folgenden Divisionsaufgaben sind die Ergebnisse Dezimalbrüche, die nicht zu Ende gehen. Immer kehrt die gleiche Ziffer oder Zifferngruppe wieder, solange wir auch die Division fortsetzen.
    Diese **nichtendlichen (oder nichtabbrechenden) Dezimalbrüche in der Kommaschreibweise** wollen wir später genauer untersuchen.

    Beispiele:
    a) 2,5 : 3 = 0,8333...   oder 0,8$\overline{3}$
       10
       10
       10

    b) 44,2 : 11 = 4,0181818...   oder 4,0$\overline{18}$
       20
       90
       20
       90
       20
       90

    c) 691,7 : 6 = 115,28333...   oder 115,28$\overline{3}$
       31
       17
       50
       20

    Über die sich wiederholenden Ziffern setzt man kürzer einen Strich.

25. Rechne folgende Divisionsaufgaben, die auf Dezimalbrüche mit nichtendlich vielen Stellen führen.
    a) 379,58 : 3
    b) 275,83 : 3
    c) 457,24 : 3
    d) 7829,6 : 3
    e) 379,58 : 6
    f) 275,83 : 6
    g) 457,24 : 6
    h) 7829,6 : 6
    i) 379,58 : 9
    k) 275,83 : 9
    l) 457,24 : 9
    m) 7829,6 : 9

Dezimalbrüche I

26. Rechne ferner.

a) 77,7 : 11   b) 36,5 : 18   c) 96,2 : 15   d) 73,7 : 12
e) 744,7 : 24 f) 109,5 : 36 g) 27,2 : 45   h) 890,1 : 27

Beispiele:

a) Jemand zahlte für 3,25 m Stoff 137,15 DM. Wieviel kostet 1 m?
   137,15 : 3,25 = 13715 : 325 = 42,20   1 m Stoff kostet 42,20 DM.

	1300		
Überschlage	715	Kürzer	Neunerrest-
135 : 3 = 45	650	13715 : 325 = 42,20	probe
	650	715	8
	650	650	1 × 8
			8

b) 95,12 : 0,125 = 95120 : 125 = 760,96

c) 0,9512 : 2,4 = 9,512 : 24 = 0,396̄3   Prüfe nach!

---

27. Überschlage das Ergebnis vor dem Dividieren.

a) 95,2 : 0,7   b) 76,5 : 1,5   c) 79,04 : 0,76   d) 18,48 : 0,84
e) 540,33 : 0,007 f) 29,457 : 0,09 g) 67,2 : 1,2   h) 1,26 : 0,06
i) 35,4 : 1,2   k) 26,25 : 1,25 l) 75,375 : 0,025 m) 86,795 : 2,5

28. Runde das Ergebnis auf 3 Dezimalen, wenn die Division nicht aufgeht.

a) 456,8 : 7,2   b) 36,5 : 2,4   c) 27,21 : 0,036 d) 74,34 : 0,27
e) 3592,8 : 0,45 f) 804,06 : 0,63 g) 725,01 : 5,5   h) 8397,25 : 12,5
i) 931,1 : 0,25 k) 35,6 : 0,08   l) 53,5 : 0,125   m) 326,35 : 0,305
n) 0,56 : 0,375 o) 0,08 : 35,6   p) 0,125 : 53,5   q) 291,2 : 1,04

29. Beseitige das Komma im Nenner durch gleichsinnige Kommaverschiebung am Bruchstrich, kürze dann und rechne.

a) $\dfrac{48{,}45 \cdot 11}{13{,}5}$ b) $\dfrac{7{,}36 \cdot 15}{2{,}4}$ c) $\dfrac{9{,}6 \cdot 2{,}7}{12{,}4}$ d) $\dfrac{56{,}4 \cdot 14{,}4}{7{,}2 \cdot 0{,}56}$

e) $\dfrac{3{,}72 \cdot 5{,}1}{2{,}7 \cdot 0{,}34}$ f) $\dfrac{9{,}48 \cdot 38}{2{,}52 \cdot 5{,}7}$ g) $\dfrac{17{,}57 \cdot 16{,}1}{3{,}5 \cdot 0{,}25}$ h) $\dfrac{3{,}15 \cdot 6{,}35}{1{,}125 \cdot 3{,}06}$

30. Wir dividieren beide Seiten folgender Ungleichungen durch 4 (0,4).

a) 3,2 > 2,8   b) 3,2 > 2,8   c) 3,2 < 5,6   d) 3,2 < 5,6

   $\dfrac{3{,}2}{4} > \dfrac{2{,}8}{4}$ $\dfrac{3{,}2}{0{,}4} > \dfrac{2{,}8}{0{,}4}$ $\dfrac{3{,}2}{4} < \dfrac{5{,}6}{4}$ $\dfrac{3{,}2}{0{,}4} < \dfrac{5{,}6}{0{,}4}$

   0,8 > 0,7   8 > 7   0,8 < 1,4   8 < 14

Wir erkennen, daß in jedem Fall die Aussage über die **Ungleichheitsbeziehung wahr** (die gleiche) geblieben ist. – Fasse das zu einer Regel zusammen.

9.3.4. Aufgaben, die auf die einfachen Gleichungen $x \cdot y = z$, $\frac{z}{x} = y$, $\frac{z}{y} = x$ zurückzuführen sind.

31. Berechne die fehlenden Posten.
Im Lohnbüro:

Arbeitsstunden (x) · Stundenlohn (y) = Wochenlohn (z)

	a)	b)	c)
Arbeitsstd. (x):	45 (42) Std.	40 (43,5) Std.	x (x) Std.
Stundenlohn (y):	4,50 (4,25) DM	y (y) DM	4,85 (4,80) DM
Wochenlohn (z):	z (z) DM	158,00 (191,40) DM	213,40 (223,20) DM

$$x \cdot y = z \qquad \frac{z}{x} = y \qquad \frac{z}{y} = x$$

32. Berechne die fehlenden Zahlen.
Beim Autobusunternehmer:

Fahrstrecke (x) · Autobus-km-Preis (y) = Rechnungsbetrag (z)

	a)	b)	c)
Fahrstrecke (x):	420 (180) km	240 (326) km	x (x) km
km-Preis (y):	0,90 (1,15) DM	y (y) DM	0,98 (1,28) DM
Rechn. Betr. (z):	z (z) DM	228,00 (342,30) DM	769,30 (609,28) DM

$$x \cdot y = z \qquad \frac{z}{x} = y \qquad \frac{z}{y} = x$$

33. Berechne die fehlenden Größen.
Auf der Autobahn:

Durchschnittsgeschwindigkeit (c) · Fahrzeit (t) = Fahrweg (s)

	a)	b)	c)
Geschwindigkeit (c):	80 (90) km/h	110 (84) km/h	c (c) km/h
Fahrzeit (t):	4,5 (5,25) h	t (t) h	3,5 (5,25) h
Fahrweg (s):	s (s) km	412,5 (357) km	420 (693) km

$$c \cdot t = s \qquad \frac{s}{c} = t \qquad \frac{s}{t} = c$$

34. Berechne die fehlenden Angaben.
Vom Warenumsatz:

Warenmenge (x) · Preis der Einheit (y) = Gesamtbetrag (z)

Maßeinheiten der Ware sind: m, Stck., l, m^2, m^3, kg, u. a.

	a)	b)
Warenmenge (*x*):	2,50 m (14 Stck.)	28,4 m² (6350 l)
Preis der Einheit (*y*):	13,20 (6,85) DM	*y* (*y*) DM
Gesamtbetrag (*z*):	*z* (*z*) DM	137,74 (762,00) DM

$$x \cdot y = z \qquad \frac{z}{x} = y$$

c)

Warenmenge (*x*):	*x* m³ (*x*) m³
Preis der Einheit (*y*):	0,27 (8,25) DM
Gesamtbetrag (*z*):	17,28 (6,93) DM

$$\frac{z}{y} = x$$

35. Eine Baufirma läßt Zement in Großbehältern der Bundesbahn anfahren, die 7,6 m³ Fassungsraum besitzen. Wieviel Behälter sind für 90,5 (174,8) m³ Zement notwendig?

36. Ein Hüttenwerk benötigt täglich 2200 t Eisenerz. Wieviel Güterwagen von 27,5 t Tragfähigkeit sind dafür erforderlich?

37. Ein Schleppkahn hat 1225 (1550) t Kohlen geladen. Wieviel Güterwagen von 22,5 (27,5) t Tragfähigkeit würden zum Versand der gleichen Kohlenmenge benötigt?

38. a) Die Geschwindigkeit von Schiffen gibt man in Knoten an (1 Knoten = 1 sm pro Std. = 1,852 km/h). Ein großes Fahrgastschiff legt in einer Stunde 48,2 (40,8) km zurück. Wieviel Knoten sind das?

b) Ein Motorboot fährt mit einer Geschwindigkeit von 9 m in der Sekunde. In welcher Zeit legt es 1) 1 km, 2) 1 Seemeile zurück?

39. Das Rad eines Personenautos hat einen Umfang von 1,76 (1,57) m. Wie oft dreht es sich auf der Fahrt von Stuttgart bis Bochum = 487 km (von Karlsruhe bis Berlin = 673 km)?

40. Ein Sportwagen fuhr bei einer Testfahrt auf der Autobahn in einer Minute 2,05 (1,75) km. Wieviel Zeit benötigt er für 24,6 (332,5) km?

9.4. Mittelwertbildung

Beim Ballwurf erzielt Andreas Würfe von 36,4 m, 45,7 m und 37,6 m.
a) Wieviel m beträgt die Gesamtweite seiner Würfe?
b) Wieviel m hat er im Mittel geworfen? (Abb. 129.1)

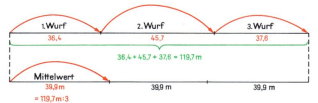

Abb. 129.1

Die Gesamtweite von 119,7 m hätte Andreas auch mit 3 gleichweiten Würfen von 39,9 m erzielt. Dieser Mittelwert läßt sich berechnen:

$$\frac{36{,}4\text{ m} + 45{,}7\text{ m} + 37{,}6\text{ m}}{3} = \frac{119{,}7\text{ m}}{3} = \underline{39{,}9\text{ m}}; \text{ allgemein } m = \frac{a+b+c}{3}$$

Man erhält den Mittelwert aus den Einzelwerten, indem man ihre Summe durch die Anzahl der Einzelwerte dividiert.

$$\text{allgemein: } m = \frac{a+b+c+d+\ldots}{n}$$

Aufgaben

1. Jürgens Leistung bei 7 Sprüngen:

a) Hochsprung | 0,96 m | 1,05 m | 1,00 m | 1,08 m | 1,12 m | 0,99 m | 1,01 m
b) Weitsprung | 3,15 m | 3,98 m | 4,05 m | 3,36 m | 3,61 m | 3,81 m | 3,30 m

Berechne seine mittleren Leistungen.

2. Berechne den Mittelwert von

a) 36 und 54 b) 73 und 19 c) 1,7 und 8,5 d) 5,4 und 6,8
e) 5; 7 und 9 f) 31; 25 und 43 g) 36; 40 und 52,9
h) $\frac{2}{7}, \frac{4}{7}$ und $\frac{6}{7}$ i) $\frac{1}{2}, \frac{2}{3}, \frac{3}{4}$ und $\frac{5}{6}$ k) a und b l) x, y und z

3. Berechne ebenso.

a) 13,50 DM; 15,22 DM; 15,80 DM; 19,18 DM; 17,75 DM und 19,77 DM
b) 198,927 kg; 217,358 kg; 200,932 kg; 184,760 kg und 199,463 kg

4. Berechne die mittlere Klassenstärke einer ländlichen Schule:

Klasse	5	6	7	8	9	10
Schülerzahl	48	49	41	37	35	33

5. Welches sind die Mittelwerte der Noten

a) deiner deutschen Diktate, b) deiner deutschen Aufsätze,
c) deiner Englischarbeiten, d) deiner Mathematikarbeiten?

6. Die Fahrer einer Werksmannschaft fahren auf einer Rennstrecke folgende Trainingszeiten: 1.58.46, 2.00.17, 1.57.18, 2.01.59, 2.05.50 (h, min., sek.). Berechne den Mittelwert der erzielten Zeiten.

Dezimalbrüche I

10. Dezimalbrüche und gewöhnliche Bruchzahlen

10.1. Endliche Dezimalbrüche in der Kommaschreibweise

Bruchzahlen sind Quotienten natürlicher Zahlen. Wie wir schon wissen, läßt sich jeder Quotient als eine Divisionsaufgabe auffassen. Führt man die Division aus, so entstehen Zahlen mit Komma. Wir sahen, daß diese **endlich** oder **nichtendlich** sein können, d. h. die Division bricht ab oder sie läßt sich immer weiter fortsetzen.

Endliche Dezimalbrüche stellen gewöhnliche Brüche dar, die durch einfaches Erweitern oder Kürzen in **Zehnerbrüche** verwandelt werden können.

Wir wollen beide Verfahren üben:

Beispiele:

a) $\frac{3}{5} = \frac{3 \cdot 2}{5 \cdot 2} = \frac{6}{10} = \underline{0{,}6}$
$\frac{3}{5} = 3 : 5 = \underline{0{,}6}$

b) $\frac{9}{20} = \frac{9 \cdot 5}{20 \cdot 5} = \frac{45}{100} = \underline{0{,}45}$
$\frac{9}{20} = 9 : 20 = \underline{0{,}45}$

c) $\frac{5}{8} = \frac{5 \cdot 125}{8 \cdot 125} = \frac{625}{1000} = \underline{0{,}625}$
$\frac{5}{8} = 5 : 8 = \underline{0{,}625}$

d) $\frac{72}{200} = \frac{72 : 2}{200 : 2} = \frac{36}{100} = \underline{0{,}36}$
$\frac{72}{200} = 72 : 200 = \underline{0{,}36}$

Sprich stets:

a) 0,6 = 0 Komma 6
b) 0,45 = 0 Komma 4–5
c) 0,625 = 0 Komma 6–2–5
d) 0,36 = 0 Komma 3–6

Wenn wir die Nenner der Bruchzahlen in ihre Primfaktoren zerlegen, so erhalten wir:

a) 5
b) $20 = 2 \cdot 2 \cdot 5$
c) $8 = 2 \cdot 2 \cdot 2$
d) $200 = 2 \cdot 2 \cdot 2 \cdot 5 \cdot 5$
e) $80 = 2 \cdot 2 \cdot 2 \cdot 2 \cdot 5$
f) $16 = 2 \cdot 2 \cdot 2 \cdot 2$

Gekürzte Bruchzahlen, in deren Nenner nur die Primfaktoren 2 oder 5 vorkommen, lassen sich mit endlich vielen Stellen nach dem Komma schreiben.

Wir wiederholen und schreiben als gewöhnliche Brüche:

$0{,}7 = \underline{\frac{7}{10}}$; $\quad 0{,}59 = \underline{\frac{59}{100}}$; $\quad 0{,}65 = \frac{65}{100} = \underline{\frac{13}{20}}$; $\quad 2{,}875 = 2\frac{875}{1000} = 2\underline{\frac{7}{8}}$

Aufgaben

Mündlich und schriftlich

1. Verwandle die folgenden Bruchzahlen (Kernbrüche), die nicht mehr zu kürzen sind, durch **Erweitern** in Zehnerbrüche und schreibe sie dann in der Kommaschreibweise.
   a) $\frac{1}{2}, \frac{1}{5}, \frac{2}{5}, \frac{3}{5}, \frac{4}{5}, \frac{1}{4}, \frac{3}{4}, \frac{1}{8}, \frac{3}{8}, \frac{5}{8}, \frac{7}{8}$ b) $\frac{1}{10}, \frac{7}{20}, \frac{11}{20}, \frac{1}{25}, \frac{3}{25}, \frac{7}{25}, \frac{11}{25}, \frac{1}{50}, \frac{9}{50}, \frac{23}{50}, \frac{31}{50}$
   c) $\frac{1}{40}, \frac{3}{40}, \frac{7}{40}, \frac{9}{40}, \frac{13}{40}, \frac{1}{200}, \frac{9}{200}, \frac{37}{200}, \frac{1}{250}, \frac{23}{250}, \frac{1}{500}$

2. Zerlege die Nenner der vorstehenden Aufgaben in Primfaktoren.

3. Verwandle die folgenden Brüche durch **Kürzen** in Zehnerbrüche und schreibe sie dann in der Kommaschreibweise.
   a) $\frac{4}{20}$ b) $\frac{18}{20}$ c) $\frac{3}{30}$ d) $\frac{27}{30}$ e) $\frac{12}{40}$ f) $\frac{32}{40}$ g) $\frac{18}{60}$ h) $\frac{26}{200}$ i) $\frac{42}{300}$ k) $\frac{96}{400}$

4. Kürze folgende Brüche, so daß sie nicht weiter zu kürzen sind, und verwandle dann die Kernbrüche durch **Dividieren** in Dezimalbrüche in der Kommaschreibweise.
   a) $\frac{14}{16}$ b) $\frac{9}{12}$ c) $\frac{6}{15}$ d) $\frac{8}{20}$ e) $\frac{6}{8}$ f) $\frac{3}{6}$ g) $\frac{11}{22}$ h) $\frac{7}{28}$ i) $\frac{14}{35}$ k) $\frac{21}{56}$

5. Verwandle ebenso folgende gemischte Zahlen.
   a) $2\frac{1}{5}$ b) $3\frac{1}{2}$ c) $4\frac{3}{4}$ d) $6\frac{5}{8}$ e) $5\frac{7}{20}$ f) $9\frac{16}{25}$ g) $10\frac{3}{16}$ h) $12\frac{15}{32}$ i) $15\frac{17}{40}$

6. Schreibe folgende Zahlen als Zehnerbrüche und kürze dann, wo es geht.
   a) 0,5; 0,2; 0,4; 0,6; 0,8; 0,3; 0,7; 3,8; 2,9; 4,5; 8,4; 9,1
   b) 0,25; 0,75; 0,64; 0,05; 1,24; 2,35; 6,08; 3,15; 5,06; 6,52
   c) 0,125; 0,375; 0,625; 1,875; 2,025; 3,005; 1,008; 7,075; 4,056

10.2. Sofortperiodische Dezimalbrüche

1. Es gibt Bruchzahlen, die in der Kommaschreibweise **nichtendlich** sind.
   a) $\frac{1}{9} = 1 : 9 = 0,111\ldots = \underline{0,\overline{1}}$ b) $\frac{5}{11} = 5 : 11 = 0,454545\ldots = \underline{0,\overline{45}}$
   c) $\frac{31}{111} = 31 : 111 = 0,279279\ldots = \underline{0,\overline{279}}$ d) $\frac{1}{7} = 1 : 7 = \underline{0,\overline{142857}}$

Sprich: a) $0,\overline{1}$ = 0 Komma Periode 1   b) $0,\overline{45}$ = 0 Komma Periode 4–5
   c) $0,\overline{279}$ = 0 Komma Periode 2–7–9
   d) $0,\overline{142857}$ = 0 Komma Periode 1–4–2–8–5–7

Die Division bricht nicht ab, da immer wieder ein Rest bleibt. Immer kehren im Ergebnis gleiche Ziffern oder Ziffernfolgen **periodisch** wieder. Da sich diese **Perioden** beliebig oft wiederholen und sofort nach dem Komma beginnen, nennt man diese nicht abbrechenden Dezimalbrüche in der Kommaschreibweise **sofortperiodisch**.

Dezimalbrüche II

Wenn wir die Nenner der obigen Bruchzahlen untersuchen, so stellen wir fest, daß die Primzahlen 2 und 5 nicht vorkommen:

a) $9 = 3 \cdot 3$ **b)** 11 **c)** $111 = 3 \cdot 37$ **d)** 7

Wenn die Primfaktoren 2 und 5 im Nenner einer gekürzten Bruchzahl fehlen, so ergibt sie einen sofortperiodischen nichtendlichen Dezimalbruch in der Kommaschreibweise.

Beachte, daß $0,\overline{1} \neq \frac{1}{10}$, also **kein Zehnerbruch** ist. 0,1 ist ein **Näherungswert** von $0,\overline{1}$. Der **genaue Wert** von $0,\overline{1} = 0,111\ldots$ ist $\frac{1}{9}$. Es ist $\frac{1}{10} < \frac{1}{9}$, also $0,1 < 0,\overline{1}$.

$0,\overline{45} \neq 0,45$; 0,45 ist ein Näherungswert von $0,\overline{45}$. Der **genaue Wert** von $0,\overline{45} = 0,4545\ldots = \frac{45}{99} = \frac{5}{11}$. Es ist $\frac{45}{100} < \frac{45}{99}$, also $0,45 < 0,\overline{45}$.

2. Wie verwandeln wir nun sofortperiodische Dezimalbrüche in gemeine Brüche?

Beispiele:

$0,\overline{8} = x$	$0,\overline{63} = x$
Das 10fache $= 8,\overline{8}$	Das 100fache $= 63,\overline{63}$
,, 1 ,, $= 0,\overline{8}$	,, 1 ,, $= 0,\overline{63}$
Das 9fache $= 8$	Das 99fache $= 63$
,, 1 ,, $= \frac{8}{9}$	,, 1 ,, $= \frac{63}{99}$
$0,\overline{8} = \frac{8}{9}$	$0,\overline{63} = \frac{63}{99} = \frac{7}{11}$

10

Vergleiche die Stellenzahl der Periode mit der Anzahl der Neunen im Nenner. Was kommt in den Zähler, was in den Nenner?

Man verwandelt einen sofortperiodischen Dezimalbruch in einen gemeinen Bruch, indem man die Periode in den Zähler und in den Nenner soviel Neunen setzt, wie die Periode Stellen hat. (Kürze, wenn möglich.)

Aufgaben

1. Verwandle folgende Bruchzahlen durch **Erweitern** in sofortperiodische Dezimalbrüche. Untersuche die Nenner; welche Primfaktoren kommen vor?

Beispiele: $\frac{8}{9} = 0,\overline{8}$; $\frac{3}{11} = \frac{27}{99} = 0,\overline{27}$; $\frac{7}{33} = \frac{21}{99} = 0,\overline{21}$

a) $\frac{1}{3}$ **b)** $\frac{2}{9}$ **c)** $\frac{2}{3}$ **d)** $\frac{5}{9}$ **e)** $\frac{7}{9}$ **f)** $8\frac{2}{11}$ **g)** $\frac{2}{33}$ **h)** $\frac{7}{11}$ **i)** $5\frac{8}{11}$

2. Verwandle durch **Division** in sofortperiodische Dezimalbrüche:

a) $4\frac{4}{9}$ **b)** $8\frac{2}{99}$ **c)** $\frac{10}{11}$ **d)** $\frac{8}{9}$ **e)** $\frac{25}{27}$ **f)** $\frac{1}{7}$ **g)** $\frac{8}{13}$ **h)** $5\frac{6}{7}$ **i)** $6\frac{8}{21}$

3. Verwandle in Dezimalbrüche.

a) $\frac{23}{99}$ b) $\frac{3}{7}$ c) $2\frac{4}{33}$ d) $\frac{4}{13}$ e) $1\frac{5}{7}$ f) $3\frac{5}{999}$ g)* $\frac{3}{17}$ h)* $12\frac{2}{19}$ i)* $\frac{15}{23}$

(* Solche Bruchzahlen vom Nenner n **können** höchstens eine (n-1)-stellige Periode haben.)

4. Verwandle die folgenden sofortperiodischen Dezimalbrüche in gemeine Brüche bzw. gemischte Zahlen. Kürze, wenn möglich.

> **Beispiele:** $0,\overline{6} = \frac{6}{9} = \frac{2}{3}$ $3,\overline{18} = 3\frac{18}{99} = 3\frac{2}{11}$ $0,\overline{054} = \frac{54}{999} = \frac{2}{37}$

a) $0,\overline{3}$ b) $0,\overline{4}$ c) $2,\overline{6}$ d) $6,\overline{7}$ e) $0,\overline{27}$ f) $4,\overline{45}$ g) $0,\overline{81}$ h) $5,\overline{54}$
i) $0,\overline{459}$ k) $0,\overline{279}$ l) $9,\overline{351}$ m) $10,\overline{225}$ n) $0,\overline{3126}$ o) $2,\overline{4521}$

0.3. Nichtsofortperiodische Dezimalbrüche

1. Es gibt weiterhin Bruchzahlen, die durch Division nichtendliche Dezimalbrüche ergeben, deren Perioden aber nicht sofort nach dem Komma beginnen. Sie haben eine oder mehrere **Vorziffern**, die nach dem Komma der Periode vorangehen.

Untersuche die Nenner folgender Bruchzahlen, deren Quotienten **periodische Dezimalbrüche mit Vorziffern** sind:

> a) $\frac{11}{30} =$ 11 : 30 = 0,3666... = $0,3\overline{6}$ Sprich: 0 Komma 3 Periode 6
> b) $\frac{5}{12} =$ 5 : 12 = 0,41666... = $0,41\overline{6}$ 0 Komma 4–1 Periode 6
> c) $\frac{7}{22} =$ 7 : 22 = 0,31818... = $0,3\overline{18}$ 0 Komma 3 Periode 1–8
> d) $\frac{2}{15} =$ 2 : 15 = 0,1333... = $0,1\overline{3}$ 0 Komma 1 Periode 3

Wir stellen fest, daß im Nenner obiger Bruchzahlen außer anderen Primfaktoren noch 2 oder 5 vorkommt.

a) $30 = 2 \cdot 3 \cdot 5$ b) $12 = 2 \cdot 2 \cdot 3$ c) $22 = 2 \cdot 11$ d) $15 = 3 \cdot 5$

> **Wenn im Nenner einer gekürzten Bruchzahl außer anderen Primfaktoren auch die 2 oder 5 vorkommen, so ist ihr Quotient ein nichtsofortperiodischer Dezimalbruch.**

Beachte, daß auch hier beim **Abrunden** ein Fehler entsteht; z. B. $0,1\overline{6} \neq 0,16$. – Wir rechnen: $0,1\overline{6} > 0,16$; $\frac{1}{6} > \frac{16}{100}$; $\frac{1}{6} > \frac{4}{25}$; $\frac{25}{150} > \frac{24}{150}$.
Die Fehlerdifferenz zwischen dem **genauen Wert** $\frac{1}{6}$ und dem **Näherungswert** $\frac{4}{25}$ ($0,1\overline{6}$ und $0,16$) ist also $\frac{1}{150}$.

Dezimalbrüche II

2. Wie verwandeln wir nun umgekehrt nichtsofortperiodische Dezimalbrüche in gewöhnliche Brüche?

Durch Erweitern verwandeln wir sie zunächst in sofortperiodische Dezimalbrüche und rechnen dann wie folgt:

Beispiele:

$$x = 0{,}1\overline{3}$$
$$100\,x = 13{,}\overline{3}$$
$$-\ 10\,x = 1{,}\overline{3}$$
$$90\,x = 12$$
$$x = \tfrac{12}{90}$$
$$0{,}1\overline{3} = \tfrac{12}{90} = \underline{\tfrac{2}{15}}$$

$$x = 0{,}5\overline{63}$$
$$1000\,x = 563{,}\overline{63}$$
$$-\ 10\,x = 5{,}\overline{63}$$
$$990\,x = 558$$
$$x = \tfrac{558}{990}$$
$$0{,}5\overline{63} = \tfrac{558}{990} = \underline{\tfrac{31}{55}}$$

$$x = 4{,}58\overline{3}$$
$$1000\,x = 4583{,}\overline{3}$$
$$-\ 100\,x = 458{,}\overline{3}$$
$$900\,x = 4125$$
$$x = 4\tfrac{525}{900}$$
$$4{,}58\overline{3} = 4\tfrac{525}{900} = \underline{4\tfrac{7}{12}}$$

Vorziffer und Periode haben zusammen 2 Ziffern, wir multiplizieren mit 100.

Vorziffer und Periode haben zusammen 3 Ziffern, wir multiplizieren mit 1000.

Wir subtrahieren soviel Vielfache von x, daß die Periode verschwindet. Untersuchen wir die Bruchzahlen aus der vorstehenden Rechnung

$$0{,}1\overline{3} = \frac{13-1}{90} = \tfrac{12}{90} = \underline{\tfrac{2}{15}} \qquad 0{,}5\overline{63} = \frac{563-5}{990} = \tfrac{558}{990} = \underline{\tfrac{31}{55}}$$

$$4{,}58\overline{3} = 4\frac{583-58}{900} = 4\tfrac{525}{900} = \underline{4\tfrac{7}{12}}$$

so erkennen wir:

Beim nichtsofortperiodischen Dezimalbruch beginnt der Nenner mit soviel Neunen, wie die Periode Stellen zählt und endet mit soviel Nullen wie Vorziffern vorhanden sind. Wenn man die Zahl aus den Vorziffern und einer Periode um die Vorziffern vermindert, so erhält man den Zähler. (Dann kürze, wo möglich.)

Nach dieser Regel lassen sich solche Aufgaben also kürzer rechnen:

Beispiele:

a) $0{,}3\overline{6} = \dfrac{36-3}{90} = \dfrac{33}{90} = \underline{\dfrac{11}{30}}$ 　　b) $0{,}41\overline{6} = \dfrac{416-41}{900} = \dfrac{375}{900} = \underline{\dfrac{5}{12}}$

c) $0{,}3\overline{18} = \dfrac{318-3}{990} = \dfrac{315}{990} = \underline{\dfrac{7}{22}}$ 　　d) $0{,}1\overline{3} = \dfrac{13-1}{90} = \dfrac{12}{90} = \underline{\dfrac{2}{15}}$

Aufgaben

1. Verwandle die folgenden Bruchzahlen durch Dividieren in nichtsofortperiodische Dezimalbrüche. – Welche Primfaktoren kommen jeweils im Nenner vor?

a) $\tfrac{1}{6}$ 　b) $\tfrac{5}{6}$ 　c) $\tfrac{5}{18}$ 　d) $\tfrac{11}{12}$ 　e) $\tfrac{5}{24}$ 　f) $\tfrac{11}{45}$ 　g) $\tfrac{7}{12}$ 　h) $\tfrac{7}{30}$ 　i) $\tfrac{11}{18}$

2. Rechne ebenso:
   a) $\frac{7}{24}$ b) $3\frac{17}{30}$ c) $5\frac{2}{45}$ d) $\frac{1}{14}$ e) $1\frac{7}{30}$ f) $\frac{26}{35}$ g) $\frac{1}{15}$ h) $\frac{11}{36}$ i) $8\frac{3}{22}$

3. Verwandle die folgenden nichtsofortperiodischen Dezimalbrüche in gemeine Brüche bzw. gemischte Zahlen durch Erweitern:
   a) $0{,}1\overline{6}$ b) $0{,}08\overline{3}$ c) $0{,}9\overline{81}$ d) $0{,}8\overline{345}$ e) $0{,}12\overline{512}$
   f) $0{,}8\overline{3}$ g) $0{,}12\overline{3}$ h) $0{,}77\overline{2}$ i) $1{,}4\overline{12}$ k) $9{,}002\overline{12}$

4. Verwandle kürzer nach der gewonnenen Regel:
   a) $3{,}1\overline{2}$ b) $5{,}04\overline{8}$ c) $7{,}56\overline{3}$ d) $3{,}12\overline{30}$ e) $0{,}5\overline{1875}$
   f) $6{,}6\overline{4}$ g) $9{,}35\overline{2}$ h) $5{,}76\overline{1}$ i) $8{,}01\overline{12}$ k) $7{,}91\overline{89}$

4. Rechnen mit Meßergebnissen als gerundeten Zahlen

1. Es ist wichtig für die Praxis des Rechnens, zwischen **benannten** und **unbenannten Zahlen** zu unterscheiden.
   Benannte Zahlen treten beim Rechnen mit **meßbaren Größen** (Länge, Fläche, Volumen, Temperatur, Masse, Zeit, usw.) auf. Das **Meßergebnis** wird durch die **Maßzahl** mit der **Maßeinheit** (3,9 cm; 12,1° C; 4,354 kg; usw.) ausgedrückt.
   Beachte beim Gleichstelligmachen für das Addieren und Subtrahieren von **genau** ermittelten und noch nicht gerundeten Größen:
   An **endliche** Dezimalbrüche in der Kommaschreibweise darf man beliebig viele **Nullen** hängen.
   Bei **nichtendlichen** Dezimalbrüchen in der Kommaschreibweise darf man beliebig viele **Perioden** schreiben.
   Bei **unbenannten** Zahlen bedeuten 2,3; 2,30; 2,300; 2,3000 dasselbe.
   Für **benannte** Zahlen jedoch ist vereinbart, daß 2,3 m; 2,30 m; 2,300 m; 2,3000 m, bedeutet, die Messung ist auf 1 dm (1 cm, 1 mm, 0,1 mm) genau erfolgt. Mit anderen Worten: Man kann sich mit Sicherheit noch auf die 1. (2., 3., 4.) Dezimale verlassen.
   Kannst du deine Körpergröße (deinen Brustumfang, deine Hüftweite usw.) genau angeben?

2. Da alle **Meßgeräte**, je nach Qualität, nur eine **begrenzte Genauigkeit** gewährleisten, haben die **Meßergebnisse** nur den Rang von **gerundeten Zahlen**. So gesehen, muß z. B. die Maßangabe $\overline{AB}$ = 5,4 cm von 5,40 cm als verschieden angesehen werden. Die Maßangabe $\overline{AB}$ = 5,4 cm läßt uns vermuten, daß das genauere Maß 5,35; 5,36; 5,37; 5,38; 5,39; 5,40; 5,41; 5,42; 5,43 oder 5,44 cm ist.
   Durch eine Ungleichung drücken wir dies wie folgt aus:
   5,35 cm ≤ $\overline{AB}$ ≤ 5,45 cm.

Danach gilt:

An gerundete Maßzahlen dürfen keine Nullen angehängt werden. Beim Rechnen mit gerundeten Zahlen ist das Ergebnis nur bis auf die Stellenzahl genau, wie eine in der Rechnung vorkommende Größe mit der geringsten Genauigkeit hat.

Welche Angaben sind in der folgenden Aufgabe überstellig und somit nicht sinnvoll?   2,3 m + 1,9178 m + 3,45687 m =

Wir können also auf die Angabe von gewissen letzten Ziffern verzichten und eine **abgekürzte Rechnung** durchführen.

Wir runden beim **abgekürzten Addieren und Subtrahieren** die einzelnen Posten zunächst auf **eine Stelle mehr** ab, als für das Ergebnis gefordert wird. Im Ergebnis runden wir dann auf die geforderte Stellenzahl.

a) Beispiel: Addiere folgende Meßwerte und runde auf 3 Ziffern.
46,456 cm + 28,861 cm = 46,46 cm + 28,86 cm = 75,32 cm ≈ **75,3 cm**

Versuche zu begründen, warum die eine Mehrstelle die hinreichende Genauigkeit im Ergebnis sichert.

Nach den voraufgegangenen Betrachtungen stellen wir für die **Multiplikation gerundeter Zahlen** an einem Beispiel folgende Überlegungen an:

b) Beispiel: Multipliziere folgende Meßwerte:
$$5,8 \cdot 6,2 = 35,96 \approx \underline{36}$$

Ein 2stelliger Faktor führt auf ein 2stellig genaues Ergebnis. Denn

5,8 ist der gerundete Wert von (5,8 ± 0,05)
6,2 ist der gerundete Wert von (6,2 ± 0,05)

5,75 · 6,15 = 35,3625 ≈ **35,4**   5,85 · 6,25 = 36,5625 ≈ **36,6**
   (unterer Wert)   (oberer Wert)

Wenn das Produkt zwischen diesen beiden Werten schwankt, dann ist das Ergebnis **36** hinreichend genau.

Beim Dividieren verfahren wir entsprechend.

c) Beispiel: Dividiere die gerundeten Werte 86,9 und 3,5.
$$86,9 : 3,5 = 869 : 35 = 24,83 \approx \underline{25}$$

Der 2stellige Divisor führt auf ein 2stellig genaues Ergebnis.

Prüfe durch Division mit den oberen und unteren Zahlenwerten von (86,9 ± 0,05) und (3,5 ± 0,05) die hinreichende Genauigkeit vom Ergebnis 25.

Aufgaben

1. Dirk liest folgende Maßangaben: 4,3 m Schütthöhe eines Kieshaufens, 5,30 m Zimmerbreite, 1,435 m Spurweite der Eisenbahn, 0,2695 m Kolbendurchmesser, 38,9 °C Körpertemperatur. – Nenne wie vorstehend 10 weitere ähnliche sinnvolle Maßangaben.

2. Ermittle die Summe durch abgekürztes Addieren (Runde auf 1 Stelle hinter dem Komma).

   a) 34,185 g
      12,572 g
      19,6   g

   b) 87,391 mg
      14,6   mg
      23,123 mg

   c) 10,6725 m²
      35,4   m²
      17,4923 m²

   d) 28,1856 cm²
      42,69   cm²
      16,4458 cm²

3. Berechne die Differenz folgender Meßwerte durch abgekürztes Subtrahieren (Runde auf 2 Stellen hinter dem Komma.).

   a)   83,4538 m
     −71,28   m

   b)   36,5846 ha
     −18,435 ha

   c)   457,357 cm
     −192,48 cm

   d)   892,7843 m³
     −238,465 m³

4. Multipliziere und runde im Ergebnis auf 1 Kommastelle.
   a) 6,9 · 7,4   b) 2,8 · 6,7   c) 7,6 · 5,9   d) 9,3 · 8,9

5. Runde zunächst den Faktor mit der größeren Stellenzahl auf die des Faktors mit der kleineren Stellenzahl. Multipliziere und runde im Ergebnis auf die kleinere Stellenzahl. (Das Ergebnis hat nur soviel **richtige** Stellen wie der Faktor mit der kleinsten Stellenzahl!)
   a) 9,73 · 2,9   b) 5,78 · 4,2   c) 6,9 · 1,48   d) 15,489 · 38,2

6. Dividiere und runde auf die Stellenzahl des Divisors.
   a) 34,8 : 6,4   b) 18,5 : 5,7   c) 21,4 : 2,8   d) 25,63 : 2,7

5. Vermischtes Rechnen mit Dezimalbrüchen in der Kommaschreibweise und gewöhnlichen Brüchen

Wähle in den folgenden Aufgaben stets die bequemere Lösung. Das Rechnen mit Dezimalbrüchen in der Kommaschreibweise ist meist einfacher.

Beispiele:
a) $0,2 \text{ km} + \frac{1}{2} \text{ km} = 0,2 \text{ km} + 0,5 \text{ km} = \underline{0,7 \text{ km}}$
b) $\frac{1}{2} - 0,\overline{3} = \frac{1}{2} - \frac{1}{3} = \frac{3}{6} - \frac{2}{6} = \underline{\frac{1}{6}}$
c) $0,610 \text{ g} + 0,\overline{6} \text{ g} = 0,610 \text{ g} + 0,666.. \text{ g} = 1,276 \text{ g} \approx \underline{1,277 \text{ g}}$

Dezimalbrüche II

Aufgaben

1. Addiere und subtrahiere
   a) $\frac{1}{4} + 0{,}2$ b) $0{,}5 + \frac{1}{3}$ c) $6\frac{2}{3} - 4{,}5$ d) $1{,}3 + \frac{1}{6}$ e) $\frac{4}{5} - 0{,}65$
   f) $0{,}75 - \frac{1}{2}$ g) $2\frac{1}{5} + 0{,}25$ h) $3{,}7 - \frac{2}{9}$ i) $8\frac{1}{2} - 7{,}5$ k) $6\frac{2}{3} + 4{,}5$
   l) $\frac{2}{5} + 0{,}8$ m) $\frac{2}{3} - 0{,}55$ n) $4{,}4 + \frac{5}{6}$ o) $0{,}3 + \frac{7}{9}$ p) $5{,}5 - \frac{7}{8}$

2. Rechne in der Kommaschreibweise.
   a) $25\frac{1}{2}$ m $+ 3{,}75$ m $+ 245\frac{7}{20}$ m $+ 38\frac{4}{25}$ m $+ 0{,}29$ m $+ 37\frac{3}{4}$ m (auf 2 Stellen hinter dem Komma)
   b) $0{,}73$ km $+ 4{,}33$ km $+ 5\frac{1}{2}$ km $+ 8\frac{7}{8}$ km $+ 6{,}45$ km $+ 19\frac{4}{5}$ km $+ 27\frac{3}{4}$ km (auf 1 Stelle hinter dem Komma)

3. Rechne ebenso auf 3 Stellen.
   a) $19{,}365$ t $+ 4\frac{1}{3}$ t $+ 25{,}425$ t $+ 6\frac{3}{8}$ t $+ 220{,}630$ t $+ 273\frac{3}{5}$ t $+ 48{,}900$ t $+ 9\frac{5}{6}$ t
   b) $26{,}370$ kg $+ 0{,}265$ kg $+ 48\frac{4}{25}$ kg $+ 3\frac{2}{3}$ kg $+ \frac{7}{8}$ kg $+ 5\frac{4}{5}$ kg $+ 2{,}225$ kg

4. Subtrahiere   a) $65{,}78539$ b) $5{,}\overline{6}$ c) $237{,}08\overline{3}$ d) $375{,}295$
                 $\underline{-49{,}0384}$ $\underline{-0{,}75}$ $\underline{-49{,}1\overline{6}}$ $\underline{-86{,}0\overline{7}}$

Beispiele:
a) $\frac{1}{4} \cdot 0{,}3 = 0{,}25 \cdot 0{,}3 = \underline{0{,}075}$ b) $0{,}12 \cdot \frac{3}{8} = \frac{0{,}12 \cdot 3}{8} = 0{,}36 : 8 = \underline{0{,}045}$

c) $0{,}\overline{6} \cdot \frac{2}{5} \approx 0{,}67 \cdot \frac{2}{5} \approx \frac{1{,}34}{5} \approx \underline{0{,}264}$ d) $0{,}8 : \frac{2}{5} = \frac{0{,}8 \cdot 5}{2} = \frac{4}{2} = \underline{2}$

e) $\frac{2}{3} : 0{,}1\overline{6} = \frac{2}{3} : \frac{1}{6} = \frac{2 \cdot 6}{3} = \underline{4}$ oder $\frac{2}{3} : 0{,}1\overline{6} \approx 0{,}67 : 0{,}17 \approx \underline{3{,}94}$

10

---

5. Verwandle erst die gewöhnlichen Bruchzahlen in Dezimalbrüche, dann multipliziere in der Kommaschreibweise.
   a) $0{,}8 \cdot \frac{4}{5}$ b) $0{,}7 \cdot \frac{7}{10}$ c) $2{,}7 \cdot \frac{1}{2}$ d) $\frac{3}{4} \cdot 1{,}2$
   e) $0{,}9 \cdot \frac{3}{4}$ f) $2\frac{1}{2} \cdot 0{,}6$ g) $\frac{3}{4} \cdot 2{,}7$ h) $2{,}2 \cdot \frac{1}{2}$

6. Rechne auf die vorteilhafteste Weise; kürze vorher, wenn möglich.
   a) $6{,}3 \cdot \frac{1}{7}$ b) $3\frac{2}{3} \cdot 1{,}2$ c) $\frac{7}{12} \cdot 2{,}4$ d) $0{,}1\overline{6} \cdot 0{,}83$
   e) $0{,}\overline{45} \cdot 0{,}25$ f) $2{,}\overline{6} \cdot 12$ g) $1{,}\overline{3} \cdot 24$ h) $12{,}25 \cdot \frac{1}{3}$
   i) $\frac{5}{12} \cdot 4{,}8$ k) $\frac{9}{10} \cdot 0{,}\overline{4}$ l) $\frac{3}{5} \cdot 1{,}\overline{6}$ m) $71{,}46 \cdot 2\frac{2}{3}$

11. Dualbrüche

11.1. Dualzahlen (Wiederholung)

Du hast bereits gelernt, ganze Zahlen im **Zweiersystem** (auch Dualsystem[1] genannt) zu schreiben.
Auch Bruchzahlen lassen sich unter ausschließlicher Verwendung von nur zwei Ziffern – der I und der O – im Zweiersystem darstellen. Man nennt sie so geschrieben **Dualbrüche**, auch dyadische[2] Brüche.

Aufgaben

1. Wiederhole, was du schon von Dualzahlen weißt.

2. Schreibe zur Wiederholung als Dualzahlen die Zahlen 1–32 (I-100000) durch fortgesetzte Addition von I.

   Beispiele:
   I + I = 10;   10 + I = 11;   11 + I = 100;   100 + I = 101;
   101 + I = 110;   110 + I = 111 usw.

3. Schreibe zur Wiederholung als Dualzahlen die Zahlen 64 bis 33 (1000000 - 100001) durch fortgesetzte Subtraktion um I.

   Beispiele: 1000000 — I = 111111;   111111 — I = 111110 usw.

4. Addiere zur Wiederholung im Dualsystem.   **Beispiel:**
   a) 100 + 111   b) 110 + 11   c) 101 + 110
   ```
       1100
   +    100
      10000
   ```
   d) 1110 + 11   e) 1010 + 1001   f) 1111 + 111
   g) 11111 + 1001   h) 10011 + 11001

   Bei größeren Zahlen addiere nach nebenstehendem Schema.

   Beispiel:
   ```
        110110
   +     11100
   Übertrag:    111
   Ergebnis: 1010010
   ```

5. Subtrahiere ebenso zur Wiederholung.   **Beispiel:**
   a) 111 — 100   b) 1001 — 101   c) 1101 — 11
   ```
      11010
   —   1001
      10001
   ```
   d) 1111 — 101   e) 10011 — 111
   f) 10000 — 1000   g) 101010 — 1001   h) 111111 — 10110

---
[1] duo (lat.) = zwei;   [2] dyo (gr.) = zwei

6. Multipliziere zur Wiederholung.

			Beispiel:	1001 · 110
a) 111 · 10	b) 100 · 10	c) 111 · 111		1001
d) 110 · 11	e) 101 · 10	f) 1010 · 101		10010
g) 1001 · 100	h) 10011 · 1000	i) 1011 · 111		110110

7. Betrachte vorstehende Ergebnisse. Du stellst fest, daß die Multiplikation mit den dualen Stufenzahlen **10**, **100**, **1000**, **10000** usw. (2, 4, 8, 16 …) einfach durch das Anhängen von 1, 2, 3, 4 … Nullen erfolgen kann. – Vergleiche dasselbe beim Rechnen mit den dezimalen Stufenzahlen 10, 100, 1000 … .

8. Dividiere zur Wiederholung. Beachte, daß man etwaige Endnullen im Dividenden und Divisor vor der Division kürzen kann.

Beispiel: 11011 : 1001 = 11
1001
1001
1001

a) 110 : 10 b) 1111 : 11 c) 11001 : 101 d) 10010 : 11
e) 10100 : 100 f) 100000 : 1000 g) 10101 : 111 h) 11010 : 101

9. Gib die Lösungsmenge in Dualzahlen an.

Beispiel: △ < **100**;   𝕃 = { **1, 10, 11** }

a) △ < **101**   b) △ < **110**   c) **11** < □ < **1000**
d) **100** < □ < **1010**   e) **1110** > ○ > **1001**
f) **10010** > ○ > **10000**   g) **1111** > △ > **10000**

11.2. Dualbrüche

11.2.1. Dualbrüche in der Bruchstrichschreibweise

Beispiele:

$\frac{1}{2} \triangleq \frac{1}{10}$, $\frac{1}{3} \triangleq \frac{1}{11}$ $\frac{3}{4} \triangleq \frac{11}{100}$ $\frac{5}{6} \triangleq \frac{101}{110}$

Schreibe so die ersten 12 Stammbrüche ($\frac{1}{2}, \frac{1}{3}, \frac{1}{4}$ …) als Dualbrüche.

Schreibe ebenso mit Dualzahlen im Zähler und Nenner:

a) $\frac{7}{8}$ b) $\frac{10}{11}$ c) $\frac{12}{13}$ d) $\frac{14}{19}$ e) $\frac{18}{23}$ f) $\frac{20}{21}$ g) $\frac{15}{16}$ h) $\frac{22}{31}$ i) $\frac{9}{17}$ k) $\frac{29}{37}$

11.2.2. Dualbrüche in der Kommaschreibweise

Wenn man die durch fortgesetzte Verdoppelung entstehenden Stufenzahlen der Dualzahlen dadurch ergänzt, daß man unter die **1** herab fortgesetzt halbiert, so erhält man **Dualbrüche in der Kommaschreibweise**. Im Dualsystem treten auch hinter dem Komma nur die Ziffern **0** und **1** auf.

	Dualzahlen		Dezimalzahlen	
	mit Komma	mit Bruchstrich	mit Br.	mit Ko.
S A V Z E h v a s zd vs ...				
	0 ,1	$... = \frac{1}{10}$	$= \frac{1}{2} =$	0,5
	0 ,0 1	$... = \frac{1}{100}$	$= \frac{1}{4} =$	0,25
	0 ,1 1	$... = \frac{11}{100}$	$= \frac{3}{4} =$	0,75
	1 0 ,0 0 1	$... = 10\frac{1}{1000}$	$= 2\frac{1}{8} =$	2,125
	1 1 1 ,0 0 0 1	$... = 111\frac{1}{10000}$	$= 7\frac{1}{16} =$	7,0625
	1 0 1 0 ,0 0 0 0 1	$... = 1010\frac{1}{100000}$	$= 10\frac{1}{32} =$	10,03125
	1 0 1 0 1 ,1 0 0 0 0 1	$... = 10101\frac{100001}{1000000}$	$= 21\frac{33}{64} =$	21,515625

(h = Halbe, v = Viertel, a = Achtel, s = Sechzehntel, zd = Zweiund-dreißigstel, vs = Vierundsechzigstel)

Wir haben es vorstehend mit **endlichen (abbrechenden) Dualbrüchen** zu tun. Dualbrüche, die Stufenzahlen ($\frac{1}{2}, \frac{1}{4}, \frac{1}{8}$ ...) oder Vielfache von ihnen sind, sind endliche Dualbrüche (s. obige Stellentafel!).

Beispiele:

a) $0{,}11 \triangleq 0{,}75$; denn $0{,}75 = 0{,}5 + 0{,}25 = \frac{1}{2} + \frac{1}{4} = \frac{3}{4}$

b) $0{,}100001 \triangleq 0{,}515625$; denn $0{,}5 + 0{,}015625 = \frac{1}{2} + \frac{1}{64} = \frac{32}{64} + \frac{1}{64} = \frac{33}{64}$

Dualbrüche in der Kommaschreibweise kann man durch Division herleiten.

Beispiele:

```
a) 1 : 10 = 0,1      b) 11 : 100 = 0,11      c) 101 : 1000 = 0,101
   0                    0                        0
   ──                   ───                      ────
   1 0                  1 1 0                    1 0 1 0
   1 0                  1 0 0                    1 0 0 0
   ──                   ───                      ────
                        1 0 0                    1 0 0
                        1 0 0                      0
                        ───                      ────
                                                 1 0 0 0
                                                 1 0 0 0
                                                 ────
```

Du stellst fest, daß die Division durch eine Stufenzahl (**10, 100, 1000** ...) einfach durch Kommasetzung erfolgen kann. Stelle eine Regel auf.

Aufgaben

1. Prüfe vorstehende Beispiele durch Division im Dezimalsystem und Vergleich mit der Summe der Stufenzahlen. Nimm obige Tabelle zur Hilfe.

2. Verwandle die folgenden Brüche in Dualbrüche mit Bruchstrich und dann durch Division in Dualbrüche in der Kommaschreibweise.

a) $\frac{1}{4}$ b) $\frac{1}{8}$ c) $\frac{3}{8}$ d) $\frac{7}{8}$ e) $\frac{1}{16}$ f) $\frac{3}{16}$ g) $\frac{5}{16}$ h) $\frac{9}{16}$ i) $\frac{11}{16}$ k) $\frac{15}{16}$ l) $\frac{1}{32}$ m) $\frac{3}{32}$

Führe die Division gar nicht erst aus, sondern setze das Komma nach der gewonnenen Regel. n) $\frac{7}{32}$ o) $\frac{9}{32}$ p) $\frac{11}{32}$ q) $\frac{15}{32}$ r) $\frac{17}{32}$ s) $\frac{1}{64}$ t) $\frac{9}{64}$

Auch im Dualsystem treten nichtendliche (nichtabbrechende) Dualbrüche bei der Kommaschreibweise auf.

Beispiele:

a) 1 : 11 = 0,$\overline{0101}$ oder 0,$\overline{01}$ sofortperiod.
```
  0
 10
  0
100
 11
 10
  0
100
```

b) 1 : 101 = 0,$\overline{00110011}$ oder 0,$\overline{0011}$ sofortperiod.
```
  10
 100
1000
 101
 110
 101
  10
```
abgekürztes Verfahren

c) 10 : 11 = 0,$\overline{1010}$ oder 0,$\overline{10}$ sofortperiod.
```
100
 11
 10
100
 11
 10
```
abgekürztes Verfahren

d) 101 : 110 = 0,1$\overline{10101 0}$ oder 0,1$\overline{10}$ nichtsofortperiod.
```
1010
 110
1000
 110
 100
1000
 110
 100
```
abgekürztes Verfahren

3. Prüfe die Richtigkeit vorstehender Ergebnisse durch Division im Dezimalsystem und vergleiche mit der Summe der Stufenzahlen. (s. Stellentafel!)

4. Verwandle die folgenden Brüche des Dezimalsystems durch Division in sofort- bzw. nichtsofortperiodische Dualbrüche in der Kommaschreibweise.
a) $\frac{2}{5}$ b) $\frac{1}{7}$ c) $\frac{1}{15}$ d) $\frac{3}{7}$ e) $\frac{4}{15}$ f) $\frac{1}{9}$ g) $\frac{1}{17}$ h) $\frac{5}{9}$
i) $\frac{1}{31}$ k) $\frac{1}{33}$ l) $\frac{1}{6}$ m) $\frac{1}{12}$ n) $\frac{1}{24}$ o) $\frac{1}{48}$ p) $\frac{1}{14}$ q) $\frac{5}{24}$

5. Es gelten die Kommaregeln wie im Dezimalsystem.

Beispiele:
a)
```
 100,111
+101,001
1010,000
```
b)
```
1111,011
-101,110
1001,101
```
c)
```
0,101 · 11
   101
   101
 1,111
```

a) 0,1 + 0,01   b) 0,01 + 0,001   c) 10,1 + 0,111   d) 1111,0101 + 11,11
e) 11,11 − 10,01   f) 1110,1 − 11,01   g) 110,011 − 1,001   h) 111,101 − 101,0101
i) 1,01 · 1,1   k) 10,1 · 11,1   l) 111,01 · 110,1   m) 1111,011 · 11,01

Prüfe die Ergebnisse der Aufgaben durch Lösung im Dezimalsystem.

12. Schlußrechnung

12.1. Das gerade Verhältnis – Quotientengleichheit

12.1.1. Einfache Schlußrechnung (Zweisatz)
Von der Einheit auf die Vielheit

1. 1 dz Ware kostet 40 DM. Wie teuer sind 5 dz?

> **Beispiel:**
> 1. **Rechenverfahren:** 1 dz Ware kostet 40 DM
>   (durch Zweisatz)   5 dz Ware kosten 40 DM · 5 = <u>200 DM</u>

Den Schluß von der Einheit auf die Vielheit haben wir durch das Setzen von 2 Zahlen (40 DM und 5 dz) in 2 Sätzen vollzogen. Man spricht daher vom **Zweisatz**.

Wir überlegen dabei

1 dz kostet 40 DM	1 dz kostet 40 DM
2 dz kosten das Doppelte	$\frac{1}{2}$ dz kostet die Hälfte
40 DM · 2 = 80 DM	40 DM : 2 = 20 DM
3 dz kosten das Dreifache	$\frac{1}{3}$ dz kostet ein Drittel
40 DM · 3 = 120 DM	40 DM : 3 = 13,33 DM
usw. usw.	usw. usw.
je mehr desto mehr!	**je weniger desto weniger!**

Sprich ebenso den Zweisatz für 4 dz, 6 dz, 7 dz, 8 dz, $\frac{1}{4}$ dz.
Die Überlegungen zeigen,
  daß mit **gleichmäßig** steigender Warenmenge auch der Preis **in gleicher Weise** steigt,
  daß mit **gleichmäßig** fallender Warenmenge auch der Preis **in gleicher Weise** fällt. Man sagt:

> **Preis und Warenmenge stehen im geraden oder gleichen Verhältnis zueinander.**

Oder:

> **Preis und Warenmenge sind verhältnisgleich oder proportional.**

2. Bilden wir hier aus den Maßzahlen der Zahlenpaare **Preis** und **Warenmenge** Quotienten, so erkennen wir, daß **Quotientengleichheit** vorliegt.

$$\frac{\text{Preis (DM)}}{\text{Warenmenge (dz)}} = \frac{120}{3} = \frac{80}{2} = \boxed{\frac{40}{1}} = \frac{20}{0,5} = \frac{13,\overline{3}}{0,\overline{3}} = \boxed{\frac{x}{5}} = \text{usw.}$$

Schlußrechnung

Nach Kürzen oder Erweitern vorstehender Quotienten sehen wir, daß ihr Wert immer $\frac{40}{1}$ ist. Da wir nun jeden Quotienten in der Gleichungskette durch einen anderen ersetzen können, gelten u. a. folgende **Quotientengleichungen**:

a) $\frac{120}{3} = \frac{40}{1}$ b) $\frac{80}{2} = \frac{40}{1}$ c) $\frac{20}{0,5} = \frac{40}{1}$ d) $\frac{13,\overline{3}}{0,3} = \frac{40}{1}$ e) $\boxed{\frac{x}{5} = \frac{40}{1}}$

Die letzte Gleichung (e) führt auf ein anderes Rechenverfahren, um den unbekannten Preis x für 5 dz Ware zu ermitteln.

Machen wir $\frac{x}{5} = \frac{40}{1}$ gleichnamig, so erhalten wir $\frac{x}{5} = \frac{200}{5}$, also $\underline{x = 200}$. Oder wir schließen: da $\frac{1}{5}x = \frac{40}{1}$, ist 1 x fünfmal so groß, also $x = \frac{40}{1} \cdot 5$, $\underline{x = 200}$.

Durch Einsetzen an Stelle von x in die ursprüngliche Gleichung $\frac{x}{5} = \frac{40}{1}$ erkennen wir, daß 200 die Lösung der Gleichung ist.

2. **Rechenverfahren:** (durch Quotientengleichung)

1. Beispiel	2. Beispiel	3. Beispiel
$\frac{x}{5} = \frac{40}{1}$	$\frac{x}{0,5} = \frac{40}{1}$	$\frac{x}{3,5} = \frac{40}{1}$
$x = \frac{40}{1} \cdot 5$	$x = \frac{40}{1} \cdot 0,5$	$x = \frac{40}{1} \cdot 3,5$
$\underline{x = 200}$	$\underline{x = 20}$	$\underline{x = 140}$
5 dz kosten 200 DM.	0,5 dz kosten 20 DM.	3,5 dz kosten 140 DM.

Wir üben ebenso für 4 dz, 6 dz, 7 dz, 8 dz, 0,25 dz.

Beachte:

Auf der **linken Seite** der ersten Gleichung steht der **unbekannte** Preis x dividiert durch die Maßzahl der jeweiligen dz

$$\frac{x}{5}, \frac{x}{0,5}, \frac{x}{3,5}$$

Auf der **rechten Seite** steht der **bekannte** Preis dividiert durch 1 (die Maßzahl des Einheitsgewichts)

$$\frac{40}{1}$$

$$\frac{40 \text{ DM}}{1 \text{ dz}} \left(= \frac{\text{Preis}}{\text{Einheitsgewicht}} \right) = 40 \frac{\text{DM}}{\text{dz}}$$

sprich: 40 DM durch dz oder auch 40 DM je dz.

3. Um sich von dauernder Rechenarbeit zu entlasten, legt der Kaufmann übersichtliche **Preistabellen** an, aus denen er zur gewünschten Warenart und Warenmenge den entsprechenden Preis mühelos und schnell entnehmen kann. Welche Preise kannst du der Tabelle entnehmen?

Vervollständige nebenstehenden Ausschnitt aus einer Preistabelle um einige Zahlen (4 –10 dz; 0,3–0,9 dz).
Auch die modernen Schnellwaagen von Einzelhandelsgeschäften gestatten in ähnlicher Weise für eine beschränkte Anzahl gängiger Waren das gleichzeitige Ablesen von Warenmenge und zugehörigem Preis, wobei der Zeiger der Waage die Rolle des Lineals übernimmt.

Preistabelle

Warenmenge dz	Warenpreis I DM	Warenpreis II DM	...
1	40,—	65,—	...
2	80,—	130,—	...
3	120,—	...	
usw.	usw.	usw.	...
0,1	4,—	6,50	...
0,2	8,—	13,—	...
usw.	usw.	usw.	...

4. Das gleichmäßige, verhältnisgleiche oder **proportionale Wachsen** des Preises mit der Warenmenge läßt sich in einem **Diagramm** (Schaubild) darstellen (Abb. 145.1).

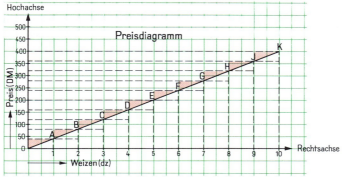

Abb. 145.1

Wir ziehen im Gitter-(Millimeter-)papier von einem Nullpunkt ausgehend einen waagerechten Strahl, die **Rechtsachse,** und tragen darauf in gleichen Abständen (z. B. 1 dz $\triangleq$ 10 mm) die Warenmenge ab (1 dz, 2 dz, usw.). Auf dem vom Nullpunkt ausgehenden senkrechten Strahl, der **Hochachse,** tragen wir in gleichen Abständen die Preise ab (z. B. 50 DM $\triangleq$ 5 mm).
Um den Preis von 1 dz Ware darzustellen, errichten wir bei 1 dz die Senkrechte, die **Ordinate** (den Hochwert), und ziehen bei 40 DM die Waagerechte, die **Abszisse** (den Rechtswert). Beide schneiden sich im Punkt A. Entsprechend verfahren wir bei 2, 3 ... dz. Wir erhalten die Punkte B, C, D usw. Dem Punkt A der Ebene ist das Zahlenpaar „1 dz

Schlußrechnung **145**

und 40 DM" **zugeordnet.** (Dem Punkt B der Ebene ist das Zahlenpaar „2 dz und 80 DM" zugeordnet; usw.) Verbinden wir sie, so erhalten wir eine **Gerade,** die durch den Nullpunkt geht. Man erhält den **Preisstrahl.** Nicht nur die gezeichneten einzelnen Punkte des Preisstrahls, sondern die Menge aller seiner Punkte gestattet aus dem Diagramm

a) für jede **beliebige Warenmenge** den Preis,

b) für jeden **beliebigen Geldbetrag** die entsprechende Warenmenge

abzulesen. Jedoch ist praktisch die **Ablesegenauigkeit** begrenzt. Sie hängt insbesondere vom Maßstab des Diagramms ab.

Stelle im Diagramm für Punkt B (D, H, K) Warenmenge und Preis fest. Lege ein Lineal an und lies auf der Rechtsachse und Hochachse ab.

Lies auf der Hochachse (Preisachse) ab, wie teuer 5; 7; 9; 2,5; 3,5; 7,5 dz sind.

Entnimm dem Preisdiagramm, wieviel dz Ware man für 100 DM, 140 DM, 220 DM, 300 DM, 420 DM erhält.

5. Nicht nur der Preis ist **proportional** zur Warenmenge. Es gibt viele Beziehungen **(Relationen)** zwischen anderen Größen, bei denen die eine Maßzahl gleicherweise mit der anderen Maßzahl wächst.

Sprich: Je mehr ... desto mehr ... Sprich genauer: Doppelt soviel ... doppelt soviel ..., Dreimal soviel ... dreimal soviel ..., usw.

a) Arbeitsstunden .... Lohn b) Reiseweg .... Fahrgeld
c) Ackerfläche .... Ernteertrag d) Verbraucher ... Nahrungsbedarf
e) Geschwindigkeit .... Weg f) Nahrungsmenge ...
                                                                             ... Verbrauchsdauer

Gib weitere Relationen an, die quotientengleiche Zahlenpaare bilden.

Der Proportionalität sind jedoch in der Praxis Grenzen gesetzt. Das siehst du besonders deutlich beim Kauf von Kartoffeln; z. B. Preis für 5 kg − Preis für 100 kg. (Größere Mengen werden billiger angeboten.)

Aufgaben

1. Zeichne ein Warenmenge-Preis-**Diagramm** (1 kg ≙ 10 mm und 1 DM ≙ 10 mm) auf mm-Papier. − Bestimme Preise und Warenmengen.

    a) 1 kg Äpfel kostet 0,80 DM. Wieviel kosten 1) 2 kg, 2) 2,5 kg, 3) 3 kg, 4) 4,5 kg?

    b) Wieviel kg kann man für 1) 2,80 DM, 2) 3,60 DM, 3) 4,30 DM, 4) 5,20 DM kaufen?

2. Zeichne ein Diagramm (1 kg ≙ 100 mm, 1 DM ≙ 10 mm), aus dem man folgende Aufgaben ablesen kann.

a) 1 kg Schweinefleisch kostet 9,00 DM. Wieviel kosten 1) 500 g, 2) 300 g, 3) 800 g, 4) 700 g?

b) Wieviel kann man für 1) 1,80 DM, 2) 5,40 DM, 3) 7,20 DM, 4) 10,80 DM kaufen?

3. Berechne folgende Aufgaben durch das Zweisatzverfahren.
   a) 1 kg Weintrauben kostet 1,30 DM. Mutter kauft 3 kg.
   b) 1 kg Frühkartoffeln kosteten 0,32 DM. Helga mußte 1) 6 kg, 2) 7 kg, 3) 8 kg einholen.

4. Berechne 1. durch Quotientengleichung, 2. durch Zweisatz.
   1 Kopfsalat kostete 0,35 DM. Sigrid mußte   a) 3,   b) 4,   c) 5 Stück holen.

5. Berechne durch Zweisatz.
   Pflaumen gab es zu 0,72 DM und 0,78 DM das $\frac{1}{2}$ kg. Jochen sollte 3 kg von der 1. Sorte und 5 kg von der 2. Sorte holen. Er hatte 12,50 DM bei sich. Kam er mit dem Geld aus?

Von der Vielheit auf die Einheit

6. Dieters Bruder bekam als Junghandwerker für 188 Arbeitsstunden nach Einbehaltung aller Abzüge 526,40 DM Lohn ausbezahlt.

Dieter berechnet den Stundenlohn:
Der 188. Teil an Arbeitszeit bringt auch nur den 188. Teil an Lohn.

Sein **Bruder** rechnet so:
Der unbekannte Lohn x für 1 Stunde ist quotientengleich mit dem Lohn 526,40 DM für 188 Stunden.

188 Arb.-Std. .. 526,40 DM Lohn

1 Arb.-Std. .. $\frac{526,40}{188}$ DM

= 2,80 DM

$$\frac{x}{1} = \frac{526,40}{188}$$

$$x = 2,80$$

Der reine Stundenverdienst beträgt 2,80 DM.

Rechne die folgenden Aufgaben nach beiden Lösungsverfahren.
Kürze vor der Division am Bruchstrich.

7. a) Peter erzählt, daß seine Schwester als kaufmännische Angestellte ein Brutto-Jahresgehalt von 7612,00 DM habe. Wieviel erhält sie monatlich?
   b) Sie erhält eine Weihnachtszulage von 500,00 DM und einen Urlaubszuschuß von 250 DM. Wieviel beträgt nun das durchschnittliche Monatseinkommen?

8. Ursula hat in einem Feinkosthaus vor Weihnachten 89 Stunden ausgeholfen. Sie erhielt dafür 222,50 DM. Berechne den Stundenlohn.

9. Benno und Ernst arbeiteten in den Ferien als Bauhelfer bei 2 verschiedenen Firmen. Sie vergleichen die Lohntüten. **a)** Benno erhielt 121 DM Wochenlohn bei 44 Arbeitsstunden, **b)** Ernst erhielt 132 DM für 48 Arbeitsstunden. Beide ermitteln den Stundenlohn.

Von der Vielheit auf ein Mehrfaches oder einen Teil dieser Vielheit

10. Eine Bäckerei verkauft 500 g Brot für 0,60 DM.

a) Ein Brot wiegt 1500 g. Wieviel kostet es? – **b)** Wieviel kosten 250 g?

Wir denken so:
500 g sind in 1500 g 3mal enthalten. Es muß also die 3fache Brotmenge 3mal so teuer sein.

oder wir rechnen:
Der unbekannte Preis x für 1500 g ist quotientengleich mit dem Preis von 0,60 DM für 500 g.

a)

500 g Brot kosten 0,60 DM
1500 g Brot kosten 0,60 DM · 3 = **1,80 DM**

$$\frac{x}{1500} = \frac{0,60}{500}$$
$$x = \frac{0,60 \cdot \cancel{1500}^{3}}{\cancel{500}}$$
$$\underline{x = 1,80}$$

Der Brotpreis beträgt 1,80 DM.

b)

500 g Brot kosten 0,60 DM
250 g Brot kosten 0,60 DM : 2 = **0,30 DM**

$$\frac{x}{250} = \frac{0,60}{500}$$
$$x = \frac{0,60 \cdot \cancel{250}}{\cancel{500}_{2}}$$
$$\underline{x = 0,30}$$

250 g Brot kosten 0,30 DM.

Rechne die folgenden Aufgaben teils nach dem Zweisatzverfahren, teils mit Quotientengleichung.

11. Für 150 g „Lübecker Marzipanbrot" zahlt man 0,89 DM. Mutter kauft 750 g. Wieviel muß sie dafür zahlen?

12. 250 g Butter kosten 1,80 DM. Wieviel kosten **a)** 750 g, **b)** 1250 g?

13. Margarine kostet 2,64 DM das kg. Rainer Müller soll Preistafeln für **a)** 500 g, **b)** 250 g, **c)** 125 g schreiben.

14. 1 kg Kakao kostet 9,20 DM. Er wird in Tüten zu **a)** 500 g, **b)** 250 g, **c)** 200 g, **d)** 125 g abgefüllt. Mit welchen Preisen sind sie zu versehen?

15. Loses Puddingpulver kostet 2,10 DM das $\frac{1}{2}$ kg. Es wird in Papierbeuteln zu **a)** 125 g, **b)** $62\frac{1}{2}$ g, **c)** 50 g abgefüllt. Wie muß man die Beutel auszeichnen?

Schlußrechnung

16. Mutter will Pfirsichbowle ansetzen und schickt Michael einzukaufen. Eine 240 g-Dose japanischer Ware kostet 0,69 DM. Michael holt
    a) eine 960 g-Dose, **b)** eine 720 g-Dose, **c)** eine 480 g-Dose.
    Er zahlt jedesmal mit einem 5-DM-Stück. Wieviel bekommt er heraus?

17. Weinbrandbohnen kosten 1 kg 10,80 DM. Zum Weihnachtsgeschäft werden sie in Cellophanbeuteln zu **a)** 200 g, **b)** 125 g, **c)** 100 g verpackt. Im Selbstbedienungsladen muß die Kassiererin den Preis an der verpackten Ware ablesen können.

1.2. Der einfache Dreisatz

Von der Vielheit auf eine andere über die Einheit

18. Jemand hat für 7 m Kleiderstoff 57,75 DM bezahlt. Kornelia errechnet daraus den Preis für 4 m, die sie benötigt.

    a) In dieser Aufgabe sind 3 Zahlengrößen gegeben. Die 4. Größe ist unbekannt. Mit Hilfe der Schlußrechnung kann man aus den gegebenen 3 Größen in „3 Sätzen" die 4. Größe berechnen. Man spricht daher bei diesem Rechenverfahren vom **Dreisatz**.

    Vor dem Ansatz stelle stets zunächst fest, welche Größe gesucht wird.
    Sie steht in allen Zeilen (Sätzen) mit ihrer Benennung am **Ende** des Satzes.

    Es ist zweckmäßig, wenn du dabei so vorgehst:

    1. In der ersten Zeile steht der **bekannte** Satz. (7 m kosten 57,75 DM)
    2. In der zweiten Zeile schließt
       man auf die **Einheit**. (1 m kostet $\frac{57,75}{7}$ DM)
    3. In der dritten Zeile schließt
       man auf die gesuchte Größe. (4 m kosten $\frac{57,75 \cdot 4}{7}$ DM)

    b) Mit Hilfe der **Quotientengleichung** verfahren wir wie bisher:

    $$\frac{x \text{ DM}}{4 \text{ m}} \text{ ist quotientengleich mit } \frac{57,75 \text{ DM}}{7 \text{ m}}$$

    Kürze bei beiden Verfahren zunächst am Bruchstrich, dann rechne.
    Eine vorherige Überschlagsrechnung und die nachträgliche Probe bewahren dich vor Fehlern.

Schlußrechnung

1. Rechenverfahren
(Dreisatz)

7 m kosten 57,75 DM

1 m ⎯⎯⎯ $\dfrac{57{,}75}{7}$ DM

4 m ⎯⎯⎯ $\dfrac{\overset{8{,}25}{\cancel{57{,}75}} \cdot 4}{7}$ DM

$= 33$ DM

2. Rechenverfahren
(Quotientengleichung)

$$\dfrac{x}{4} = \dfrac{57{,}75}{7}$$

$$x = \dfrac{\overset{8{,}25}{\cancel{57{,}75}} \cdot 4}{7}$$

$$x = 33$$

Überschlag

m	DM
7	56
1	8
4	32

Kürzere Form:
Schreibe kürzer, aber sprich wie oben:

7 m
1 m ⎯⎯⎯ $\dfrac{\overset{8{,}25}{\cancel{57{,}75}} \cdot 4}{7}$ DM $= \underline{33 \text{ DM}}$ 4 m Kleiderstoff kosten 33,00 DM.
4 m

Oft ist es zweckmäßiger beim Dreisatzverfahren, über den größten gemeinsamen Teiler der beiden Vielheiten zu schließen.

19. $\frac{1}{2}$ kg Käse kostet 3,20 DM. Wieviel kosten 375 g?

500 g kosten 3,20 DM

125 g ⎯⎯⎯ $\dfrac{3{,}20}{4}$ DM

375 g ⎯⎯⎯ $\dfrac{\overset{0{,}80}{\cancel{3{,}20}} \cdot 3}{\cancel{4}1}$ DM $= \underline{2{,}40 \text{ DM}}$

oder

$$\dfrac{x}{375} = \dfrac{3{,}20}{500}$$

$$x = \dfrac{\overset{0{,}80}{\cancel{3{,}20}} \cdot \overset{3}{\cancel{375}}}{\underset{4}{\cancel{500}}}$$

$$x = 2{,}40$$

375 g Käse kosten 2,40 DM.

20. $1\frac{3}{4}$ kg Wirsing kosten 0,70 DM. Wieviel kostet ein kleinerer Kopf von $1\frac{1}{4}$ kg?

$\frac{7}{4}$ kg ⎯⎯⎯ $\dfrac{0{,}70 \text{ DM} \cdot 5}{7} = \underline{0{,}50 \text{ DM}}$

$\frac{1}{4}$ kg

$\frac{5}{4}$ kg

oder

$$\dfrac{x}{\frac{5}{4}} = \dfrac{0{,}70}{\frac{7}{4}}$$

$$x = \dfrac{0{,}70}{\frac{7}{4}} \cdot \tfrac{5}{4}$$

$$x = 0{,}50$$

$1\frac{1}{4}$ kg Wirsing kosten 0,50 DM

Löse folgende Aufgaben abwechselnd durch Dreisatz und Quotientengleichung.

Schlußrechnung

21. In einem Monat wurden a) 15 m³, b) 18 m³ Wasser verbraucht. Der Rechnungsbetrag war a) 12 DM, b) 13,50 DM. Im nächsten Monat waren es a) 17 m³, b) 20 m³. Wieviel DM waren nun zu zahlen?

22. Im selben Monat wurden 195 Kilowattstunden Strom gebraucht. Der Preis betrug 13,65 DM. Im nächsten Monat wurden 168 Kilowattstunden gebraucht. Zusätzlich war jeweils der Grundpreis von 11,20 DM zu zahlen.

23. Gleichzeitig wurden 50 m³ Gas verbraucht, die laut Haushaltstarif 14,50 DM kosteten. Im nächsten Monat waren es 42 m³. Außerdem war ein Grundpreis von 1,60 DM zu zahlen.

24. 15 l Benzin kosteten 8,55 DM. Wieviel kosten a) 25 l, b) 40 l. (Schließe wie im Beispiel 19.)

Schließe beim Dreisatz über den ggT.

25. 1) 1 kg Weizenmehl kostet 0,72 DM. 2) 1 kg Roggenmehl 0,62 DM. Wieviel kosten a) 750 g, b) $1\frac{1}{4}$ kg, c) 1750 g von jeder Sorte?

26. 1) 1 kg Rindfleisch kostet 7,40 DM. 2) 1 kg Schweinefleisch kostet 8,40 DM. Wieviel kosten a) 300 g, b) 400 g, c) 700 g, d) 1300 g von jeder Sorte?

27. Vater sollte $\frac{3}{4}$ kg Butter mitbringen. Er bezahlte a) 5,40 DM, b) 5,70 DM. Nach dem „Kilopreis" hatte er nicht gefragt.

28. Mutter kaufte mit einer Nachbarsfamilie gemeinsam bei einem Landwirt 12,5 dz Kartoffeln für 218,75 DM. Die andere Familie nimmt 7,5 dz, Mutter den Rest. Wieviel zahlt jeder?

29. Der Werber für eine Zeitschrift bietet diese zu einem angeblichen Vorzugspreis von 4,80 DM für das Vierteljahr an, nämlich für $\frac{3}{5}$ des Regelpreises. Wie hoch soll demnach der reguläre Preis sein?

2. Das umgekehrte Verhältnis – Produktgleichheit

2.1. Einfache Schlußrechnung (Zweisatz)
Von der Einheit auf die Vielheit

1. Bei einem Tagesverbrauch von 1 l Heizöl reicht der Tankvorrat für einen Zimmerofen 60 Tage. Wie lange reicht der Vorrat, wenn täglich 5 l verbraucht werden?

   1. Rechenverfahren: Bei 1-l-Tagesverbrauch reicht der Vorrat 60 Tage
   (durch Zweisatz) bei 5-l-Tagesverbrauch reicht er 60 Tg. : 5 = <u>12 Tg.</u>

Den Schluß von der Einheit auf die Vielheit haben wir wieder durch das Setzen von 2 Zahlengrößen (60 Tage und 5 l) in 2 Sätzen vollzogen. Wir haben also auch diese Aufgabe durch **Zweisatz** gelöst. Wir schließen dabei:

Bei 1-l-Verbrauch reicht er	60 Tage
bei 2-l-Verbrauch die Hälfte:	60 Tage : 2 = 30 Tage
bei 3-l-Verbrauch ein Drittel:	60 Tage : 3 = 20 Tage
bei 4-l-Verbrauch ein Viertel:	60 Tage : 4 = 15 Tage
usw.	usw.

Je mehr................... ....desto weniger!
(Das Doppelte).............. ....(die Hälfte)
(Das Dreifache)............. ....(ein Drittel)

Bei 1-l-Verbrauch reicht er	60 Tage
bei $\frac{1}{2}$-l-Verbrauch das 2fache	60 Tage · 2 = 120 Tage
bei $\frac{1}{3}$-l-Verbrauch das 3fache	60 Tage · 3 = 180 Tage
bei $\frac{1}{4}$-l-Verbrauch das 4fache	60 Tage · 4 = 240 Tage
usw. usw.	

Je weniger .... desto mehr!
(Die Hälfte) .... (das Doppelte)
(Ein Drittel) .... (das Dreifache)

Sprich ebenso den Zweisatz für 5 l, 6 l, 7 l, $\frac{1}{5}$ l, $\frac{1}{6}$ l.

Die Rechnung zeigt:
    daß mit **steigendem** Verbrauch die Vorratsdauer **abnimmt**,
    daß mit **fallendem** Verbrauch die Vorratsdauer **zunimmt**.

Man sagt im Gegensatz zum geraden Verhältnis:

Vorratsdauer und Verbrauch stehen im umgekehrten Verhältnis zueinander.

Oder:

Vorratsdauer und Verbrauch sind umgekehrt proportional.

2. Bilden wir aus den Maßzahlen der entsprechenden Zahlenpaare **Vorratsdauer** und **Verbrauch** Produkte, so erkennen wir, daß **Produktgleichheit** vorliegt.
Vorratsdauer (Tg.) · Verbrauch (l) = 15 · 4 = 20 · 3 = 30 · 2 = 60 · 1
= 120 · $\frac{1}{2}$ = ... 180 · $\frac{1}{3}$ = 240 · $\frac{1}{4}$ = x · 5 = ... usw.
Wir sehen, daß der Wert vorstehender Produkte immer 60 ist. Da wir nun jedes Produkt in der Gleichungskette durch ein anderes ersetzen können, gelten u. a. folgende **Produktgleichungen**:

a) $15 \cdot 4 = 60 \cdot 1$ **b)** $20 \cdot 3 = 60 \cdot 1$ **c)** $180 \cdot \frac{1}{3} = 60 \cdot 1$ **d)** $x \cdot 5 = 60 \cdot 1$

Die letzte Gleichung (d) führt auf ein anderes Rechenverfahren, um die unbekannte Vorratsdauer x für den 5 Liter-Tagesverbrauch zu ermitteln. Offensichtlich ist $\underline{x = 12}$ eine Lösung der Gleichung.

Wir schließen:
Wenn $5 \cdot x = 60$, dann ist $1\,x$ fünfmal so klein, also $x = \frac{60}{5}$, $x = 12$. Durch Einsetzen an Stelle von x in die Gleichung $x \cdot 5 = 60 \cdot 1$ erkennen wir, daß 12 die Lösung der Gleichung ist.

2. Rechenverfahren: (durch Produktgleichung)	1. Beispiel: $x \cdot 5 = 60 \cdot 1$ $x = \frac{60 \cdot 1}{5}$ $\underline{x = 12}$	2. Beispiel: $x \cdot \frac{1}{4} = 60 \cdot 1$ $x = \frac{60 \cdot 1}{\frac{1}{4}}$ $x = 60 \cdot 4$ $\underline{x = 240}$	3. Beispiel: $x \cdot 0{,}5 = 60 \cdot 1$ $x = \frac{60 \cdot 1}{0{,}5}$ $\underline{x = 120}$
	Bei 5 Liter Tagesverbrauch reicht der Vorrat 12 Tage.	Bei $\frac{1}{4}$ Liter Tagesverbrauch reicht er 240 Tage.	Bei $\frac{1}{2}$ Liter Tagesverbrauch reicht er 120 Tage.

Wir üben ebenso für 6 l, $\frac{1}{5}$ l, $\frac{1}{3}$ l Tagesverbrauch.

Beachte:

Auf der linken Seite der ersten Gleichung steht das **Produkt** aus der **unbekannten** Vorratsdauer x und dem dazu gehörenden angenommenen Tagesverbrauch. Auf der rechten Seite der ersten Gleichung steht das **Produkt** aus dem bekannten Gesamtvorrat und dem dazu gehörenden Tagesverbrauch (hier 1 l).

3. Wir stellen nun kürzer in einer **Wertetabelle** dem jeweiligen Verbrauch die entsprechende Vorratsdauer gegenüber.
   a) Prüfe die Gesetzmäßigkeit der Produktgleichheit.
   b) Vervollständige die Wertetafel für 5 l, 6 l, 10 l, 12 l, $\frac{1}{4}$ l, $\frac{1}{5}$ l.

Auch hier können wir in einem **Diagramm** auf Millimeterpapier die Gesetzmäßigkeit graphisch darstellen (Abb. 154.1). Wir tragen auf der waagerechten Achse, der **Rechtsachse**, in gleichem Abstand die Liter ab (1 l $\triangleq$ 1 cm). Auf der senkrechten Achse, der **Hochachse**, tragen wir in gleichem Abstand die Tage ab (10 Tg. $\triangleq$ 1 cm). Dann errichten wir auf der Rechtsachse in den Punkten 1, 2, 3, 4 usw. Senkrechte und auf der Hochachse in den Punkten 60, 30, 20, 15, usw. Senkrechte.

Schlußrechnung 153

Wertetafel

Verbrauch in l	Vorratsdauer in Tg.
1	60
2	30
3	20
4	15
usw.	usw.
$\frac{1}{2}$	120
$\frac{1}{3}$	180
usw.	usw.

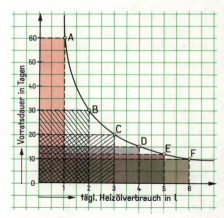

Abb. 154.1

Senkrechte, die zu einem Zahlenpaar der Wertetafel gehören, bringen wir zum Schnitt. Verbinden wir 3 oder mehrere aufeinanderfolgende Schnittpunkte miteinander, so stellen wir fest, daß keine Gerade – wie beim geraden Verhältnis – entsteht. Zeichnen wir viele Punkte ein und verbinden diese, so sehen wir, daß – beim umgekehrten Verhältnis – eine **gekrümmte Kurve** (A–B–C–D–E–F) entsteht. Man nennt sie **Hyperbel**.

Betrachte die Rechtecke, die durch die Senkrechten und die Achsen entstehen. Du findest sicher viele flächengleiche Rechtecke. Wie kommt das? Jeder Punkt der Kurve gibt nun zu jedem Heizölverbrauch die Vorratsdauer an und umgekehrt.

Stelle im Diagramm für die Punkte A, B, C, D, E, F Vorratsdauer und Verbrauch fest. – Zeichne auch die Kurvenpunkte für $\frac{1}{2}$ l und 7 l ein.

Lies die Vorratsdauer bei einem Tagesverbrauch von $\frac{1}{2}$ l, $1\frac{1}{2}$ l, $2\frac{1}{2}$ l, 4,5 l ab.

4. Nicht nur die Zahlenpaare von Vorratsdauer und Verbrauch sind zueinander **umgekehrt proportional**. Weitere Größen, deren Maßzahlen produktgleiche Zahlenpaare bilden, sind:

a) Verbraucher (bei gleichem Vorrat) .... Verbrauchszeit
b) Arbeitskräfte (bei festem Arbeitsauftrag) .... Arbeitsdauer
c) Tägliche Arbeitszeit (bei festem Arbeitsauftrag) .... Arbeitstage
d) Geschwindigkeit (bei gleichem Weg) .... Zeit
e) Länge (bei gleicher Rechtecksfläche) .... Breite
f) Schrittlänge (bei gleichem Weg) .... Schritte

(Sprich: Je mehr ..... desto weniger! Das Doppelte ..... die Hälfte!) Stelle weitere solche Relationen an Hand von Aufgaben fest, die produktgleiche Zahlenpaare bilden.

Aufgaben

1. Zeichne das Kurvendiagramm für folgende Aufgaben auf Millimeterpapier. Wähle eine geeignete Einheit für die graphische Darstellung.
Es können 25 Arbeiter in 50 Tagen den Arbeitsauftrag erledigen.
   a) Wie lange brauchen 10, 20, 30, 40, 50, 60, 75 Arbeitskräfte?
   b) Wieviel Arbeiter schaffen den Bauauftrag in 10, 25, 40, 60, 75 Tagen?

2. Ein Auto braucht für eine Strecke bei 50 km/h Geschwindigkeit 8 Std.
   a) Wieviel Zeit braucht es bei 20, 30, 40, 60, 70, 80 km/h?
   b) Welche Geschwindigkeit in km/h erreicht das Auto, wenn es dieselbe Strecke in 4, 5, 6, 7, 9 Std. zurücklegt?

Rechne folgende Aufgaben   a) mit Zweisatz,   b) mit Produktgleichung.

3. Ein Bagger braucht zum Ausheben des Bodens für einen Neubau 56 Stunden. Es werden 2 Bagger gleicher Leistungsfähigkeit angesetzt.

4. Zum Ausschachten für einen Entwässerungsschacht braucht 1 Arbeiter 42 Stunden. Wieviel Zeit brauchen 3 Arbeiter für die gleiche Arbeit?

5. Auf einer Großbaustelle faßt der Greifer eines Baggers 1 m³. Der Greifer muß 9936mal zupacken, um den Boden auszuheben. Die Erde wird auf Lastwagen abgefahren, die   a) 4 m³,   b) $4\frac{1}{2}$ m³,   c) 6 m³ fassen. Wieviel Fuhren sind erforderlich?

6. Eine Pumpe, die die Baustelle für die Tiefbauarbeiten trockenlegen soll, braucht dazu 76,5 Std. Damit am Montag gearbeitet werden kann, werden a) über Sonntag 3 Pumpen,   b) über Sonnabend und Sonntag 2 Pumpen gleicher Leistung angesetzt. In welcher Zeit schaffen es die Pumpen?

Von der Vielheit auf die Einheit oder einen Teil der Vielheit

7. 3 Monteure brauchen zur Montage einer Maschine $48\frac{3}{4}$ Std. 2 Monteure erkranken, so daß 1 Monteur allein den Auftrag erledigen muß. Wieviel Stunden benötigt er?

1. Rechenverfahren (Zweisatz)	2. Rechenverfahren (Produktgleichung)
Wir schließen so: Je weniger Monteure, desto mehr Zeit wird benötigt.	Wir rechnen: Die Produkte aus der Arbeitszeit und der Anzahl der Arbeiter sind einander gleich.

3 Monteure brauchen $48\frac{3}{4}$ Std.	oder	$x \cdot 1 = 48\frac{3}{4} \cdot 3$
1 Monteur $\longrightarrow$ $48\frac{3}{4} \cdot 3 = \underline{\underline{146\frac{1}{4}}}$ Std.		$x = \underline{\underline{146\frac{1}{4}}}$

Die benötigte Zeit für 1 Monteur beträgt $146\frac{1}{4}$ Std.

8. Der Kraftstoffvorrat für einen Dieselmotor reicht für a) $18\frac{1}{2}$ Tage, b) $27\frac{1}{2}$ Tage, wenn täglich 4 l verbraucht werden. Wie lange reicht er, wenn der Tagesverbrauch auf 1 l eingeschränkt wird?

9. Ein Bau-Lastenaufzug an einem Hochhausneubau hat eine Geschwindigkeit von $6\frac{1}{2}$ m/s und braucht vom Erdgeschoß bis zum 12. Stock 8 Sekunden. Welche Zeit braucht der Aufzug, wenn der Korb bei gefährlicher Last mit 1 m/s fährt?

10. Der Förderkorb eines Bergwerksschachts fährt mit einer Geschwindigkeit von 11,2 m/s und braucht bis zur Sohle 55 Sekunden. Wie lange brauchte der Korb, als er nach einer Reparatur an der Fördereinrichtung bei einer Probefahrt eine Geschwindigkeit von 1 m/s hatte?

11. Eine Kunststoffmasse reicht zur Herstellung einer Folie von 1,28 m Breite und 992 m Länge. Wie lang wird die Folie, wenn die Masse in gleicher Dicke auf 1 m breite Walzen aufgetragen wird?

Wenn von 2 bekannten gleichbenannten **Größen** die **eine ein Teiler** der anderen ist, läßt sich vorteilhafter wie in folgender Aufgabe verfahren.

12. Ein VW fuhr im 4. Gang mit einer Geschwindigkeit von 105 km/h und brauchte für eine Fahrt $1\frac{3}{4}$ Std. Auf der Rückfahrt fuhr er wegen Nebels im 2. Gang durchschnittlich 35 km/h. Wieviel Zeit brauchte der Fahrer für die Rückfahrt?

1. Rechenverfahren (Zweisatz)

Wir schließen so: 35 km/h ist der 3. Teil von 105 km/h. Wenn die Geschwindigkeit auf den 3. Teil sinkt, so steigt die Fahrzeit auf das 3fache.

Bei 105 km/h braucht er $1\frac{3}{4}$ Std.
bei 35 km/h $\longrightarrow$ $1\frac{3}{4} \cdot 3$ Std.
$= \underline{\underline{5\frac{1}{4}}}$ Std.

2. Rechenverfahren (Produktgleichung)

Wir rechnen so: Die Produkte aus der Geschwindigkeit und der zugehörigen Zeit sind einander gleich.

oder

$$x \cdot 35 = 1\frac{3}{4} \cdot 105$$
$$x = \frac{1\frac{3}{4} \cdot \overset{3}{\cancel{105}}}{\underset{1}{\cancel{35}}}$$
$$\underline{\underline{x = 5\frac{1}{4}}}$$

Der VW braucht auf der Rückfahrt $5\frac{1}{4}$ Std.

3. Der Arzt riet der Mutter, Werner nach einer schweren Erkrankung täglich
 a) 375 g, **b)** 250 g Traubenzucker zu geben. Als sie noch einen Vorrat für 5 Tage hatte, wurde die Tagesration auf 125 g herabgesetzt. Wie lange reicht jetzt der Vorrat?

4. Auf einem Marmeladeglas steht „Inhalt 450 g". Das ist in einem Heim der tägliche Bedarf für 6 Personen. Der Speisezettel wird teilweise auf Honig umgestellt, so daß durchschnittlich nur **a)** 225 g, **b)** 150 g Marmelade täglich verbraucht werden. Für wieviel Personen reicht nun der Inhalt?

5. In einer Familie reichte bei einem täglichen Bedarf von 3 kg Kartoffeln der Kellervorrat noch für $1\frac{1}{4}$ Monat. Da die Kinder auswärts studieren, werden nur noch **a)** $1\frac{1}{2}$ kg, **b)** $\frac{3}{4}$ kg täglich verbraucht. Wie lange reicht nun der Vorrat?

2. Der einfache Dreisatz

Von der Vielheit auf eine andere über die Einheit oder einen gemeinsamen Teiler

6. Ein Schwimmbecken kann in 8 Std. 20 Min. mit Wasser gefüllt werden, wenn ein Rohr $4\frac{1}{2}$ m³/min zuführt. Wieviel muß je Minute zufließen, damit das Becken schon in $7\frac{1}{2}$ Std. voll ist?

1. Rechenverfahren (Dreisatz)

Wir schließen so: Wenn die Füllung in 1 Std. erfolgen soll, dann muß die Füllgeschwindigkeit $8\frac{1}{3}$mal so groß sein. Dieses Produkt ($4\frac{1}{2} \cdot 8\frac{1}{3}$) kann aber $7\frac{1}{2}$mal so klein sein, wenn die Füllung erst in $7\frac{1}{2}$ Std. erfolgen soll.

$8\frac{1}{3}$ Std. Füllzeit erfordert $4\frac{1}{2}$ m³/min Füllgeschw.

1 Std. ——— $4\frac{1}{2} \cdot 8\frac{1}{3}$ m³/min

$7\frac{1}{2}$ Std. ——— $\dfrac{4\frac{1}{2} \cdot 8\frac{1}{3}}{7\frac{1}{2}} = \dfrac{9 \cdot 25 \cdot 2}{2 \cdot 3 \cdot 15}$

$= 5$ m³/min

2. Rechenverfahren (Produktgleichung)

Wir rechnen: Das Produkt aus der unbekannten Füllgeschwindigkeit x und der zugehörigen Füllzeit ($7\frac{1}{2}$) ist gleich dem Produkt aus der bekannten Füllgeschwindigkeit ($4\frac{1}{2}$) und der Füllzeit ($8\frac{1}{3}$).

$$x \cdot 7\frac{1}{2} = 4\frac{1}{2} \cdot 8\frac{1}{3}$$

$$x = \frac{4\frac{1}{2} \cdot 8\frac{1}{3}}{7\frac{1}{2}}$$

$$x = \frac{9 \cdot 25 \cdot 2}{2 \cdot 3 \cdot 15}$$

$$x = 5$$

Die erforderliche Füllgeschwindigkeit beträgt 5 m³/min.

Manchmal ist es vorteilhafter beim Dreisatzverfahren, statt über die Einheit, über den **größten gemeinsamen Teiler der beiden Vielheiten** zu schließen.

17. Für die Einfassung eines Weges werden 270 Betonkanten von 1,20 m Länge benötigt. Wieviel braucht man, wenn die Kanten 1,50 m lang sind?

1. Rechenverfahren (Dreisatz)

Bei 1,20 m Länge — $\dfrac{270 \cdot 4}{5} =$ __216 Stck.__

bei 0,30 m

bei 1,50 m

2. Rechenverfahren (Produktgleichung)

$x \cdot 1,50 = 270 \cdot 1,20$

$$x = \frac{\overset{54}{\cancel{270}} \cdot \overset{4}{\cancel{1,20}}}{\underset{5}{\cancel{1,50}}}$$

$x = 216$

oder

Es sind 216 Betonkanten erforderlich.

18. Andreas will mit seinem Bruder a) eine 14tägige, b) eine 16tägige Radtour machen. Seine Ersparnisse reichen dann für die tägliche Ausgabe von a) 7,80 DM, b) 8,20 DM. Sein Bruder bekommt nun aber nur a) 12 Tage, b) 15 Tage Urlaub. Wieviel kann Andreas nun täglich ausgeben?

19. Friedhelm hört, daß in seiner Straße eine Teerdecke aufgebracht werden soll. a) 15 Arbeiter schaffen das in 22 Stunden, b) 12 schaffen es in 17 Stunden. Da Regenwetter angesagt ist, werden a) 25 Arbeiter, b) 16 Arbeiter eingesetzt. Wie lange dauert nun die Arbeit?

20. Man schätzt, daß der Steinbruch vor der Stadt in a) 75, b) 60 Jahren erschöpft sein wird, wenn täglich a) 240 t, b) 280 t abgebaut werden. Wann ist der Steinbruch erschöpft, wenn der Abbau auf a) 360 t, b) 350 t täglich erhöht wird?

21. Bei einer Feuerlöschübung leerte eine Motorspritze mit 3 Strahlrohren einen Teich a) in 80 Minuten, b) in $1\frac{1}{2}$ Stunden. Wie lange hätte das Leerpumpen bei 5 Strahlrohren gedauert?

22. Ein Omnibus, der Pendler zur Fabrik in die Stadt fährt, braucht für die Fahrstrecke a) 45 Min., wenn er 42 km/h, b) 36 Min., wenn er 40 km/h fährt. Wegen Glatteises fährt er nur a) 35 km/h, b) 30 km/h. Wieviel Minuten sind die Pendler später am Fabriktor?

158 *Schlußrechnung*

3. Vermischte Aufgaben zur Schlußrechnung

1. a) 100 l Heizöl kosten 12,60 DM. Ein Hausbesitzer läßt am 1. Oktober den Tank seiner Ölheizung füllen, der 7500 l faßt. b) Am 1. Dezember sind nur noch 5700 l im Tank. Wieviel Öl wird, bei gleichem Verbrauch, am 1. März (am Ende der Heizperiode am 1. Mai) verbraucht sein?

2. Vater hat einen Kraftstofftank. Der Tank ist $\frac{3}{4}$ voll und enthält a) 375 l, b) 384 l. Wieviel l kann er fassen?

3. Vaters Schrittlänge ist 80 cm. a) Wieviel Schritte braucht er für 1 km? b) Er braucht für den Weg zum Garten 240 Schritte. Wieviel Schritte muß Christel bei 50 cm und Klaus bei $62\frac{1}{2}$ cm Schrittlänge machen?

4. 3 Tiefbauarbeiter verlegen einen Entwässerungskanal in $6\frac{1}{2}$ Tagen. Wie lange brauchen a) 2, b) 4, c) 5 Arbeiter?

5. Ein rechteckiger Bauplatz ist 25 m lang und 16 m breit. Ein benachbarter Platz hat die gleiche Fläche, ist aber 20 m lang. Berechne seine Breite.

6. Die Kosten für 0,625 km Wegebau betrugen a) 175 000, b) 268 000 DM. Wie teuer kommt 1 km?

7. a) Ein Eisenbahnwagen hat $10\frac{1}{2}$ m³ Kies im Gewicht von 19 t geladen. Im nachfolgenden Wagen befinden sich 15 m³ Kies. b) Mit wieviel m³ ist ein dritter Wagen beladen, dessen Ladegewicht 12 t beträgt?

8. Wenn ein D-Zug stündlich 94 km fährt, so legt er seine Fahrstrecke in $6\frac{1}{2}$ Std. zurück. Wie lange braucht er, wenn er stdl. a) 90, b) 82 km fährt?

9. Ein Auto verbraucht auf 100 km $9\frac{1}{2}$ l Benzin. Welche Strecke kann es mit a) 20 l, b) 50 l, c) $37\frac{1}{2}$ l zurücklegen? d) Ein anderes Auto verbraucht auf 100 km 5,9 l Benzin. Wieviel Benzin verbraucht es auf 360 km weniger als das erste Auto?

10. Ein Autowerk gibt bekannt, daß alle $2\frac{1}{2}$ Min. ein Auto fertig wird. Wieviel Autos werden a) in 1 Std., b) an einem Tage (8 Std.), c) im Jahre (300 Tage) fertig?

11. Ein Fabrikant will einen Aufzug für ein Hochhaus in 60 Tagen bauen und montieren. Er stellt dafür 8 Schlosser ein. Wieviel Schlosser muß er einstellen, wenn die Lieferfrist auf a) 30, b) 40, c) 48 Tage verkürzt wird?

13. Elemente der Abbildungsgeometrie

13.1. Abbilden durch Spiegelung

13.1.1. Ebenensymmetrie im Raum – Spiegelungsgesetze

1. Stelle dich vor einen Spiegel. Nähere dich dem Spiegel und entferne dich dann wieder etwas von ihm. Was stellst du fest?

2. Nähere einen Gegenstand (z. B. Bleistift) deinem lotrecht gehaltenen Taschenspiegel und entferne ihn etwas. Schätze, wie weit der **Gegenstand** und wie weit sein **Bild** jeweils von der Spiegelfläche entfernt sind. Welche Beziehung (Relation) vermutest du bezüglich der **Gegenstandsweite** und **Bildweite**?

3. Um deine Vermutung zu bestätigen, stelle im verdunkelten Zimmer eine durchsichtige spiegelnde Glasscheibe senkrecht auf den Tisch. Setze als Gegenstand eine kleine brennende Kerze vor die Scheibe. Miß ihren Abstand bis zur Spiegelebene und den des Bildes hinter der Spiegelebene (Abb. 160.1).

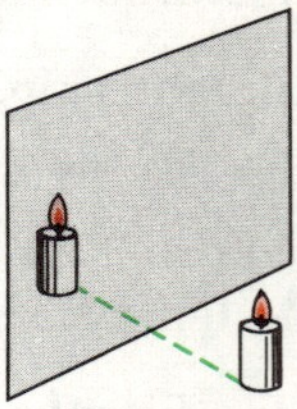

Abb. 160.1

Verändere mehreremal den Abstand der Kerze (die **Gegenstandsweite**). Was stellst du beim Abstand des Bildes der Kerze (**Bildweite**) fest?

> Bei der Spiegelung ist die Gegenstandsweite gleich der Bildweite.

4. Wir wollen die Gegenstandsweite a, die Bildweite b und die Spiegelebene s nennen. Welche der folgenden Aussagen ist wahr, welche ist falsch?

$(a < b, \ a > b, \ a \neq b, \ a = b, \ a \perp s, \ b \perp s, \ s \perp a, \ s \perp b)$

5. Stelle Gegenstände verschiedener Art vor deinen Taschenspiegel und vergleiche sie mit ihrem Spiegelbild. Vergleiche ihre Gestalt und Größe. Nimm statt des Taschenspiegels auch eine kleine Glasscheibe, wie man sie zum Einrahmen von Dias benützt. (Du siehst ein Spiegelbild und kannst gleichzeitig durch die Scheibe hindurchsehen.)

> Bei der Spiegelung an einer Ebene sind Gegenstand und Bild von gleicher Gestalt und gleicher Größe.

6. Stelle dich vor einen Spiegel und hebe die rechte Hand. Sie erscheint beim Spiegelbild als linke Hand. – Hebe nun die linke Hand. Was erkennst du?

7. Lege eine Reißzwecke (halte einen kleinen Bleistift) mit der Spitze nach oben auf deinen waagerecht liegenden Taschenspiegel. Betrachte das Bild im Spiegel. Es ist oben und unten vertauscht. Die Spitze weist beim Spiegelbild nach unten.

8. Betrachte einen am spiegelnden Gewässer stehenden Baum, ein Gebäude, usw. Welche Beobachtung machst du auch hier? Abb. 161.1)

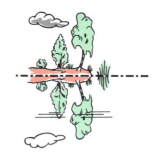

Abb. 161.1

Bei der Spiegelung ist bei lotrechter Spiegelebene rechts und links, bei waagerechter Spiegelebene oben und unten vertauscht. Gegenstand und Bild sind seiten- bzw. höhenverkehrt.

9. Halte senkrecht vor deinen lotrecht stehenden Taschenspiegel deine Armbanduhr (Abb. 161.2). Wie laufen die Uhrzeiten und Zeiger der Uhr um und wie im Spiegelbild? Der rechtsherum drehende **Umlaufsinn** der Uhr wird beim Spiegelbild in eine Linksdrehung verkehrt.

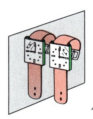

Abb. 161.2

Bei der Spiegelung an einer Ebene sind der Umlaufsinn der Gegenstandsfigur und der Umlaufsinn der Bildfigur gegensinnig.

10. Wir nennen Gegenstand und Bild **spiegelgleich.** Die Spiegelebene wird in der Geometrie auch **Symmetrieebene**[1] genannt, weil Gegenstand und Bild **symmetrisch (spiegelgleich)** zu ihr liegen.

11. a) Lege ein Paar Handschuhe so auf den Tisch, daß sie symmetrisch zu einer **gedachten** Symmetrieebene liegen.
    b) Ändere ihre Lage unter Wahrung der Symmetrie.

12. Bringe ein Paar Schuhe beiderseits einer Wand aus Pappe als Symmetrieebene in symmetrische Lagen. Entferne die Pappe. Die Schuhe liegen auch jetzt noch symmetrisch zur nur gedachten Symmetrieebene.

13. Ermittle die Symmetrieebene bei anderen paarigen Gegenständen.

---

[1] sym (gr.) = zusammen; metrein (gr.) = messen; Symmetrie = Gleichmaß, Ebenmaß.

Abbildungsgeometrie

Körper mit Symmetrieebenen

14. Schneide einen Apfel längs in zwei Hälften. Setze die eine Apfelhälfte mit der Schnittfläche auf einen Spiegel. Das im Spiegel erscheinende Spiegelbild der aufgesetzten Apfelhälfte ergänzt diese zum vollen Apfel. Lege auch die andere Apfelhälfte mit der Schnittfläche auf den Spiegel.

15. Spalte eine Walnuß mit dem Taschenmesser und lege die eine Hälfte mit der Schnittfläche auf deinen Taschenspiegel. Beobachte wie beim Apfel. Die Schnittebene ist eine Symmetrieebene.

16. Nenne Gegenstände (Körper), die durch einen ebenen Schnitt in spiegelgleiche (symmetrische) Hälften geteilt werden können. (Denke an Schränke, Stühle, Tische, Bänke, Regale, Bücher, usw.)

Körper, die sich durch eine Schnittebene in spiegelgleiche Hälften teilen lassen, heißen ebenensymmetrisch.

17. a) Gibt es auch Körper, die durch **zwei** Schnittebenen jeweils in spiegelgleiche Hälften zu teilen sind? b) Wieviel Symmetrieebenen hat ein längliches Brot? c) Nenne Gegenstände mit zwei Symmetrieebenen.

18. a) Gibt es Körper mit drei Symmetrieebenen? b) Wieviel Symmetrieebenen hat eine Streichholzschachtel? (Abb. 162.1) c) Nenne andere Körper mit drei Symmetrieebenen.

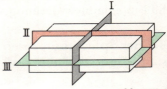

Abb. 162.1

19. a) Gibt es Körper mit noch mehr Symmetrieebenen? – Untersuche einen Würfel auf seine vielen Symmetrieebenen. b) Halbiere mit dem Messer auf verschiedene Art einige Flaschenkorken und setze die Korkenhälften auf deinen Taschenspiegel. Wieviel Symmetrieebenen gibt es? – c) Führe Schnitte durch ein rundes Brot, die es in symmetrische Hälften teilen. Wieviel Symmetrieebenen gibt es? – d) Betrachte Gegenstände deiner Umgebung und schreibe weitere 20 ebenensymmetrische Objekte auf (Gebäude, Fahrzeuge, Haushalts- und Wohnungsgegenstände, usw.).

13.1.2. Achsensymmetrie in der Ebene – Abbildungsgesetze

20. Zeichne a) einen Punkt P, b) eine Strecke $\overline{DE} = 3$ cm in schräger Lage, c) ein Dreieck ABC auf einen Bogen Papier und stelle einen Taschenspiegel senkrecht daneben (Abb. 163.1–3). Betrachte im Spiegel die Spiegelbilder

dieser Figuren. Nimm statt des Spiegels ein Diaglas und versuche, die Spiegelbilder hinter dem Spiegel zu zeichnen. (Hinter dem Spiegel darf es nicht zu hell sein.)

21. Ziehe entlang der unteren Spiegelkante eine strichpunktierte Gerade s. Entferne den Spiegel und falte das Papier längs dieser Geraden. Durchstich beide Papierhälften mit einer Nadel in P. Falte auseinander und bezeichne den entstandenen zweiten Punkt mit P'. Verbinde P mit P' durch eine gestrichelte Gerade.

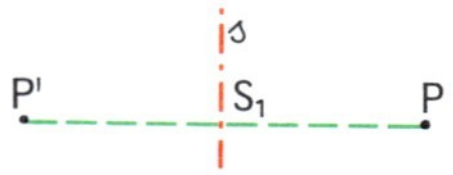

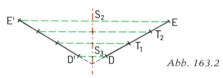

Abb. 163.1

Ermittle **a)** ob $\overline{PS_1} = \overline{S_1P'}$, **b)** ob die Verbindungslinie $\overline{PP'}$ senkrecht zur **Faltlinie** s steht. – Es gilt: $\overline{PS_1} = \overline{S_1P'}$ und $\overline{PP'} \perp s$.

22. Falte wieder und durchstich beide Papierhälften in D und E. Bezeichne die entsprechenden **Gegenpunkte** mit D' und E' und verbinde sie.

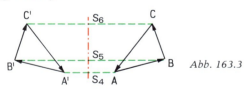

Abb. 163.2

a) Prüfe die Verbindungslinien $\overline{DD'}$ und $\overline{EE'}$.
Es gilt: $\overline{DS_3} = \overline{S_3D'}$ und $\overline{DD'} \perp s$
$\overline{ES_2} = \overline{S_2E'}$ $\overline{EE'} \perp s$

b) Vergleiche die Strecke $\overline{ED}$ mit der entsprechenden Strecke $\overline{E'D'}$.

23. Durchstich beide Papierhälften in den Punkten A, B und C. Bezeichne die entsprechenden Gegenpunkte mit A', B' und C'. Verbinde diese Punkte A', B' und C' miteinander. Vergleiche die Dreiecke miteinander; sie sind **deckungsgleich (kongruent[2])**.

Abb. 163.3

Ziehe die Verbindungsstrecken $\overline{AA'}, \overline{BB'}, \overline{CC'}$. Was stellst du auch hier fest?
Es gilt: $\overline{AS_4} = \overline{S_4A'}$ und $\overline{AA'} \perp s$
$\overline{BS_5} = \overline{S_5B'}$ $\overline{BB'} \perp s$
$\overline{CS_6} = \overline{S_6C'}$ $\overline{CC'} \perp s$

---
[2] congruere (lat.) = zusammentreffen

24. Setze nun deinen Taschenspiegel oder ein Diaglas auf die Faltlinie s und vergleiche die Spiegelbilder von Punkt P, der Strecke $\overline{DE}$ und dem Dreieck ABC mit den durch Falten entstandenen Abbildern. Was stellst du fest? Da beim Falten Spiegelbilder erzeugt werden, nennen wir die Faltlinie in Anlehnung an die Spiegelebene auch **Spiegelachse** oder **Symmetrieachse**.

> **Die Figuren und ihre Abbilder liegen symmetrisch zur Symmetrieachse. Man sagt, sie liegen achsensymmetrisch. Die Symmetrieachse halbiert die Verbindungsstrecken zugeordneter Punkte und steht senkrecht auf ihnen.**

25. Eine schräg zur Achse s liegende Strecke $\overline{DE}$ soll an dieser gespiegelt werden. **Konstruktion** (Abb. 163.2): Wir fällen mit dem Zeichendreieck von D und E die Senkrechten auf s. Dann verlängern wir diese über s hinaus um sich selbst. Die zugeordneten Punkte bezeichnen wir mit D' und E'. Nun verbinden wir D' mit E'. Miß die Strecken $\overline{DE}$ und $\overline{D'E'}$.

26. Verlängere $\overline{DE}$ über D und $\overline{D'E'}$ über D' hinaus bis zum Schnitt mit der Symmetrieachse. Was stellst du fest?

> **Zwei schräg zur Achse achsensymmetrisch liegende Geraden schneiden sich auf der Symmetrieachse.**

27. Zeichne zwei symmetrisch liegende Dreiecke, bei denen keine Dreiecksseite parallel[3] zur Symmetrieachse verläuft. Verlängere alle Dreiecksseiten. Was stellst du fest? (Abb. 163.3)

28. Ziehe eine Gerade g parallel zur Symmetrieachse s und zeichne ihr Spiegelbild g'. (Abb. 164.1) Wähle zwei beliebige Punkte F und G auf g. Konstruiere F' und G' und verbinde sie. Was stellst du fest?

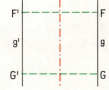

Abb. 164.1

> **Bei parallelen Geraden ist deren Mittelparallele Symmetrieachse.**

29. Teile in Abb. 163.2 die Strecke $\overline{DE}$ in 3 gleiche Teile. Die Teilpunkte seien T_1 und T_2. Fälle von T_1 und T_2 die Senkrechten auf s und verlängere sie bis zum Schnitt mit $\overline{D'E'}$. Miß die Teilstrecken von $\overline{DE}$ und ihrem Spiegelbild $\overline{D'E'}$.

---

[3] parallelos (gr.) = gleichlaufend

30. Teile in Abb. 163.2 die Strecke $\overline{DE}$ in zwei gleiche Teile und verfahre wie eben.

Die Teilung einer Strecke bleibt bei der Achsenspiegelung erhalten.

31. Bepfeile in Abb. 163.3 das Dreieck ABC im entgegengesetzten Sinne des Uhrzeigers. Spiegele dies Pfeildreieck an der Symmetrieachse s und bezeichne die zugeordneten Dreieckspunkte mit A', B' und C'. Prüfe den Umlaufsinn des Spiegelbildes und bepfeile es.

32. Vergleiche das Ergebnis mit dem bei der Ebenenspiegelung in Abb. 161.2.

Bei der Achsenspiegelung in der Ebene sind Umlaufsinn einer Figur und Umlaufsinn ihres Bildes gegensinnig.

33. Spiegele ein Viereck ABCD an einer außerhalb des Vierecks gelegenen Geraden s und zeichne den Umlaufsinn im Uhrzeigersinn ein. Prüfe den Umlaufsinn in dem Bild.

34. Spiegele eine Strecke $\overline{HJ}$ an einer diese Strecke schneidenden Achse s (Abb. 165.1). Jedem Punkt der gegebenen Strecke ist ein Bildpunkt zugeordnet, mit Ausnahme des Punktes, in dem die Strecke die Symmetrieachse s schneidet.

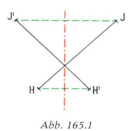

Abb. 165.1

Ein Punkt der Symmetrieachse fällt mit seinem Bildpunkt zusammen. Für alle Punkte P der Symmetrieachse gilt also P = P'.

35. Bislang haben wir einzelne Punkte, die Punktmenge aller Punkte einer Strecke, eines Dreiecks, eines Vierecks an einer Symmetrieachse gespiegelt, die die Punktmenge der ganzen Ebene in 2 **Halbebenen** teilt. Es werden aber **alle** Punkte der einen Halbebene, auch die, die nicht diesen Figuren angehören, auf die andere Halbebene abgebildet und umgekehrt. – Du kannst dir dies mit einer Diaglasscheibe klar machen.

Bei der Achsenspiegelung ist jedem Punkt P der Punktmenge der einen Halbebene ($\mathbb{E}_1$) stets eindeutig ein Bildpunkt P' der Punktmenge der anderen Halbebene ($\mathbb{E}_2$) zugeordnet und umgekehrt.

Abbildungsgeometrie

Eine eindeutige Zuordnung von Punktmengen bezüglich *s* nennen wir eine **Punktabbildung**. Wir kennzeichnen sie durch einen Pfeil, dessen Pfeilspitze auf den Bildpunkt zeigt (P→P').

36. Wiederhole die Gesetze der Achsenspiegelung und fasse sie zusammen.

Achsensymmetrische Figuren

37. **a)** Falte einen Bogen Papier und bringe etwas Tinte neben der Faltgeraden auf die eine Bogenhälfte (Halbebene). Presse die Bogenhälften zusammen. Es entstehen zwei deckungsgleiche (kongruente) Kleckse in symmetrischer Lage.

    b) Bringe Tinte **auf** die Faltgerade und presse die Bogenhälften zusammen. Es entsteht eine symmetrische Klecksfigur.

38. Nenne achsensymmetrische Figuren.

39. Nenne Figuren, die **a)** 2 Symmetrieachsen, **b)** 4 Symmetrieachsen haben.

40. Falte einen Bogen Papier. Führe Scherenschnitte aus und falte auseinander.

41. Falte einen rechteckigen Bogen (Heftblatt). Um wieviel Faltlinien lassen sich seine Hälften zur Deckung bringen? – Falte um beide Symmetrieachsen und führe Scherenschnitte aus.

42. Falte einen quadratischen Bogen. Um wieviel Faltlinien lassen sich die Hälften zur Deckung bringen? – Falte um die Symmetrieachsen und führe Scherenschnitte aus.

43. Welche römischen Ziffern sind achsensymmetrische Figuren?

44. Welche großen lateinischen Druckbuchstaben sind achsensymmetrisch?

45. Welche von diesen Ziffern und Buchstaben haben 2 Symmetrieachsen?

46. Warum genügt es manchmal, daß den Schnittmusterbogen der Modejournale nur eine „Halbfigur" gewisser Schnitte beigefügt ist? Wie verfährt Mutter beim Zuschneiden für symmetrische Körperpartien?

47. **a)** Zeichne nebenstehende Figuren und vervollständige sie durch Spiegelung an *s* zu symmetrischen Figuren. (Abb. 166.1)

    b) Entwirf selbst „Halbfiguren" auf Gitterpapier und spiegele dann.

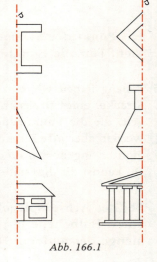

Abb. 166.1

3.2. Abbilden durch Drehung

1. Hebe dein Fahrrad vorne an und betrachte den Drehvorgang des Vorderrades. Was bleibt in Ruhe? Verfolge die Bewegung der Speichen und des Ventils. Welchen Weg beschreibt das Ventil?

2. Nenne Gegenstände, bei denen sich eine Drehbewegung vollzieht. Denke an die Kettenräder, die Pedale, den Fahrradlenker, Autolenkrad, Scheibenwischer, Autoräder, Eisenbahnräder, Nähmaschinenrad, Kurbel des Fleischwolfs, Türgriff, Bahnschranken, Kompaßnadel, Uhrzeiger, Karussell, Windmühlenflügel, Drehkran, Uhrenpendel, usw.

> Allen vorgenannten Gegenständen ist gemeinsam, daß sie eine Drehachse besitzen und daß alle anderen Punkte sich auf Kreisbahnen um Punkte der Achse bewegen. Du hast es mit Drehungen im Raum zu tun.

3. Bei der zeichnerischen Darstellung der Drehung benützen wir den **Zirkel**[1]. Mit ihm zeichnen wir Kreislinien um einen Drehpunkt, den wir **Mittelpunkt** nennen. Die Kreislinien können volle Kreise oder Kreisbogen sein (Abb. 167.1). Miß die Strecken $\overline{MA}$, $\overline{MB}$, $\overline{MC}$. Wir nennen diese Entfernung den Halbmesser oder **Radius**[2] (r) des Kreises. Zeichne weitere Radien ein.

Abb. 167.1

Zeichne einige der obengenannten Gegenstände, schneide sie aus und drehe sie auf einer Papierunterlage. Nimm eine Stecknadel zu Hilfe. Du erhältst **Drehungen in der Ebene**. Anstelle der Drehachse hast du hier einen **Drehpunkt**.

> Die Menge aller Punkte einer Kreislinie ist vom Mittelpunkt gleichweit entfernt.

4. a) Weise von deinem Platz aus mit einem ausgestreckten Arm in die rechte Klassenzimmerecke und führe dann den Arm durch Drehung in Richtung der linken Zimmerecke.
   b) Halte deinen Zirkel mit den abgewandten Spitzen vor ein Auge, spreize die Zirkelschenkel so, daß du über sie hinwegschauend sowohl die linke wie die rechte Klassenzimmerecke anvisierst. – Lege den gespreizten Zirkel auf den Tisch. Seine beiden **Schenkel** geben einen **Richtungsunterschied** an. Sie bilden einen **Winkel.** Der Drehpunkt, um den sich die Schenkel drehen lassen, heißt **Scheitel.**

---
[1] circulus (lat.) = Kreis   [2] radius (lat.) = Strahl

Ein Winkel ist der Richtungsunterschied zweier von einem Scheitel ausgehenden Schenkel.

5. Halte einen Schenkel des Zirkels fest und vollführe mit dem anderen Schenkel eine **Vierteldrehung**. Es ist ein **rechter Winkel** entstanden, den du von Kl. 5 schon als „Faltwinkel" kennst.

6. Führe die Schenkel des Zirkels zusammen, halte einen Schenkel des Winkels fest und vollführe mit dem anderen Schenkel aus seiner Anfangslage eine **Halbdrehung**. Es ist ein **gestreckter Winkel** entstanden.

7. Welche Drehung vollführt der große Zeiger deiner Uhr in einer Stunde? Wir nennen sie eine **Volldrehung**. (Drehung um einen vollen Winkel.)

8. Schneide eine Nadel von nebenstehender Form aus und drehe sie um D als Drehpunkt. Welche Drehung mußt du mit der Nadel ausführen, damit Figur und Bild in **Decklage** kommen? (Abb. 168.1)

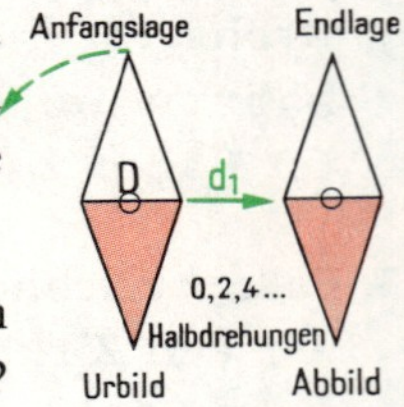

9. Vollführe eine **Halbdrehung** mit einem Rechteck (deinem Heft) um den Diagonalenschnittpunkt. Was stellst du fest?

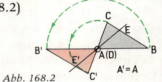

Abb. 168.1

10. a) Bringe ein Dreieck ABC durch Halbdrehung um A als Drehpunkt (D) in die Lage AB'C'. (Abb. 168.2)

    b) Zeichne ein △ABC. Verlängere b und c über A hinaus. Schlage Halbkreise mit b und c um A. Du erhältst das zu △ABC kongruente △AB'C' (Abb. 168.2).

Abb. 168.2

11. Liegen die Dreiecke ABC und AB'C' achsensymmetrisch? Setze deinen Taschenspiegel auf c, auf b. Setze ihn in beliebiger Richtung auf A. Deine Vermutung, daß Achsensymmetrie vorliege, bestätigt sich nicht. Dennoch haftet den Figuren etwas Symmetrisches an.

12. Ziehe durch A eine Gerade, die BC und B'C' in E und E' schneidet. Miß $\overline{AE}$ und $\overline{AE'}$. Ziehe weitere solche Geraden durch A. Was stellst du fest? – Wir sagen: E' liegt **punktsymmetrisch** zu E in bezug auf A. A ist der **Symmetriepunkt**. Sprich: C' (B') liegt ...; △AB'C' liegt ....

Durch eine Halbdrehung geht eine Figur in das kongruente punktsymmetrische Bild über.

13. Nenne Gegenstände, die nur punktsymmetrisch (nicht achsensymmetrisch) sind.

14. Nenne a) achsensymmetrische, b) punktsymmetrische große Druckbuchstaben und andere Zeichen und Figuren.

14. Abbilden durch Verschiebung – Der Vektor

4.1. Streifenornamente

1. In Abb. 169.1a wiederholt sich eine Teilfigur immer wieder. Die Gesamtfigur nennen wir ein **Streifenornament**. Wo kommen solche schmückenden Ornamente[1] vor?

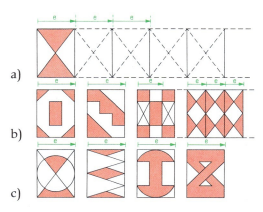

Abb. 169.1

2. a) Zeichne die Teilfiguren der obenstehenden Streifenornamente mit Lineal und Zirkel 2- oder 3mal so groß in dein Heft auf Gitterpapier.
   b) Lege einen Streifen durchscheinendes Papier darüber und pause die Teilfigur durch.
   c) Verschiebe die Teilfigur (das **Elementarornament**) um ihre Figurenbreite e nach rechts oder links und pause wieder durch.

Die geometrischen Schmuckformen lassen sich beliebig oft in gleichem Abstand durch **Verschiebung** um e in derselben Richtung wiederholen. Die Gerade, längs der wir verschieben, nennt man **Ornamentachse**.

3. Entwirf selbst Teilfiguren auf Gitterpapier, die vorstehenden einfachen Ornamenttypen entsprechen, und laß daraus Ornamente entstehen.

> Streifenornamente können durch Verschiebung eines Elementarornaments entstehen. – Die Verschiebung ist eine weitere Abbildungsart.

[1] ornatus (lat.) = Schmuck

14.2. Der Vektor

1. **a)** Verschiebe an der Tafel (im Heft) längs eines Lineals ein Zeichendreieck um 70 cm (70 mm) aus seiner Anfangslage ABC in die Endlage A'B'C' (Abb. 170.1). Führe an einigen Punkten bei der Verschiebung des Dreiecks die Kreide (den Bleistift) mit. Hebe Dreieck und Lineal ab. Es ist eine **Menge von parallelen Strecken** entstanden, die **gleichlang** sind. Man sagt, sie seien **parallelgleich,** und drückt dies durch das Zeichen „#" aus (Abb. 170.1).
Alle Punkte der Punktmenge des Dreiecks bewegten sich bei der Verschiebung um dieselbe Strecke in die **gleiche Richtung,** was wir durch **gleichsinnige Pfeile** kennzeichnen. Ein **Pfeil** ist eine Strecke mit Durchlaufsinn (Orientierung) oder kurz: eine **gerichtete Strecke.**
Die Menge dieser Pfeile faßt man zu einer **Gleichheitsklasse** zusammen. (Vergleiche mit der Gleichheitsklasse der Brüche!) Man nennt sie eine **Pfeilklasse.**
Da die Pfeile untereinander **äquivalent** (gleichwertig), d. h. hier parallelgleich sind, genügt es, einen einzigen Pfeil als Vertreter dieser Pfeilmenge zu zeichnen.

> **Eine Pfeilklasse oder auch den Vertreter einer Pfeilklasse nennt man einen Vektor[1].**
> **Zu jeder Verschiebung gehört genau ein Vektor und umgekehrt jeder Vektor entspricht einer Verschiebung.**

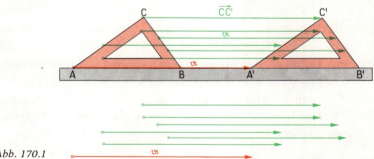

Abb. 170.1

Wir bezeichnen ihn in Abb. 170.1 mit $\overrightarrow{CC'}$ oder mit einem kleinen Buchstaben der deutschen Schrift (𝔞, 𝔟, 𝔠, 𝔡, 𝔢, ...) oder mit $\vec{a}, \vec{b}, \ldots$ und lesen „Vektor $\overrightarrow{CC'}$" oder „Vektor 𝔞". C ist der **Anfangspunkt** (Fußpunkt), C' der **Zielpunkt** (Spitze) des Vektors. Der Pfeil soll bedeuten, daß es sich um einen Vektor und nicht um eine Strecke handelt.

[1] vektor (lat.), von vehere = führen

Ein Vektor ist eine parallel zu sich selbst verschiebbare, gerichtete Strecke.

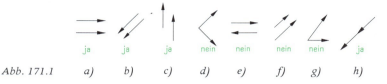

Abb. 171.1 a) b) c) d) e) f) g) h)

b) In Abb. 171.1 (a–h) sind Paare von Vektoren gezeichnet. Prüfe jeweils Betrag (Länge), Richtung und Orientierung (Durchlaufsinn) der beiden Vektoren und entscheide, ob die Aussage über ihre Gleichheit (ja) oder Ungleichheit (nein) wahr ist.

Wenn Länge, Richtung und Durchlaufsinn von Vektoren gleichzeitig übereinstimmen, sind sie gleich.

2. Verschiebe ein Dreieck ABC, dessen Ecken in den Gitterpunkten deines Heftes liegen, um den Vektor $\vec{b}$ in Richtung der senkrechten Gitterlinien. Da alle Pfeile der Verschiebung gleichlang, parallel und von derselben Richtung sind, ziehe von A, B und C aus 3 Pfeile der Länge des Vektors b (z. B. = 6 cm). Verbinde die Punkte A', B', C'. Es ist als **Bild** ein Dreieck A'B'C' entstanden, das deckungsgleich **(kongruent)** der **Figur** ABC ist. – Wir haben eine **Abbildung durch Verschiebung** vorgenommen, wie beim Streifenornament.

3. Zeichne das gleiche Dreieck und verschiebe es um den Vektor c (c = 5 cm) in Richtung der Diagonalen (Eckenlinien) der Gitterquadrate. Vergleiche auch hier Größe und Form beider Dreiecke. Schneide ein Dreieck von der Größe der Figur ABC aus und prüfe damit das Bild A'B'C'. Wie verlaufen die Figur- und Bildgeraden zueinander?
($\overline{AB} \parallel \overline{A'B'}$, $\overline{BC} \parallel \overline{B'C'}$, $\overline{AC} \parallel \overline{A'C'}$).

Bei der Abbildung durch Verschiebung entstehen deckungsgleiche Dreiecke. Figur- und Bildpunkte liegen auf Parallelen zur Vektorrichtung; Figur- und Bildgeraden sind parallel.

4. Verschiebe das Viereck ABCD zunächst um den Vektor a von der Länge 5 cm und dann um den Vektor b von der Länge 4 cm in derselben Richtung. Dieses Hintereinanderausführen von 2 gleichsinnigen Verschiebungen – ihre Verknüpfung – führt auf ein Ergebnis, das auch durch eine einzige Verschiebung um den Vektor c erreicht wird (Abb. 172.1).

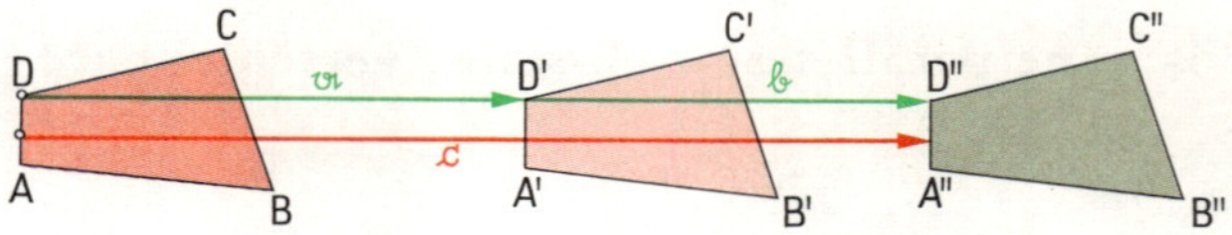

Abb. 172.1

Es ist also: $a \circ b = c$ (Lies: Vektor a verknüpft mit Vektor b = Vektor c).

5. Verschiebe ein Dreieck ABC um einen Vektor a von der Länge 5 cm erst in Richtung A→B, dann in Richtung B→A. Was stellst du fest? Es gibt also zu einer Verschiebung um den Vektor a eine **gegensinnig orientierte** Verschiebung, die der ursprünglichen Verschiebung entgegengesetzt **(invers)** ist. Ihr Vektor ist von derselben Länge; er hat aber die entgegengesetzte Orientierung (Abb. 172.2). Die **Spitze** dieses **Gegenvektors** $i(a)$

Abb. 172.2

fällt mit dem **Fußpunkt** des Vektors a zusammen. Wir wollen das Ergebnis daher eine **Nullverschiebung** nennen, das Verknüpfungsergebnis $a \circ i(a)$ gleich Null setzen und dementsprechend einen **Nullvektor** nennen.

Wir schreiben: $a \circ i(a) = o$ oder $\vec{a} \circ i(\vec{a}) = \vec{o}$

Vergleiche die Einführung des **Vektors** Null (Nullvektor) mit der Schöpfung der **Zahl** Null (Nullzahl).

6. Zeichne die Elementarornamente (Abb. 172.3a–d) in das Gitternetz deines Heftes und verschiebe sie wiederholt gemäß den angegebenen Vektoren a und b, so daß **Flächenornamente** entstehen. Entwirf selbst Flächenornamente.

Betrachte Flächenornamente auf Tapeten, Wandfliesen, Bodenbelag u. a.

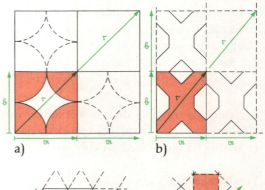

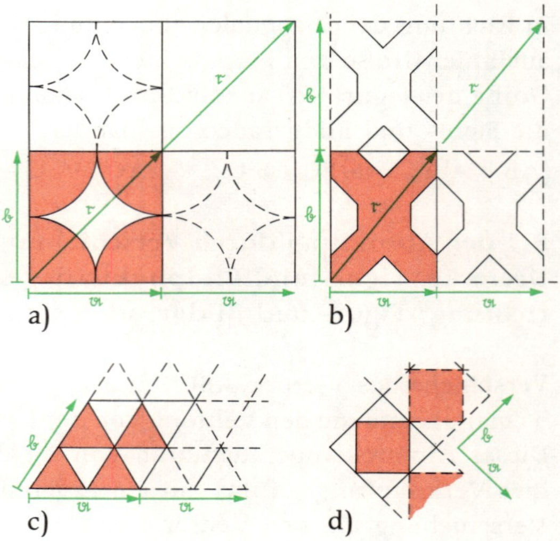

Abb. 172.3

172 **Vektoren**

3. Addition von Vektoren

1. Wir haben bereits die auf einer Geraden liegenden Vektoren a und b, sowie a und i(a) miteinander verknüpft. Wir wollen nun mit einem Dreieck zwei Verschiebungen vornehmen, wobei die Vektoren a (= 4 cm) und b (= 2,5 cm) senkrecht aufeinander stehen (Abb. 173.1). Der Vektor a bildet △ABC in △A'B'C' ab, der Vektor b dann △A'B'C' in △A''B''C''. – Zeichne und schneide ein deckungsgleiches Dreieck aus.
Das Nacheinanderausführen der zwei Verschiebungen läßt sich aber durch **eine** unmittelbare Verschiebung um den Vektor $\vec{CC''}$ bewirken, den wir den **Summenvektor** a + b nennen wollen. Damit erklären (definieren) wir das Nacheinanderausführen von Verschiebungen – das **Aneinanderhängen von Vektoren** – als eine **Addition von Vektoren**.

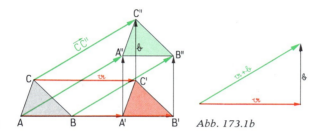

Abb. 173.1a   Abb. 173.1b

2. In Abb. 173.1a liegt dem **Vektordreieck** CC'C'' die Verschiebung des △ABC zugrunde. Da das Vektordreieck nicht an die Verschiebung einer bestimmten Figur gebunden ist, genügt es, das Vektordreieck allein darzustellen (Abb. 173.1b). Zeichne das Vektordreieck.

> **Der Summenvektor a + b weist vom Anfangspunkt des ersten Vektors zur Spitze des zweiten Vektors.**

3. Zeichne ein Rechteck ABCD und verschiebe es um die nicht aufeinander senkrecht stehenden Vektoren a und b (Abb. 173.2a u. b). Ermittle den Summenvektor a + b ($\vec{a} + \vec{b}$).

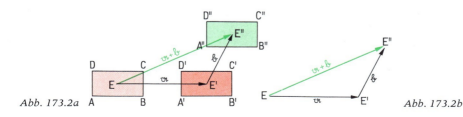

Abb. 173.2a   Abb. 173.2b

4. Wir wissen schon, daß a und b als Vektoren die Vertreter von 2 Pfeilklassen sind. Aus den beiden Scharen äquivalenter Pfeile können wir als Vertreter deshalb auch die beiden wählen, deren Anfangspunkte im Nullpunkt eines Koordinatensystems liegen.

Die vom Nullpunkt ausgehenden Vektoren nennt man **Ortsvektoren.** Die Spitzen der Ortsvektoren geben dann Punkte (Orte) an, deren Koordinaten wir **Gitterzahlen** nennen.

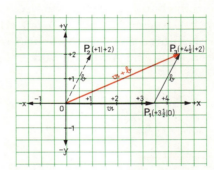

Abb. 174.1

Im vorstehenden Beispiel gehören zu a die Gitterzahlen $+3,5$ und 0; wir schreiben $\binom{+3,5}{0}$ und sprechen „$+3,5$ über 0"; b hat die Gitterzahlen $\binom{+1}{+2}$. (Abb. 174.1). Allgemein schreiben wir für den Vektor, dessen **Ortsvektor** die Gitterzahlen x und y hat, $\binom{x}{y}$.

Der **zeichnerischen Additionsregel für Vektoren** (das Aneinanderhängen von Vektoren) können wir nun eine **rechnerische Additionsregel für Vektoren** wie folgt zur Seite stellen:

$\binom{+3,5}{0} + \binom{+1}{+2} = \binom{+4,5}{+2}$ (Abb. 174.1.)
Prüfe die Zeichnung und die Gleichung.

Die Gitterzahlen des Summenvektors sind gleich der Summe der Gitterzahlen des ersten und zweiten Vektors.

Insofern ist es also gerechtfertigt, die Zusammensetzung von Verschiebungen (das Aneinanderhängen von Vektoren) als eine **Addition** von Vektoren zu kennzeichnen.

5. Zeichne nachstehende Vektoradditionen (Abb. 175.1) auf Gitterpapier:

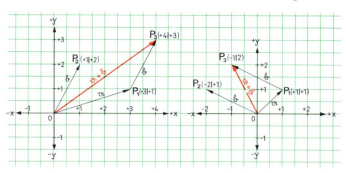

$$\begin{pmatrix}+3\\+1\end{pmatrix}+\begin{pmatrix}+1\\+2\end{pmatrix}=\begin{pmatrix}+4\\+3\end{pmatrix} \qquad \begin{pmatrix}+1\\+1\end{pmatrix}+\begin{pmatrix}-2\\+1\end{pmatrix}=\begin{pmatrix}-1\\+2\end{pmatrix}$$

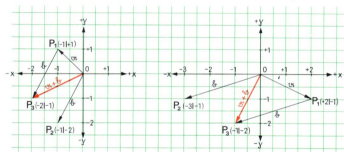

$$\begin{pmatrix}-1\\+1\end{pmatrix}+\begin{pmatrix}-1\\-2\end{pmatrix}=\begin{pmatrix}-2\\-1\end{pmatrix} \qquad \text{Abb. 175.1} \qquad \begin{pmatrix}+2\\-1\end{pmatrix}+\begin{pmatrix}-3\\-1\end{pmatrix}=\begin{pmatrix}-1\\-2\end{pmatrix}$$

6. Bei einiger Übung gelingt es, ohne die Zeichnung eines Achsenkreuzes auszukommen. Man kann es sich jeweils in die Anfangspunkte der einzelnen Vektoren verschoben denken, um dann die Gitterpunkte der Pfeilspitzen aufzusuchen. Rechne und zeichne:

a) $\begin{pmatrix}+3\\+2\end{pmatrix}+\begin{pmatrix}+3\\-2\end{pmatrix}$ b) $\begin{pmatrix}+2\\-1\end{pmatrix}+\begin{pmatrix}+3\\+1\end{pmatrix}$ c) $\begin{pmatrix}+2\\-2\end{pmatrix}+\begin{pmatrix}-1\\-1\end{pmatrix}$ d) $\begin{pmatrix}-3\\0\end{pmatrix}+\begin{pmatrix}0\\+2\end{pmatrix}$

e) $\begin{pmatrix}+2\frac{1}{2}\\+1\frac{1}{2}\end{pmatrix}+\begin{pmatrix}-1\frac{1}{2}\\+1\frac{1}{2}\end{pmatrix}$ f) $\begin{pmatrix}-1,5\\-2,5\end{pmatrix}+\begin{pmatrix}+1\\-1\end{pmatrix}$ g) $\begin{pmatrix}-2\\+1,5\end{pmatrix}+\begin{pmatrix}0\\+2,5\end{pmatrix}$ h) $\begin{pmatrix}+3,5\\-2\end{pmatrix}+\begin{pmatrix}-3,5\\-2\end{pmatrix}$

7. Aus Abb. 176.1 ist zu entnehmen, daß man bei der Addition von Vektoren die Reihenfolge vertauschen kann. Das geht auch aus der Addition der Gitterzahlen hervor.

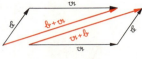
Abb. 176.1

Abb. 176.2

Bei der Addition von Vektoren gilt das Vertauschungsgesetz.
$$a + b = b + a$$

8. Zeige die Zwischenlage des Dreiecks A'B'C' (Rechtecks A'B'C'D') in Abb. 173.1a (173.2a) bei einer Vertauschung der Vektorsummanden a und b. Was ist in diesem Fall über die Endlage von A''B''C'' (A''B''C''D'') zu sagen?

9. Gegeben sind die Vektoren a, b, c (Abb. 176.3). Zeichne den Summenvektor
a) $a + b$, b) $b + c$, c) $a + c$.
Beachte, daß man stets den **Anfangspunkt des zweiten Vektors an die Spitze des ersten Vektors hängt.** (AZ-Verbindung) – Stelle vorstehende Vektoradditionen durch ihre Gitterzahlen dar.

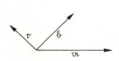 

Abb. 176.3

Zeichne ebenso den Summenvektor von
d) $b + a$, e) $c + b$, f) $c + a$.

10. Zeichne den Summenvektor $(a + b + c)$ aus den Vektoren a, b, c (Abb. 176.3) unter Beachtung der zeichnerischen Additionsregel für Vektoren (Aneinanderhängen von Vektoren, Abb. 177.1). Prüfe die folgende Darstellung durch Gitterzahlen:

$$\begin{pmatrix} +3 \\ 0 \end{pmatrix} + \begin{pmatrix} +1,5 \\ +1,5 \end{pmatrix} + \begin{pmatrix} -1 \\ +1 \end{pmatrix} = \begin{pmatrix} +3,5 \\ +2,5 \end{pmatrix}$$

11. Zeichne noch einmal das Vektorviereck ABCD (Abb. 177.2) mit denselben Vektoren a, b, c und dem Summenvektor d.

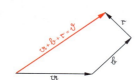
Abb. 177.1

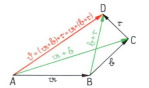
Abb. 177.2

a) Drücke den Vektor $\vec{AC}$ durch die Vektoren a und b im Vektordreieck ABC aus.

b) Drücke den Vektor $\vec{BD}$ durch die Vektoren b und c im Vektordreieck BCD aus.

c) Welchen Dreiecken gehört der Summenvektor d an?

d) Drücke den Summenvektor d durch die Vektoren des Vektordreiecks ACD (ABD) aus.

$$\mathfrak{d} = \mathfrak{a} + \mathfrak{b} + \mathfrak{c} \qquad \mathfrak{d} = (\mathfrak{a} + \mathfrak{b}) + \mathfrak{c} \qquad \mathfrak{d} = \mathfrak{a} + (\mathfrak{b} + \mathfrak{c})$$
$$\mathfrak{a} + \mathfrak{b} + \mathfrak{c} = (\mathfrak{a} + \mathfrak{b}) + \mathfrak{c} = \mathfrak{a} + (\mathfrak{b} + \mathfrak{c})$$

Man darf also bei der Addition von Vektoren (Verknüpfung von Verschiebungen) Summanden beliebig zusammenfassen, d. h. Klammern setzen und fortlassen.

> **Bei der Addition von Vektoren gilt das Verbindungsgesetz.**
> $$(\mathfrak{a} + \mathfrak{b}) + \mathfrak{c} = \mathfrak{a} + (\mathfrak{b} + \mathfrak{c})$$

15. Würfel und Quadrat

15.1. Vom Würfel

1. Wiederhole, was du schon vom Würfel weißt (s. 5. Schulj.).
   Wieso ist der Würfel ein Sonderfall des Quaders?
   Die Menge aller Würfel $\mathbb{A}$ ist Teilmenge der Grundmenge der Quader $\mathbb{B}$.

   Wir schreiben dies als **Teilmengenrelation**:

   Wir zeichnen dies als **Mengendiagramm**:

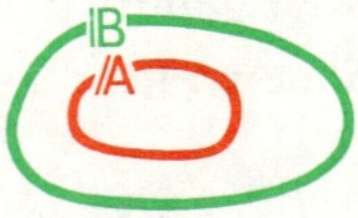

   $$\mathbb{A} \subseteq \mathbb{B}$$

   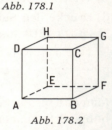

   Abb. 178.1

2. Betrachte den Würfel in Abb. 178.2:
   Je 4 Kanten sind parallel. Schreibe, welche parallel verlaufen (z. B. $\overline{AB} \parallel \overline{EF} \parallel \overline{CD} \parallel \overline{GH}$).

   Je 2 gegenüberliegende Quadrate sind parallel. Schreibe, welche Flächen parallel sind (z. B. ABCD ∥ EFGH).

   Abb. 178.2

   Je 2 sich schneidende Kanten stehen senkrecht aufeinander (z. B. $\overline{AB} \perp \overline{BC}$).

   Je 2 sich schneidende Quadrate stehen senkrecht aufeinander. Schreibe, welche Quadratpaare rechte Winkel bilden (z. B. ABCD ⊥ ABFE).

3. Der Würfel ist ein **regelmäßiger Körper**. Körper haben eine **Oberfläche**, durch die sie von dem Raum abgegrenzt werden, der sie umgibt. Der Würfel hat **ebene Begrenzungsflächen**. 6 Quadrate bilden seine Oberfläche. Er heißt deswegen auch **Hexaeder**[1] (6-Flächner).

   Wo 2 Flächen sich schneiden (zusammenstoßen), entsteht eine **Kante**.
   Wo 3 Kanten sich schneiden (zusammenstoßen), entsteht eine **Körperecke**.
   Zähle die Flächen, Kanten und Ecken am Würfel.

   > Der Würfel hat 6 kongruente (deckungsgleiche) Quadratflächen, 12 gleichlange Kanten und 8 Ecken.

4. Wiederhole und entwickle, wie man die **Oberfläche** und das **Volumen** (Rauminhalt) des Würfels berechnet (s. 5. Schulj.).

   $$O = 6\,a^2 \qquad V = a^3$$

[1] hexa (gr.) = sechs

5. a) Stelle aus Streichhölzern und Klebstoff (Stricknadeln und kleinen Kartoffeln) das **Kantenmodell** eines Würfels her (Abb. 179.1).

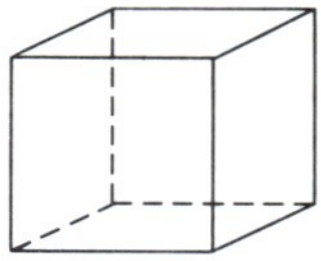

Abb. 179.1

b) Halte das Kantenmodell so in die Sonnenstrahlen, daß als Schattenriß das **Schrägbild** des Würfels entsteht.

c) Zeichne auf Gitterpapier solch ein Schrägbild. – Beachte dabei, daß die schräg nach hinten verlaufenden Kanten parallel sind und verkürzt erscheinen.

6. Verbinde durch einen Faden die gegenüberliegenden Ecken einer Würfelfläche. Wieviel **Flächendiagonalen** sind insgesamt am Würfel zu ziehen (Abb. 179.2)? Was kannst du über ihre Länge und ihre Lage aussagen?

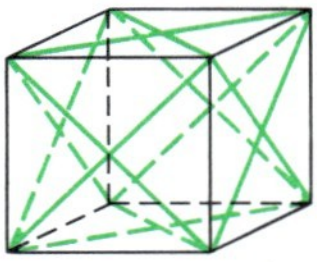

Abb. 179.2

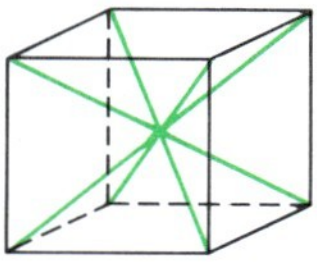

Abb. 179.3

7. Spanne einen Faden von einer Würfelecke zur gegenüberliegenden **Körperecke** deines Kantenmodells. Er ist eine Diagonale, die durch den Körper geht und daher **Körperdiagonale** heißt (Abb. 179.3).

8. Wieviel solcher Fäden kannst du durch den Würfel spannen? Was kannst du über ihre Lage (Schnittwinkel und Teilung) sagen? – Beachte, daß je 2 Körperdiagonalen in einer Schnittfläche liegen; die Schnittfläche ist ein Rechteck (s. Abb. 180.4).

9. Zeichne das ausgebreitete Kantenmodell eines Würfels von 2 cm Kantenlänge (Abb. 179.4).

Das in eine Ebene ausgebreitete Kantengerüst eines Würfels nennt man sein Netz.

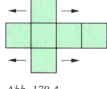

Abb. 179.4

10. Zeichne auf dünne Pappe das Netz eines Würfels von 5 cm Kantenlänge und schneide es aus (Abb. 179.5).

Das in eine Ebene ausgebreitete Flächenmodell eines Würfels nennt man seine Abwicklung.

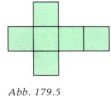

Abb. 179.5

Würfel und Quadrat

11. Ritze die Faltlinien leicht ein, knicke die Abwicklung und klebe sie zu einem Würfel zusammen.

12. a) Es gibt noch andere Abwicklungen vom Würfel. Verschiebe in Abb. 179.4 das obere oder untere Quadrat in Pfeilrichtung, so daß neue Abwicklungen entstehen (Abb. 180.1 a).

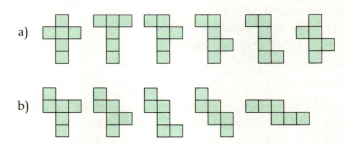

Abb. 180.1

b) Findige Schüler entdecken aber noch weitere Abwicklungsbilder. (Abb. 180.1 b)

c) Wieviel verschiedene Abwicklungsbilder gibt es, wenn man von solchen, die durch Drehung schon vorhandener Anordnung entstehen, absieht?

13. Führe einen Schnitt durch die gegenüberliegenden Mitten von 4 parallelen Kanten eines Würfels (Rübe oder Kartoffel). Setze einen der beiden **Teilkörper** auf einen Spiegel. Das im Spiegel erscheinende Körperbild ergänzt den halbierten Würfel zum vollen Würfel. Die Schnittebene ist also eine **Symmetrieebene**. (Abb. 180.2)

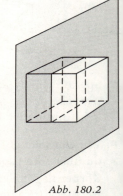

Abb. 180.2

14. Wieviel solcher Symmetrieebenen hat ein Würfel (Abb. 180.3)?

15. Führe einen diagonalen Schnitt von einer Kante zur gegenüberliegenden Kante des Würfels und setze einen der beiden Teilkörper auf einen Spiegel. Dieses Spiegelbild vervollständigt den halbierten Würfel zum vollen Würfel (Abb. 180.4). Auch diese Schnittfläche ist eine Symmetrieebene des Würfels.

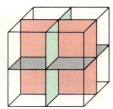

Abb. 180.3

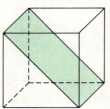

Abb. 180.4

6. Wieviel solcher Schnittflächen sind diesmal möglich?

Der Würfel hat 9 Symmetrieebenen.

7. Färbe die Flächen eines Würfels (Abb. 181.1) und stecke durch die **Flächenmitten**, zunächst von oben nach unten, eine Stricknadel (a) und lasse sie auf beiden Seiten herausragen. Um diese Achse läßt sich der Würfel drehen. Man nennt sie **Drehachse**.

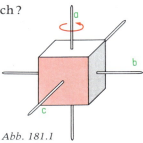

Abb. 181.1

8. Führe **Drehungen** um einen rechten Winkel (Vierteldrehung), um zwei rechte Winkel (Halbdrehung), um drei rechte Winkel (Dreivierteldrehung) und um vier rechte Winkel (Volldrehung) aus.

9. a) Welche Drehung mußt du ausführen, bis das nächste Quadrat vorne liegt?
   b) Wo ist das Quadrat geblieben, das zunächst vorne war?
   c) Nach welcher Drehung erscheint das vordere Quadrat hinten?
   d) Nach welcher Drehung kehrt der Würfel wieder in seine Ausgangslage zurück? – Achte auf die Farben.

10. Halte jetzt die Stricknadel waagerecht in Richtung b und drehe wieder. Wie wandern nun die Quadrate?

11. Halte die Stricknadel waagerecht in Richtung c und drehe. Achte dabei auf die Ecken des vorderen Quadrats. – Wieviel mal gelangt der Würfel bei einer Volldrehung mit sich selbst zur Deckung?

Die drei Drehachsen des Würfels, die durch die gegenüberliegenden Flächenmitten gehen, heißen Flächenachsen. Viertel-, Halb-, Dreiviertel- und Volldrehungen um sie bringen den Würfel mit sich zur Deckung.

12. Stecke durch zwei gegenüberliegende **Kantenmitten** die Stricknadel.
    a) Bei welchen Drehungen kommt jetzt der Würfel mit sich zur Deckung?
    b) Wieviel solcher Drehachsen hat der Würfel? (Abb. 181.2)

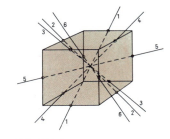

Abb. 181.2

Würfel und Quadrat

Die sechs Drehachsen des Würfels, die durch die gegenüberliegenden Kantenmitten gehen, heißen Kantenachsen. Halb- und Volldrehungen um sie bringen den Würfel mit sich zur Deckung.

23. Stecke durch zwei gegenüberliegende **Ecken** die Stricknadel (Abb. 182.1).
    a) Bei welchen Drehungen kommt der Würfel mit sich zur Deckung?
    b) Wieviel dieser Drehachsen hat ein Würfel?

Die vier Drehachsen des Würfels, die durch die gegenüberliegenden Ecken gehen, heißen Eckenachsen. Eindrittel-, Zweidrittel- und Volldrehungen um sie bringen den Würfel mit sich zur Deckung.

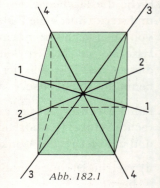
Abb. 182.1

„Würfelprobleme"

24. Bruno und Fritz überlegen, welche Punktzahl ein **Spielwürfel** hat. Bruno rechnet $1+2+3+4+5+6 = 21$. Fritz sagt schlagfertig $3 \cdot 7 = 21$. Wie kommt er dazu?

25. Beide haben einen „Würfelturm" aus 7 wahllos übereinandergeschichteten Spielwürfeln gebaut. – Wieviel Punkte am Turm wohl zu sehen sind? Bruno will zählen. Fritz erblickt auf der obersten Würfelfläche 2 Punkte und sagt 100.

26. Dann baut er 3 Würfel ab und sieht auf der obersten Würfelfläche 5 Punkte und sagt 61. Bruno staunt und fragt: „Wie machst du das?" – Rechne selbst mit 1, 2, 3, 4, 5, 6 Würfeln. Leite daraus für n Würfel eine Formel ab.

27. Vier gleiche Würfel sollen so gepackt werden, daß sie zusammen die geringste Oberfläche haben. Vergleiche durch Berechnung die neuen Oberflächen bei einreihiger und bei zweireihiger Packung.

28. Vergleiche ebenso die neuen Oberflächen von 9 einreihig und dreireihig gelegten Würfeln.

2. Vom Quadrat

1. Eigenschaften des Quadrats

9. Wiederhole, was du vom Quadrat weißt (s. 5. Schulj.).
10. Wie berechnet man seine **Fläche**[1] und seinen **Umfang**?

$$A = a^2 \qquad U = 4a$$

11. Zeichne ein Quadrat auf Pappe
    a) mit seinen Diagonalen,
    b) mit seinen Mittellinien (Abb. 183.1).

Abb. 183.1

Unterstütze das ausgeschnittene Quadrat im Schnittpunkt dieser Geraden mit einer Nadel.

Die Diagonalen und Mittellinien des Quadrats schneiden sich in einem Punkte, dem Schwerpunkt.

2. Drehungen

12. Zeichne ein Quadrat in dein Heft und ein deckungsgleiches (kongruentes) auf durchsichtiges Papier. Numeriere die Ecken beider Quadrate (Abb. 183.2). Durchstich das Deckquadrat im Mittelpunkt S mit einer Nadel und setze sie auf den Mittelpunkt des festen Quadrats. Führe **Drehungen** mit dem Deckquadrat um den Mittelpunkt als **Drehpunkt** (Drehzentrum) aus. – Bei welchen Drehungen kommt das obere bewegliche Quadrat mit dem unteren Quadrat zur Deckung?

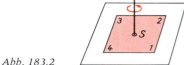

Abb. 183.2

Abb. 183.3

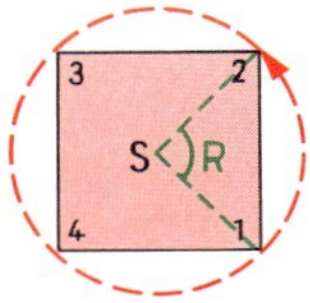

13. Welchen Weg legen dabei die Ecken des Quadrats zurück (Abb. 183.3)?
14. a) Zeichne mit dem Zirkel den Weg der Ecke 1, den sie nimmt, um auf kürzestem Wege durch Drehung um den Drehpunkt zur Deckung mit der Ecke 2 zu kommen. Das bewegliche Quadrat kommt dabei mit dem festen Quadrat zur Deckung.
    b) Verbinde bei dem festen Quadrat im Heft die Enden des Kreisbogens mit dem **Drehpunkt.** Es sind die **Schenkel** eines Winkels, dessen **Scheitel** in S liegt. Der am Drehpunkt entstandene Winkel heißt **Drehwinkel.** Es ist ein **rechter Winkel.**

---
[1] Der Flächeninhalt wird mit A abgekürzt. area (lat.) = Fläche

35. Wir haben in Abb. 183.3 gesehen, daß das Quadrat durch eine Vierteldrehung, Halbdrehung, Dreivierteldrehung mit sich zur Deckung kommt. Wir wollen diese Drehungen um 1 R, 2 R, 3 R mit D_1, D_2, D_3 bezeichnen. Eine Volldrehung um 4 R, die D_4 heißen könnte, führt das Quadrat in die Ausgangslage zurück. Das Ergebnis der Volldrehung wird also auch durch das „Inruhelassen" des Quadrats in der Ausgangslage erreicht. Wir vereinbaren, dies als **„Nulldrehung"** zu den Drehungen zu zählen und sie mit D_0 zu bezeichnen, so daß wir folgende Zuordnung erhalten:

Drehung um	$\frac{0}{4}$	$\frac{1}{4}$	$\frac{2}{4}$	$\frac{3}{4}$	$\frac{4}{4}$	$\frac{5}{4}$	$\frac{6}{4}$	... einer Volldrehung
	0 R	1 R	2 R	3 R	4 R	5 R	6 R ...	
Bezeichnung	D_0	D_1	D_2	D_3	D_0 (D_4)	D_1 (D_5)	D_2 (D_6) ...	

36. Die 4 Elemente der Menge $M = \{ D_0, D_1, D_2, D_3 \}$ bedeuten also die möglichen Vierteldrehungen des Quadrats um seinen Mittelpunkt im entgegengesetzten Sinne des Uhrzeigers. Die Figur geht durch sie in folgende Bilder über (Abb. 184.1):

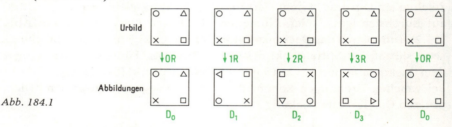

Abb. 184.1

15.2.3. Verknüpfung von Drehungen

37. Führe zwei Drehungen mit dem beweglichen Quadrat nacheinander aus, z. B. D_1 und D_2; drehe erst also um 1 R und dann um 2 R. – Durch welche einzige Drehung erreichst du dieselbe Endlage? – Führe nacheinander aus die Drehungen D_1 und D_3, D_2 und D_3, D_3 und D_3; stelle die gleichen Überlegungen an. Kombiniere weitere 2 nacheinander folgende Drehungen.

38. Das Nacheinanderausführen von 2 Drehungen wollen wir wieder das **Verknüpfen** von 2 Drehungen nennen und kurz wie folgt schreiben: $D_1 \circ D_2$ (lies: D_1 verknüpft mit D_2). Lies:
a) $D_1 \circ D_3$, b) $D_2 \circ D_3$, c) $D_3 \circ D_3$, d) $D_2 \circ D_0$, e) $D_3 \circ D_1$, f) $D_0 \circ D_1$
Durch welche einzige Drehung erreichst du dieselbe Endlage des Quadrats wie bei vorstehenden Verknüpfungen?
z. B.: $D_1 \circ D_2 = D_3$, $D_1 \circ D_3 = D_0$, ... fahre fort!

2.4. Drehung und Umlaufsinn

39. Versieh ein ausgeschnittenes Quadrat (Abb. 185.1) umlaufend im entgegengesetzten Sinne des Uhrzeigers mit Pfeilen (**Pfeilquadrat**).

Drehe es beliebig

a) um den Diagonalenschnittpunkt (E)
b) um eine Ecke (B)
c) um eine Seitenmitte (F)
d) um einen Punkt einer verlängerten Seite (G).

Abb. 185.1

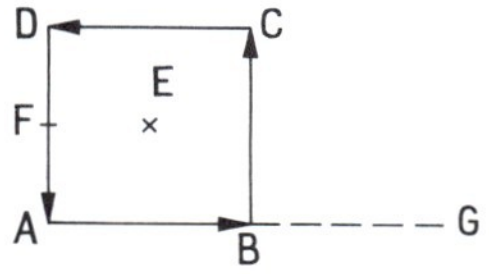

Prüfe, ob sich der Umlaufsinn geändert hat (ob er gleichsinnig geblieben oder gegensinnig geworden ist).

Bei einer Drehung ändert sich der Umlaufsinn nicht.

2.5. Spiegelung des Quadrats

40. Falte ein ausgeschnittenes Quadrat. Wieviel **Faltlinien** gibt es, bei denen Teile des Quadrats zur Deckung gelangen? – Wann entstehen 2 deckungsgleiche Dreiecke (Rechtecke)?

41. Zeichne ein Quadrat mit seinen **Spiegelachsen,** den verlängerten **Diagonalen** und **Mittellinien.** – Prüfe in Abb. 185.2, durch welche **Spiegelungen**

Abb. 185.2   Urbild

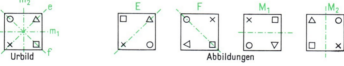
Abbildungen

gen die **Abbildungen** E, F, M_1, M_2 entstanden sind, indem du auf die Spiegelachsen der Figur einen kleinen Spiegel senkrecht stellst.

Das Quadrat hat 4 Spiegelachsen, die beiden Diagonalen und die beiden Mittellinien. Sie heißen auch Symmetrieachsen.

2.6. Spiegelung und Umlaufsinn

42. a) Spiegele ein Pfeilquadrat an einer Symmetrieachse. Wiederhole dies an den anderen Symmetrieachsen. Achte auf den Umlaufsinn bei der Figur und beim Bild.

b) Setze auch den Spiegel irgendwo außerhalb des Pfeilquadrats auf.

Bei einer Spiegelung wird der Umlaufsinn umgekehrt.

Würfel und Quadrat

16. Quader, Prisma und Rechteck

16.1. Vom Quader

1. Stelle aus Holzstäbchen oder Draht das **Kantenmodell** eines Quaders her.

2. a) Wiederhole, was du von den **Ecken, Kanten und Flächen** des Quaders weißt. Wo kommt die Quader- oder Kistenform vor?
   b) Wie berechnet man seine **Oberfläche** und sein **Volumen**?

$$O = 2\,ab + 2\,ac + 2\,bc \qquad V = a \cdot b \cdot c$$

3. Nenne Sonderfälle des Quaders. Nenne oder entwickle ihre Oberflächen- und Volumenformel. (siehe 5. Schuljahr!)

4. Auch beim Quadermodell kannst du, wie beim Würfel, mit Fäden die **Körperdiagonalen** spannen. Was kannst du über Anzahl und Länge sagen?

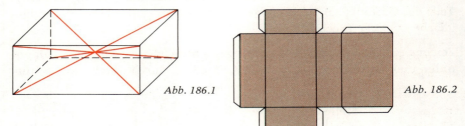

Abb. 186.1　　　　　　　　　　　　　　　　　　Abb. 186.2

5. Halte das Kantenmodell eines Quaders in die Sonnenstrahlen. Als Schatten entsteht das **Schrägbild** des Quaders (Abb. 186.1). Zeichne solch ein Schrägbild und beachte, daß die schräg nach hinten verlaufenden Kanten verkürzt erscheinen.

6. Abb. 186.2 zeigt die **Abwicklung** eines Quaders. Zeichne sie in der Vergrößerung 2 : 1 auf dünnen Karton. Schneide die Abwicklung aus; ritze sie ein und knicke sie; klebe sie dann zu einem Quader zusammen.

7. Führe einen Schnitt durch die gegenüberliegenden Mitten von 4 parallelen Kanten eines Quaders und setze einen der beiden Teilkörper mit seiner Schnittebene auf einen Spiegel. Das im Spiegel erscheinende Körperbild ergänzt den halbierten Quader zum vollen Quader. Diese Schnittebene ist also eine **Symmetrieebene**. – (vergl. Abschn. „Ebensymmetrische Körper", 13.1.1.)

8. Wieviel solcher Symmetrieebenen hat ein Quader? (siehe Abb. 162.1)

9. Führe einen diagonalen Schnitt von einer Kante zur gegenüberliegenden Kante des Quaders und setze einen der beiden Teilkörper mit seiner Schnittebene auf einen Spiegel.
Das im Spiegel erscheinende Körperbild ergänzt den Teilkörper nicht zum vollen Quader. Es liegt also diesmal keine Symmetrieebene vor. – Wieviel Schnittebenen gleicher Eigenschaft hat der allgemeine Quader?

10. Wieviel Symmetrieebenen hat der Würfel? – Überlege, wieviel Symmetrieebenen die quadratische Säule hat.

Der Quader hat 3 Symmetrieebenen.

11. Untersuche, wieviel **Drehachsen** ein Quader hat. Stelle fest, ob a) die Flächenachsen, b) die Kantenachsen, c) die Eckenachsen Drehachsen sind. – Vergleiche mit den Untersuchungen beim Würfel (siehe Seite 181). – Erinnere dich daran, daß Drehachsen Achsen sind, um die der Körper durch **Deckdrehungen** in **Decklagen** gebracht werden kann.

12. Stecke durch die Flächenmitten deines Quadermodells eine Stricknadel in Richtung a (Abb. 187.1). Nach welcher Drehung gelangt der Quader mit sich selbst zur Deckung? Halb- und Volldrehungen sind Deckdrehungen. – Vollführe die gleichen Drehungen um die Achsen b und c.

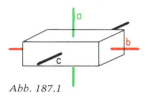

Abb. 187.1

13. Stecke durch 2 gegenüberliegende Kantenmitten des Quaders eine Stricknadel und drehe. Erst nach einer Volldrehung gelangt der Körper in die Decklage, die zugleich Ausgangslage ist.

14. Stecke auch durch 2 gegenüberliegende Ecken die Stricknadel und drehe. Auch hier führt erst eine Volldrehung zur Deckung.

Beim Quader sind nur die 3 Flächenachsen Drehachsen, um die durch Halbdrehungen der Quader mit sich zur Deckung kommt.

.2. Vom Prisma

15. Würfel, Quader und quadratische Säulen sind Sonderfälle von **kantigen Säulen,** die **Prismen** heißen.

16. Durchschneide eine quadratische Säule längs einer Diagonalen der Grundfläche (Abb. 188.1a), so erhältst du 2 **dreiseitige Prismen.** Abb. 188.1b zeigt ein **6seitiges Prisma.** Dem quadratischen, dem 3seitigen und 6seitigen Prisma ist gemeinsam, daß sie **kongruente Grundflächen** (Grund- und Deckfläche) haben.

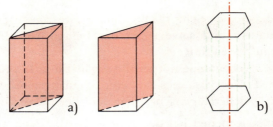

Abb. 188.1

Die **Seitenflächen** sind Rechtecke und machen den **Mantel** des Prismas aus. Die **Seitenkanten** sind gleichlang und gleich der **Höhe** des Prismas.

Prismen sind Körper mit kongruenten eckigen Grundflächen und rechteckigen Seitenflächen.

17. Prismen, deren Grundflächen regelmäßige Vielecke sind und deren Seitenflächen Rechtecke, heißen **regelmäßige Prismen**. Durchstich ein regelmäßiges Prisma, wo du eine **Drehachse** vermutest. Drehe und beobachte.
18. Wieviel **Symmetrieebenen** haben 3-, 4-, 5-, 6seitige regelmäßige Prismen?
19. Führe mehrere Schnitte parallel zur Grundfläche eines Prismas. Was für Schnittebenen entstehen? — Was für Teilkörper entstehen jedesmal?
20. Zeichne auf Karton die **Abwicklung** eines 3seitigen Prismas, dessen Grundkanten 3,5 cm und Seitenkanten 8,5 cm lang sind. — Schneide die Figur aus, falte und klebe sie zum **Körpermodell** zusammen.
21. Zeichne das Schrägbild eines quadratischen Prismas.
22. Wo kommen Prismen vor (als Hohl- und Vollkörper)?

16.3. Vom Rechteck

23. Wiederhole, was du schon vom Rechteck weißt. (Siehe 5. Schulj.)
24. Wie berechnet man seinen **Umfang** und seine **Fläche**?
25. Untersuche, wieviel **Symmetrieachsen** ein Rechteck hat.
    a) Falte dein Löschblatt um die beiden Mittellinien (Abb. 188.2a).
    b) Falte es um die Diagonalen (Abb. 188.2b).

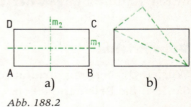

Abb. 188.2

26. a) Zeichne ein Rechteck und kennzeichne die Ecken (Abb. 189.1). Trage die Mittellinien ein. Spiegele an m_1 und m_2. (Benütze wieder einen Spiegel.)
    b) Versieh ein Rechteck umlaufend mit Pfeilen. Was stellst du über den Umlaufsinn beim Spiegelbild fest?

188 *Quader, Prisma, Rechteck*

Die beiden Mittellinien des Rechtecks sind Symmetrieachsen.

Verknüpfung von Abbildungen

27. Spiegele zunächst ein Rechteck an m_1 und dieses entstandene Abbild anschließend an m_2 (Abb. 189.1a). Aus der Ruhelage ist das Rechteck über eine Zwischenlage in die Endlage gelangt. Die vorgenommenen Abbildungen (Spiegelungen) wollen wir wieder mit M_1 und M_2 bezeichnen.

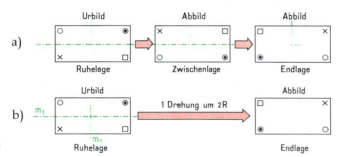

Abb. 189.1

28. Drehe dasselbe Rechteck um 2 R (Abb. 189.1 b) um den Schnittpunkt der Mittellinien. Was stellst du fest? Führt man bei einem Rechteck die Spiegelungen an m_1 und m_2 nacheinander aus, so erhält man dasselbe Bild wie bei der Drehung D_2 (D_2 = Drehung um 2 R bzw. eine Halbdrehung; D_0 = Drehung um 0 R bzw. eine Nulldrehung.)

29. Vertausche diese beiden Vorgänge, indem du z. B. zunächst an m_1 spiegelst und dann um 2 R drehst ($M_1 \circ D_2$) oder z. B. zuerst an m_2 spiegelst und dann drehst ($M_2 \circ D_2$).

30. Wieviel solcher doppelten Abbildungen sind möglich? – Stelle sie in einer **Verknüpfungstabelle** zusammen.

31. Löse folgende Gleichungen (s. Tafel!)
$D_2 \circ x = M_2 \quad M_2 \circ x = M_2 \quad M_1 \circ x = D_2$
$D_0 \circ x = M_1 \quad D_2 \circ x = M_1 \quad M_2 \circ x = M_1$

$\circ$	D_0	D_2	M_1	M_2
D_0	D_0	D_2	M_1	M_2
D_2	D_2	D_0	M_2	M_1
M_1	M_1	M_2	D_0	D_2
M_2	M_2	M_1	D_2	D_0

17. Zylinder und Kreis

17.1. Vom Zylinder

1. Nenne **Zylinder**[1] in deiner Umgebung (u. a. Konservenbüchsen, Hohlmaße, Kolben, Motorenzylinder, Kochtöpfe, Einmachgläser).
   Liegt der Zylinder, so heißt er auch **Walze** (u. a. Acker-, Straßen-, Küchen-, Druck- und Mangelwalze).
   Steht ein Zylinder, so heißt er als bauliches Objekt auch **Rundsäule** (u. a. Anschlagsäule, Kirchensäule, Betonsäule).

2. a) Umhülle eine Konservendose mit einem genau passenden Bogen Papier, so daß die gekrümmte Fläche bedeckt ist. Rolle die Papierhülle wieder ab und breite sie auf dem Tisch aus. Was für eine Fläche stellt der **Mantel** dar? (Abb. 190.1)

    Abb. 190.1

    Setze die **Grundfläche** der Dose auf Papier, umreiße sie mit dem Bleistift. Verfahre ebenso mit der **Deckfläche** der Dose. Welche Flächen stellen sie dar?

    b) Klebe das aufgerollte rechteckige Papier zu einer zylindrischen Hülle zusammen und klebe mit der ausgeschnittenen Grund- und Deckfläche die Röhrenöffnung zu.

3. Aus welchen Flächen besteht die abgewickelte Oberfläche, die **Abwicklung** eines Zylinders (Abb. 190.2)?

    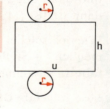

    Der Zylinder wird von 3 Flächen begrenzt: Untere Grundfläche, obere Grundfläche (Deckfläche) und Mantel. Alle drei bilden seine Oberfläche.

    Grundfläche und Deckfläche sind deckungsgleiche (**kongruente**) Kreisflächen. Der Mantel ist eine gleichmäßig gekrümmte Fläche. Wenn man ihn in die Ebene ausbreitet (abwickelt), entsteht daraus ein Rechteck.

    Abb. 190.2

4. Der Zylinder hat 2 gekrümmte Kanten; es sind **Kreislinien.** – In welcher Richtung kannst du auf dem Mantel gerade Linien ziehen? Vergleiche die Länge und Richtung dieser **Mantellinien.** – Sie sind parallel zueinander, gleich lang und geben die **Höhe** des Zylinders an.

---

[1] kylindros (gr.) = Walze, Rolle

5. Nimm einen zylindrischen Korken und stecke durch die Mittelpunkte seiner Grundflächen eine Nadel. Sie steht senkrecht auf den Grundflächen und heißt **Achse** des Zylinders. – Bei **jeder** Drehung um sie bleibt der Zylinder mit sich selbst in **Decklage.**

6. Hat der Zylinder noch andere **Drehachsen**? – Stecke durch die Mantelmitte zur gegenüberliegenden Mantelmitte deines Korken, also senkrecht zur Achse, eine Nadel. Vollführe **Halbdrehungen** um sie, die den Zylinder mit sich selbst zur Deckung bringen. – Wieviel solcher Drehachsen sind vorhanden?

7. Was für ein Körper entsteht, wenn man ein Rechteck aus Pappe schnell **a)** um eine Mittellinie, **b)** um eine Seite (Abb. 191.1) dreht? – Der Zylinder ist ein **Drehkörper.**

8. Wie stellen Handwerker Zylinder (Hohlzylinder) her? (Dreher, Drechsler, Klempner bzw. Spengler, Töpfer, Steinmetz, Buchbinder.)

9. Wie kann man mit einem Geldstück im feuchten Sand oder im lockeren Schnee einen zylindrischen Hohlraum erzeugen?

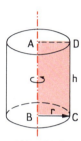

Abb. 191.1

10. Stelle aus gleichen Geldstücken oder runden Bieruntersätzen Zylinder her.

11. Stelle einen Zylinder aus Ton (Plastilin) her oder nimm einen Flaschenkorken. Führe durch ihn einen Schnitt **längs der Achse.** (Abb. 191.2) Setze den halbierten Korken, die eine Zylinderhälfte, auf einen Spiegel. Was stellst du fest? Was für eine Schnittebene ist entstanden? – Wieviel solcher Schnitte sind möglich?

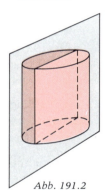

Abb. 191.2

Der Zylinder hat unendlich viele Symmetrieebenen. Jede Ebene, die die Achse enthält, ist eine Symmetrieebene.

12. Führe Schnitte durch den Zylinder **senkrecht zur Achse.** Was für Schnittflächen entstehen? – Welche von diesen ist eine Symmetrieebene?

13. Führe Schnitte **schräg zur Achse.** Was für Schnittflächen entstehen? Bei schrägem Schnitt entstehen **Ellipsenflächen.** (Denke an schräg geschnittene Wurstscheiben.)

14. Wie kann man mit einem zylindrischen Litermaß genau $1/2$ l Flüssigkeit abmessen?

17.2. Vom Kreis

15. Wo kommen **Kreisflächen** und **Kreislinien** vor? – Die Grundflächen des Zylinders sind Kreisflächen. Die Kreisfläche wird von einer Kreislinie begrenzt.

16. Wo tritt der Kreis als Zierform, wo als Zweckform auf? – Denke an Teller, Schüsseln, Töpfe, Deckel, Eimer, Räder, Reifen, Rollen, Ringe, Geldmünzen, Schießscheiben, Verkehrszeichen, Schallplatten, Tischdecken, Porzellan, Glas- und Tonwaren.

17. Wie entstehen behelfsmäßig Kreisflächen und Kreislinien?
    a) Wie legt der Gärtner ein kreisrundes Beet an? – Verfahre wie der Gärtner (**Gärtnerkonstruktion**) mit 2 Stäben und einer gespannten Schnur auf dem Schulhof, mit Reißzwecken, Kreide und Bindfaden an der Tafel, mit Zwecke, Zwirnsfaden und Bleistift im Heft.
    b) Ersetze den gespannten Faden durch einen starren Pappstreifen, der an den Enden mit 2 Löchern versehen ist.

18. Um einen Kreis mit dem **Zirkel**[1] zu zeichnen, setze die Zirkelspitze auf einen Punkt, den **Mittelpunkt des Kreises** (M). Bewege die Bleistiftspitze des Zirkels um den Mittelpunkt herum. Es entsteht die Kreislinie (Abb. 192.1). Mit der Entfernung zwischen den beiden Zirkelspitzen von z. B. 3 cm schlägt man einen Kreis, der den **Halbmesser** oder **Radius**[2] $r = 3$ cm hat.

Alle Halbmesser sind gleich lang. Jeder Punkt der Kreislinie ist also gleichweit vom Mittelpunkt (Zentrum[3]) entfernt.

19. Kennzeichne 3 Punkte der Kreislinie (Abb. 192.1) durch A, B und C. Wieviel solcher Punkte gibt es auf der Kreislinie?

Abb. 192.1

> **Die Kreislinie ist die Menge aller Punkte, die von einem festen Punkt (M) die gleiche Entfernung ($e = r$) hat.**

Es ist eine **nichtendliche Punktmenge**, die wir mit $\mathbb{K}$ bezeichnen wollen. Einige ihrer Elemente sind die Punkte A, B und C; wir können daher schreiben: $A \in \mathbb{K}$, $B \in \mathbb{K}$, $C \in \mathbb{K}$.
Für die nichtendliche Punktmenge $\mathbb{K}_i$ innerhalb der Kreislinie gilt für die Entfernung e aller Punkte vom Mittelpunkt M die Beziehung $e < r$. Die **Vereinigungsmenge** von $\mathbb{K}_i$ und $\mathbb{K}$ bildet die nichtendliche Punktmenge $\mathbb{K}_g$.

---

[1] circulus (lat.) = Kreis   [2] radius (lat.) = Strahl   [3] centrum (lat.) = Mitte

($\mathbb{K}_i \cup \mathbb{K} = \mathbb{K}_g$); sie besteht also aus der Menge aller Punkte innerhalb der Kreislinie und ihrer Kreislinie als **Rand**.

Für alle Punkte dieser Vereinigungsmenge gilt für ihre Entfernung e vom Mittelpunkt die Beziehung $e \leqq r$ (sprich: e kleiner (oder) gleich r, oder auch: e höchstens (gleich) r).

20. Schneide 4 Kreise aus Papier aus, die du mit gleichem Radius gezeichnet hast. Lege sie aufeinander.

Kreise mit gleichen Radien sind deckungsgleich (kongruent).

21. Zeichne Kreise von 3, 4, 5, 6 cm Radius und betrachte sie.

Kreise mit ungleichen Radien sind formgleich (ähnlich).

22. Verlängere einen Radius über den Mittelpunkt hinaus bis an die Kreislinie. Es ist der **Durchmesser** entstanden ($\overline{AB} = d$). Vergleiche Radius und Durchmesser desselben Kreises. Es gelten die Beziehungen:

$$d = 2r, \quad r = \frac{d}{2}$$

23. Falte einen Kreis im Durchmesser. – Falte um andere Durchmesser. Setze einen Spiegel auf mehrere Durchmesser.

Der Kreis hat nichtendlich viele Symmetrieachsen. Sie gehen alle durch den Mittelpunkt des Kreises.

24. a) Verbinde 2 Punkte der Kreislinie durch eine Gerade. Die entstandene Strecke $\overline{ED}$ heißt **Sehne** (Abb. 193.1).

    Trage in einen Kreis von 3,6 cm Radius Sehnen von 3,8; 4,2; 5,8; 6,5 cm Länge ein. Wie lang kann eine Sehne höchstens sein? ($0 < \overline{ED} < 2r$)

    b) Verlängere eine Sehne über die Kreislinie hinaus. Du erhältst eine **Sekante**[1] (GH).

    c) Zeichne an einen Kreis eine ihn berührende Gerade. Diese Gerade durch den Berührungspunkt T heißt **Tangente**[2].

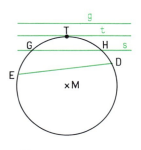

Abb. 193.1

[1] secare (lat.) = schneiden   [2] tangere (lat.) = berühren

25. a) Um eine **Strecke** $\overline{AB}$ zu **halbieren** oder auf ihr die **Mittelsenkrechte** zu **errichten**, verfahren wir wie in Abb. 194.1. Statt Vollkreise schlagen wir mit gleichem Radius Kreisbogen, die sich in C und D schneiden. $\overline{CD} \perp \overline{AB}$, und E ist die Mitte von $\overline{AB}$.

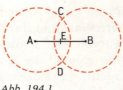

Abb. 194.1

b) Zeige durch Probieren mit dem Zirkel, daß **die Mittelsenkrechte die Menge aller Punkte** ist, **die von 2 Punkten** (A und B) **gleiche Entfernung haben**.

Die Mittelsenkrechte ist Spiegelachse der Strecke $\overline{AB}$.
A⌒B (d. h. A ist B zugeordnet)
E ↻ (d. h. E ist sich selbst zugeordnet)
$\overline{AE} \cong \overline{BE}$ (d. h. $\overline{AE}$ und $\overline{BE}$ sind deckungsgleich oder kongruent)

Umfang des Kreises

26. Miß mit einem Faden den **Umfang** (U) und **Durchmesser** (d) einer Konservendose (Milchdose, Trinkglas, Weckglas, Eimer). Trage die ermittelten Maße in eine Tabelle ein und berechne jedesmal den Quotienten $U : d$.

		Konservendose	Milchdose	Trinkglas	Weckglas	Eimer
Umfang	U					
Durchmesser	d					
Quotient $\frac{U}{d} = \pi$						

Sein Wert ist stets derselbe und beträgt annähernd $3\frac{1}{7}$ oder 3,14 (Abb. 194.2).

Näherungswerte hat schon Archimedes um 250 v. Chr. bestimmt. Man bezeichnet den genauen Wert $\frac{U}{d}$ mit dem kleinen griechischen Buchstaben π (sprich: pi).
Praktisch rechnet man näherungsweise: $U = d \cdot 3{,}14$ oder $U = d \cdot 3\frac{1}{7}$.

Um den Kreisumfang zu berechnen, muß man den Durchmesser d mit π multiplizieren: $U = d \cdot \pi$.

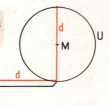

Abb. 194.2

194 *Zylinder, Kreis*

Da der Durchmesser doppelt so groß wie der Radius r ist, kann man auch rechnen $U = 2\,r \cdot \pi$; daher:

$$U = \pi \cdot d \qquad U = \pi \cdot 2\,r$$

Zeige, daß 3,14 nicht genau $3\tfrac{1}{7}$ ist. – Weshalb darf man beim Rechnen mit 3,14 im Ergebnis nicht zuviel Stellen angeben? Was hast du über das Rechnen mit „ungenauen" Zahlen gelernt (s. S. 135)? Beachte, daß beim Rechnen mit 3,14 das Ergebnis nur **3 wesentliche Stellen** haben kann.

27. Berechne den Kreisumfang. Der Durchmesser eines Kreises mißt
    a) 7 cm   **b)** 14 cm   **c)** 10 cm   **d)** 25 cm   **e)** 35 cm   **f)** 48 cm
    g) 10,5 m   **h)** 5,6 m   **i)** 9,8 m   **k)** 8,5 m   **l)** 6,4 m   **m)** 12,5 m

28. Berechne den Umfang folgender Kreise mit dem Radius
    a) $r = 4$ cm   **b)** $r = 5$ mm   **c)** $r = 3{,}25$ m   **d)** $r = 5{,}75$ m
    e) $r = 2{,}20$ m   **f)** $r = 11{,}25$ m   **g)** $r = 4{,}1$ cm   **h)** $r = 17{,}5$ m

29. Der Stundenzeiger von Wilfrieds Armbanduhr mißt $6\tfrac{1}{2}$ mm, der Minutenzeiger $8\tfrac{1}{2}$ mm. – Welchen Weg legen die Zeigerspitzen täglich zurück?

30. Wie oft ist der Durchmesser im Umfang enthalten? – $d = \dfrac{U}{\pi}$
    Der Kreisumfang sei 44 mm, 8,3 cm, 8,25 cm, 5,5 m, 9,90 m, 17,60 m, 20 m. – Berechne den Durchmesser.

31. Das Triebrad einer D-Zug-Lokomotive hat einen Durchmesser von 2,10 m.
    a) Wie weit kommt der Zug bei einer Triebradumdrehung vorwärts?
    b) Wieviel Umdrehungen macht das Triebrad 1. von Hannover nach Hamburg (186 km), 2. von Bremen nach Köln (342 km)?

Zylinder, Kreis

18. Die Winkel

18.1. Entstehung eines Winkels

1. Betrachte einen **Kompaß**. – Wie bestimmt man die Himmelsrichtungen?

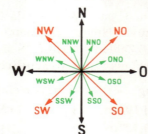

Abb. 196.1

2. Fertige eine **Windrose** an, die die Himmelsrichtungen im Bilde zeigt (Abb. 196.1). Falte ein quadratisches Stück Papier um die Symmetrieachsen und noch einmal, so daß du nach dem Auseinanderfalten die Faltlinien nachziehen kannst.

3. Wie zeigt die Wetterfahne (der Wetterhahn) die Windrichtungen an? Befestige im Mittelpunkt deiner Windrose mit einer Reißzwecke einen beweglichen Pfeil aus Pappe als Wetterfahne.

4. Welche Drehung führt die Wetterfahne aus, wenn der Wind von W über NW nach N umspringt? Anfangs- und Endlage stehen nach der **Vierteldrehung** senkrecht aufeinander. Der Pfeil hat sich um seinen Drehpunkt um einen **rechten Winkel** (1 R) gedreht.

5. Drehe deinen Pfeil von W nach O. Die Pfeilspitze beschreibt einen Halbkreis. Nach einer **Halbdrehung** bilden Anfangs- und Endlage des Pfeils eine Gerade. Der Pfeil hat sich um einen **gestreckten Winkel** (2 R) gedreht.

6. Laß den Pfeil von N nach N eine **Volldrehung** über der Windrose vollführen. Die Pfeilspitze hat einen Vollkreis beschrieben. Der Pfeil hat sich um einen **Vollwinkel** (4 R) gedreht.

7. Drehe eine Halbgerade aus einer ursprünglichen Lage um ihren Anfangspunkt in eine beliebige neue Lage. Stets entsteht ein **Winkel**. Dabei überstreicht die Halbgerade das **Winkelfeld**, wobei jeder Punkt der Halbgeraden einen Kreisbogen beschreibt (Abb. 197.1a).

> Dreht sich eine Halbgerade um ihren Anfangspunkt, so entsteht ein **Winkel**. Ein Winkel ist der Richtungsunterschied zweier Halbgeraden. Den gemeinsamen Anfangspunkt nennt man Scheitel, die beiden Halbgeraden die Schenkel des Winkels. Sie zerlegen die Ebene in zwei Gebiete.

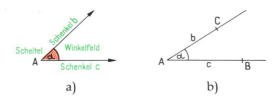

Abb. 197.1   a)   b)

Zur Winkelbildung kann man statt der Halbgeraden auch Strecken nehmen, die man sich dann über ihren einen Endpunkt hinaus verlängert denkt (Abb. 197.1b). In den Winkel zeichnet man einen Kreisbogen.

2. Bezeichnung von Winkeln

8. Man bezeichnet die Winkel (Abb. 197.1a u. b) unter Verwendung des Winkelzeichens (∢) wie folgt:

a) Man setzt einen **kleinen griechischen Buchstaben** in den Winkel: α, β, γ, δ, ε ... (lies: alpha, beta, gamma, delta, epsilon ...),

b) Man verwendet **drei große lateinische Buchstaben,** von denen man den einen an den Scheitel und die beiden anderen an die Enden der Schenkel setzt. Der Scheitelbuchstabe muß stets in der Mitte genannt werden, also ∢ BAC oder ∢ CAB.

c) Man benennt die beiden Schenkel des Winkels mit **zwei kleinen lateinischen Buchstaben,** die man in Klammern setzt: ∢ (b, c) oder ∢ (c, b); lies: Winkel zwischen b und c oder zwischen c und b.).

9. Es ist also (Abb. 197.1b):

∢ α = ∢ BAC = ∢ (c, b)   oder
∢ α = ∢ CAB = ∢ (b, c)   Lies, schreibe und zeichne.

Beachte, daß das **Winkelzeichen (∢)** nur in Verbindung mit der Benennung des Winkels gebraucht werden darf.

3. Winkelarten

10. Fertige einen Winkel mit beweglichen Schenkeln (2 Pappstreifen, 2 Stäbe mit Scharnier, Zollstock). Der eine liege fest, der andere werde linksherum (im **Gegensinn des Uhrzeigers**) um den Scheitel gedreht (Abb. 198.1). Die Drehung kann auch **im Uhrzeigersinn** erfolgen.

a) Stelle mit deinem Modell einen Winkel dar, dessen beide Schenkel in dieselbe Richtung weisen. Wir nennen ihn einen **Nullwinkel** (∢ α = 0). – Abb. 198.1a.

b) Stelle Winkel dar, die kleiner als ein rechter (kurz mit R bezeichnet) sind. Sie heißen **spitze** Winkel ($\sphericalangle\ \alpha < 1\ R$). – Abb. 198.1 b.

c) Stelle einen **rechten** Winkel dar ($\sphericalangle\ \alpha = 1\ R$). – Abb. 198.1 c.

d) Stelle Winkel dar, die größer als ein rechter und kleiner als ein gestreckter Winkel sind. Sie heißen **stumpfe** Winkel ($1\ R < \sphericalangle\ \alpha < 2\ R$). – Abb. 198.1 d.

e) Stelle einen **gestreckten** Winkel dar ($\sphericalangle\ \alpha = 2\ R$). – Abb. 198.1 e.

f) Stelle Winkel dar, die größer als ein gestreckter Winkel sind. Sie heißen **überstumpfe Winkel** ($2\ R < \sphericalangle\ \alpha < 4\ R$). – Abb. 198.1 f u. g.

g) Stelle einen **Vollwinkel** dar ($\sphericalangle\ \alpha = 4\ R$). – Abb. 198.1 h.

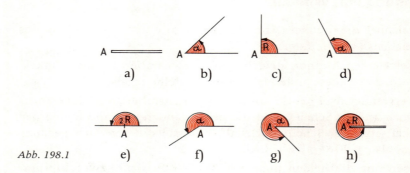

Abb. 198.1

11. Zeichne die vorstehenden verschiedenen Winkelarten.

12. Wo kommen rechte, spitze, stumpfe, gestreckte und überstumpfe Winkel vor? – Denke an Uhrzeiger, Straßenecken, Radspeichen, Schirmstangen, Dachgiebel usw.

18.4. Winkelmessung

13. a) Wir haben bisher als **Winkeleinheit** den rechten Winkel (1 R) benützt. Der gestreckte Winkel mißt 2 R, der Vollwinkel 4 R. Für die Messung kleinerer Winkel und genaue Messungen ist die Winkeleinheit 1 R reichlich groß und daher unpraktisch. Es bedarf daher einer kleineren Einheit.

Wir überlegen zunächst, wovon die Größe eines Winkels bestimmt wird. In Abb. 198.1 a–h sehen wir, daß mit zunehmender Drehung der Schenkel die Winkel größer und damit der Kreisbogen länger wird. **Die Länge des gezeichneten Schenkelstücks ist dabei ohne Einfluß auf die Größe eines Winkels.**

b) Alle Winkel in Abb. 199.1 sind gleich groß: ∡ α = ∡ β = ∡ γ = ∡ δ. Ihre Winkelfelder sind konguent und bilden eine Menge, deren Elemente (α, β, γ, δ...) den selben Winkel vertreten.

Abb. 199.1

c) Vergleiche die Winkel, die die Stunden- und Minutenzeiger deiner Armbanduhr, eines Weckers, einer Küchen- und Turmuhr um 9 Uhr miteinander bilden.

Die Größe eines Winkels hängt nur von der Größe der Drehung der Schenkel ab und nicht von der Schenkellänge.

Die Größe der Drehung läßt sich durch Teilungen auf einem Kreisbogen bestimmen, den man auch **Maßbogen** nennt.

d) Man teilt den **Maßbogen des Vollwinkels in 360 gleiche Teile,** wie es die Babylonier schon um 3000 v. Chr. taten. Verbindet man 2 benachbarte Teilpunkte mit dem Mittelpunkt bzw. Scheitel, so erhält man als Einheit **1 Winkelgrad** (1°).

> **Der Vollwinkel wird in 360 Winkelgrade (360°) geteilt.
> Ein rechter Winkel hat demnach 90 Winkelgrade (90°);
> ein gestreckter Winkel hat 180 Winkelgrade (180°).**

Das Zeichen für Winkelgrad ist eine hochgestellte kleine Null. Statt Winkelgrad lies kurz **Grad**[1].

1° unterteilt man weiter in **60 Winkelminuten** (60');

1' unterteilt man noch in **60 Winkelsekunden** (60'').

$1° = 60', \quad 1' = 60'', \quad 1° = 3600''$

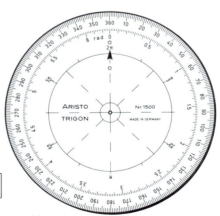

Abb. 199.2

---

[1] gradus (lat.) = Schritt

Winkel 199

Das Zeichen für Winkelminuten ist ein hochgestellter Strich, für Winkelsekunden sind es zwei hochgestellte Striche. Statt Winkelminuten und -sekunden lies auch hier kurz **Minuten**[1] und **Sekunden**[2]. Statt der babylonischen Sechzigerteilung ist heute auch die dezimale Unterteilung gebräuchlich;

z. B. $9°24' = 9,4°$; denn $9°24' = (9\frac{24}{60})° = (9\frac{2}{5})° = (9\frac{4}{10})° = \mathbf{9,4°}$.

e) Eine andere im Vermessungswesen gebräuchliche Winkeleinheit ist der **Neugrad**. – Man hat den Maßbogen des Vollwinkels hier in 400 gleiche Teile geteilt. Es ist also 1 R = 100^g. (Beachte die dezimale Teilung.)
1^g ist in 100 Neuminuten (100^c) eingeteilt.
1^c ist in 100 Neusekunden (100^{cc}) eingeteilt.

$$1^g = 100^c, \quad 1^c = 100^{cc}, \quad 1^g = 100 \cdot 100^{cc}$$

Das Zeichen für Neugrad ist ein hochgestelltes kleines g, für die Neuminute ein kleines c, für die Neusekunde ein kleines cc.

f) Stelle entsprechende Grad und Neugrad als Zahlenpaare in einer Tabelle zusammen. – Welches ist der konstante (feste) Wert der Quotienten aus Grad und Neugrad? Vervollständige nachstehende Tabelle:

Grad	360°	90°	9°	18°	27°	...	54°	72°	...	...
Neugrad	400^g	100^g	10^g	20^g	30^g	40^g	...	...	120^g	...

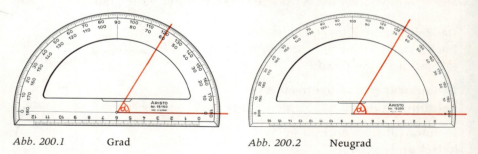

Abb. 200.1 Grad Abb. 200.2 Neugrad

14. Für die **Winkelmessung** benützt man **Winkelmesser** (Abb. 200.1 u. 2). Es sind in 180° (200^g) geteilte Halbkreise oder in 360° (400^g) geteilte Vollkreise (Abb. 199.2). Beschreibe sie und erkläre, wie man sie benützt. Miß die Winkel in Abb. 200.1 u. 2. Warum sind die Maßbogen doppelt beschriftet? Wann ist die eine, wann die andere Beschriftung zu verwenden?

[1] minutus (lat.) = klein, zerstückelt [2] secundus (lat.) = der zweite

Benütze zur Winkelmessung auch das **Geo-Dreieck** (Abb. 201).

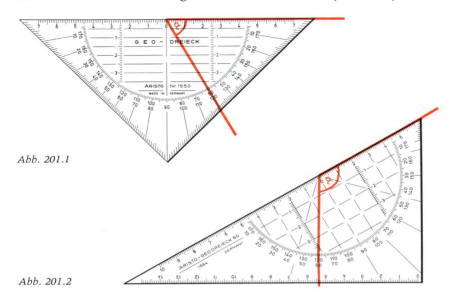

Abb. 201.1

Abb. 201.2

15. Klappe einen Buchdeckel um 90°, 45°, 60°, 30°, 120°, 150°, 180°. – Schätze erst und miß dann.

16. Zeichne **a)** abschätzend, **b)** mit dem Winkelmesser Winkel von 30°, 45°, 60°, 75°, 90°, 120°, 135°, 170°. – Vergleiche und berichtige deine Schätzungen.

17. Wieviel Grad können (müssen) spitze, stumpfe, überstumpfe Winkel höchstens (wenigstens) haben? – Stelle dies in Ungleichungsketten dar.

18. Zu welcher vollen Stunde bilden die Uhrzeiger

a) einen gestreckten Winkel, **b)** einen rechten Winkel, **c)** einen Winkel von 30°, **d)** einen Winkel von 120°, **e)** Was für Winkel bilden die Uhrzeiger um 6, 9, 12, 1, 4, 8, 11 Uhr? **f)** Wieviel Grad haben die Winkel, die die Zeiger um 5, 10, 7, 2 Uhr bilden?

19. Zeichne mit dem Winkelmesser Winkel von 15°, 25°, 50°, 145°, 225°. Zeichne mit dem Zirkel einen Kreisbogen zwischen den Schenkeln. Trage die Gradzahl zwischen den Schenkeln ein und bezeichne jeden Winkel mit 3 großen lateinischen Buchstaben.

20. Ein Flugzeug hat Kurs nach SW und dreht dann nach **a)** W, **b)** NW, **c)** SSO, **d)** SSW. – Um wieviel Grad hat es jedesmal gedreht?

21. a) Trage an $\overline{MB}$ im Punkte M einen Winkel von 20° (40°, 75°, 135°) mit dem **Winkelmesser** an.
    b) Trage ebenso mit dem **Geo-Dreieck** Winkel von 25° (50°, 80°, 115°) an.
    c) Trage an einen Winkel von 30° einen Winkel von 20°.
    d) Verdopple (Verdreifache) einen Winkel von 25°.

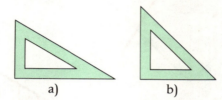

Abb. 202.1   a)   b)

22. a) Wieviel Grad haben die Winkel an den **Zeichendreiecken** (Abb. 202.1 a u. b).
    b) Zeichne mit ihnen Winkel von 30°, 60°, 120°, 150°, 45°, 135°, 75°, 105°, 15°.

18.5. Winkelkonstruktionen

23. a) Miß in Abb. 202.2 a) u. d) mit dem Winkelmesser beide Winkel bei M und N. – Sie sind gleich.
    b) Miß die Radien beider Kreisbogen $\overset{\frown}{BC}$ und $\overset{\frown}{ST}$. – Sie sind gleich.
    c) Miß nun die zum Bogen $\overset{\frown}{BC}$ gehörige Sehne $\overline{BC}$ und die zum Bogen $\overset{\frown}{ST}$ gehörige Sehne $\overline{ST}$. – Sie sind auch gleich.
    Wir folgern: Zu Kreisbogen von gleichen Radien gehören bei gleichen Mittelpunktwinkeln auch gleiche Sehnen.

24. Dieser Sachverhalt ermöglicht es, **einen gegebenen Winkel nur mit Zirkel und Lineal** (ohne Winkelmesser) **zu übertragen.**

    Aufgabe: Der gegebene Winkel α = 55° soll an eine Gerade im Punkt N angetragen werden (Abb. 202.2 a–d).

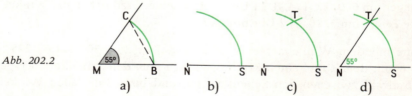

Abb. 202.2   a)   b)   c)   d)

Konstruktion: Ich zeichne mit beliebigen gleichen Radien Kreisbogen um M und N. Beim gegebenen Winkel schneidet der Kreisbogen die Schenkel in B und C (Abb. 202.2a). Der andere Kreisbogen schneidet die Gerade in S

(Abb. 202 b). Ich zeichne mit (der Sehne) $\overline{BC}$ als Radius um S einen Kreisbogen, der den anderen Kreisbogen in T schneidet (Abb. 202 c). Ich verbinde nun N mit T (Abb. 202 d).

∢ SNT = ∢ BNC = 55°. – Führe diese Konstruktion aus.

25. a) Führe solche Winkelübertragungen aus mit 1) ∢ α = 115°, 2) ∢ β = 65°, 3) ∢ γ = 148°, 4) ∢ δ = 47°, 5) ∢ ε = 220°.
    b) Verdopple ∢ δ durch Konstruktion.
    c) Addiere ∢ β und ∢ δ durch Konstruktion.

26. a) Zeichne einen Winkel von 60° auf einen Bogen Papier. Falte ihn, so daß seine Schenkel aufeinanderfallen. Wie groß sind die Winkel auf beiden Seiten der Faltlinie? Da sie den Winkel in 2 Hälften teilt, nennen wir sie **Winkelhalbierende**. Durch welchen Punkt verläuft sie?
    b) Setze einen Spiegel auf die Faltlinie.

Die Winkelhalbierende ist die Symmetrieachse eines Winkels.

Sie ist also die Menge aller Punkte, die von entsprechenden Punktepaaren der Schenkel gleichen **Abstand** hat. (Wird die Entfernung rechtwinklig gemessen, so heißt sie Abstand.)

27. Da der Scheitel als Festpunkt vorhanden ist, brauchen wir nur einen weiteren Punkt der Winkelhalbierenden w zu konstruieren, um w ziehen zu können. Beachte (s. Kl. 5), daß eine Gerade durch 2 Punkte bestimmt ist.

Aufgabe: Der gegebene Winkel α = 40° ist **mit Zirkel und Lineal** (ohne Winkelmesser) **zu halbieren** (Abb. 203.1).

Konstruktion: Ich zeichne um den Scheitel A mit einem beliebigen Radius r_1 einen Kreisbogen, der die Schenkel in B und C schneidet. Um B und C zeichne ich mit einem beliebigen Radius r_2 Kreisbögen, die sich in D schneiden. (Dabei kann $r_1 \neq r_2$ sein.) Ich verbinde A mit D.

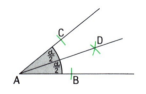

Abb. 203.1

∢ DAB = ∢ DAC = ∢ $\frac{\alpha}{2}$. – Führe die Konstruktion aus.

28. Halbiere a) einen Winkel von 30°, b) einen gestreckten Winkel.

3.6. Nebenwinkel und Scheitelwinkel

29. Verlängere **einen** Schenkel des ∢ α = 50° über den Scheitel hinaus (Abb. 203.2). Wie groß ist der entstandene **Nebenwinkel**? ∢ α ist der Nebenwinkel

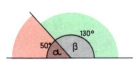

Abb. 203.2

von ∢ β und ∢ β ist der Nebenwinkel von ∢ α. Beide Nebenwinkel bilden einen gestreckten Winkel. ∢ α + ∢ β = 180°.

Die Summe der Nebenwinkel beträgt 180° oder 2 R.

30. Wie groß ist der Nebenwinkel β von ∢ α = 40°, 12°, 27°, 76°, 132°, 149°, 90°, 171°?

31. Euklid (etwa 365–300 v. Chr.) definierte: „Ein rechter Winkel ist ein Winkel, der seinem Nebenwinkel gleich ist." Vergleiche das mit der Zirkelkonstruktion und der Herstellung des Faltwinkels (Kl. 5).

32. Halbiere zwei Nebenwinkel mit Zirkel und Lineal. Prüfe mit dem Zeichendreieck, ob zwischen den beiden Winkelhalbierenden die Relation $w_1 \perp w_2$ besteht (Abb. 204.1). Warum gilt das für alle Nebenwinkel?

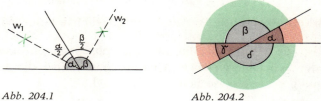

Abb. 204.1   Abb. 204.2

33. Verlängere **zwei** Schenkel eines Winkels über ihren Scheitel hinaus (Abb. 204.2). Wieviel Winkel sind jetzt vorhanden? Wieviel Nebenwinkelpaare erkennst du? Drücke sie durch Gleichungen aus (z. B.: ∢ α + ∢ β ≐ 180°).

34. Vergleiche ∢ α und ∢ γ; es ist ∢ α = ∢ γ. Sie heißen **Scheitelwinkel**. – Drehe zunächst den einen Schenkel, dann den anderen Schenkel des ∢ α um 180° im gleichen Drehsinn um den Scheitel des Winkels als Drehpunkt.

Scheitelwinkel sind einander gleich.

Wieviel Scheitelwinkelpaare sind vorhanden? Es ist auch ∢ β = ∢ δ.

18.7. Kreisdiagramme

35. Welche Arten der graphischen Darstellung hast du schon kennen gelernt? (s. S. 97–100). Statt der **Stab- und Liniendiagramme**[1] eignen sich häufig **Kreisdiagramme** besonders gut als Schaubilder (Abb. 205.1). Während bei den Stab- und Liniendiagrammen das **Längenmaß** zur Größendarstellung dient, wird beim **Kreisdiagramm** das **Winkelmaß** dafür herangezogen.

---

[1] diagramma (griech.) = Zeichnung, geometrische Figur

6. Die graphische Darstellung Abb. 205.1a zeigt Elkes Tagesablauf. Abb. 205.1b stellt dar, wie ihr jüngerer Bruder Peter einen Tag zubringt. Jeder Kreis stellt 24 Stunden dar. Die **Kreisausschnitte** zeigen, wieviel Zeit des Tages durch Schlaf, Schule, usw. zugebracht wird. Elkes Schulanteil beträgt $1/4$ des Kreises; sie verbringt also $1/4$ des Tages, 24 Std. : 4 = 6 Std. in der Schule.

  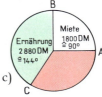

Abb. 205.1 a) b) c)

37. a) Vergleiche die beiden Kreisdiagramme. Miß die Winkel und zeichne.
    b) Wer verbringt mehr Zeit 1. zum Schlafen, 2. in der Schule, 3. bei der Arbeit, 4. zur Erholung? – Wozu gebrauchen sie dieselbe Zeit?
    c) Stelle zusammengehörige Stunden und Winkelgrade des Kreisdiagramms als Zahlenpaare in einer Tabelle zusammen. – Welches ist der konstante (feste) Wert der Quotienten aus Grad und Stundenzahl? – Vervollständige nachstehende Tabelle durch Rechnen mit Quotientengleichungen:

Grad	360°	15°	30°	45°	60°	...	...	...	...	...
Stunden	24	1	2	3	4	5	6	7	...	...

38. Schwester Erika plant, ihr Jahreseinkommen von 7200 DM wie folgt auszugeben: Für Miete 1800 DM, für Ernährung 2880 DM, für Kleidung 1080 DM, für Ersparnisse 720 DM, den Rest für Sonstiges. Zeige das in einem Kreisdiagramm (Abb. 205.1c). Vervollständige Rechnung und graphische Darstellung.

Rechne zunächst:

Jahreseinkommen   7200 DM .... 360°
              1 DM ... $\frac{360}{7200} = \left(\frac{1}{20}\right)°$

Miete .... 1800 DM ... $\frac{1800}{20} =$ **90°**
Ernährung ... 2880 DM ... $\frac{2880}{20} =$ **144°**

Zeichne dann:

Schlage einen Kreis mit beliebigem Radius und trage ∢ AMB = 90° ein.
Trage an $\overline{MB}$ den ∢ 144°; usw.
Erkläre den Gebrauch des nebenstehenden Centograph.

Abb. 205.2

Sachverzeichnis

Abbildungsgröße 94
Abbilden durch
– Drehung 167, 168
– Spiegelung 160, 185
– Verschiebung 169–177
Abgeschlossenheit 80
Ablesegenauigkeit 146
Abrunden 133
Abszisse 102, 145
Achsen,
　Eckenachsen 182
　Flächenachsen 181, 187
　Kantenachsen 182
　Körperachsen 191
　Ornamentachsen 169
Achsenkreuz 101
Achsensymmetrie 165, 168
Addition von
– Bruchzahlen 47 ff
– Dezimalzahlen 103 ff
– Vektoren 173–177
Additionstabelle 88
Anfangspunkt 170, 173
Ansicht 93
äquivalent 170
assoziatives Gesetz 116
Aussageformen 8, 10, 11
AZ-Verbindung 85, 176

Barzahlung 109
Basis 97
Bereich d. ganzen Zahlen 92
– d. rationalen Zahlen 92
Betrag eines Vektors 171
Bezugsystem 101
Bild 160, 161
Bildfigur 171
Bildpunkt 24, 29, 165, 171
Bildweite 160
Brüche 24, 25
Bruchteile 17, 19
Bruchzahlen 20, 23, 25, 81
Brutto 110

Centograph 205

Deckdrehungen 181, 187
Decklage 168, 187, 191
Deckungsgleichheit 163
Dezimalbrüche 27
–, endliche 130
–, nichtendliche 125
–, period. 131, 132

Dezimalen 27, 28
Dezimalstellen 27
Dezimalsystem 28
Diagonalen 179
Diagramm,
　Liniendiagramm 99, 100
　Kreisdiagramm 204
　Kurvendiagramm 100
　Preisdiagramm 145, 146
　Stabdiagramm 97
Differenzmenge 30, 33
Division von Bruchzahlen 57
– Dezimalzahlen 120, 121
– Dualbrüchen 141, 142
Doppelbrüche 76
Draufsicht 93
Drehachse 167, 181, 187
Drehkörper 191
Drehsinn 101
Drehwinkel 183
Drehung 168, 181, 196
Dreieck, deckungsgl. 173
Dreifedermodell 67
Dreisatz, einfacher 149, 157
Dualsystem 139
Durchlaufsinn 171
Durchmesser 193, 194
Durchschnitt 2
dyadische Brüche 139

Ebenenspiegelung 160, 161, 162
Eckenachse 182
Einkaufspreis 109
Elementarornament 169
Element 3, 6, 7, 12, 32, 79
–, inverses 82, 89
–, neutrales 82, 89
Enthaltensein 1, 71
Ergänzungsmenge 2
Ersatzverformung 66
Erweitern 29, 45, 131
Erweiterungsfaktor 53

Faltlinie 163, 185
Federmodell 24, 67, 68
Flächenachsen 181, 187
Flächendiagonalen 179
Flächenornament 172

Gegenoperation 72, 73, 103
Gegenstand 160, 161
Gegenvektor 172

Geodreieck 201, 202
Gerade 164
　Halbgerade 196
Gewinn 109
ggT, rechn. Verfahren 35, 36
Gitternetz 99
Gitterpapier 175
Gitterzahlen 174
Gleichheitsaussagen 10
Gleichheitsklassen 30, 45, 48, 170
Gleichmächtigkeit 2
Gleichungen 8, 10, 16, 17, 21, 22, 29, 32, 47, 55, 59, 62, 65, 69, 74, 76, 87, 88, 90, 91, 107, 109, 110, 113, 115, 116, 124, 127, 128, 144, 147, 148, 149, 150, 153, 155, 156, 157, 158, 189
Gleichverformung 31
graphische Darstellung 97, 100
größter gemeinsamer Teiler 35, 36
größte Kürzungszahl 31
Grundeigenschaften der natürlichen Zahlen 79
Grundmenge 13, 16
Grundrechenarten 92
Grundriß 96
Grundstrecke 97

Halbdrehung 168, 187, 196
Halbebene 165
Halbgerade 196
Halbmesser 192
Hauptnenner 39, 41, 50, 51, 53
Hexaeder 178
Hochachse 99, 145, 153
Höhe 188, 190
Hyberbel 155

Index 35
inverses Element 82

Kardinalzahl 79
Kantenachsen 182
Kantengerüst 179
Kantenmodell
–, des Quaders 186
–, des Würfels 178, 179

Kehrbruch 73
Kehrverformung 68
Kehrzahl 68, 69
Kernbruch 31, 34
Klassen 5, 6, 31
kleinstes gem. Vielfaches 53
Kommaschreibweise 26, 103, 111, 112
Kommaverschiebung, gleichs. 124, 126
–, entgeg. ges. 116
kommutatives Gesetz 50, 63, 116
Kompaß 196
Kongruenz 163
Koordinatensystem 100, 102
Körperdiagonale 179, 186
Körperecke 178, 179
Kreis 190, 192
   Kreisausschnitt 205
   Kreisdiagramm 204
   Kreislinien 167, 190, 192
   Kreisumfang 194
Kreuzprodukt 2
Kurven 100
Kürzen 32, 45
Kürzungszahl, größte 33

Leere Menge 7, 38
Leerstelle 8
Liniendiagramm 99, 100
Lösungselemente 12, 15
Lösungsmenge 13, 16, 59

Mächtigkeit 79
Mantel 188, 190
Maßbogen 199
Maßeinheiten 119, 135
Maßstab 94, 95
Maßzahl 95
Mengenbild 1, 2, 5, 17, 22, 32, 33, 36, 37
Mengendiagramm 178
Menge,
   Differenzmengen 33
   Durchschnittsmenge 2, 33
   Ergänzungsmenge 2
   Grundmenge 13, 16
   leere Menge 1
   Lösungsmenge 13
   Mengenpaar 2
   Primfaktorenmenge 35
   Punktmenge 192
   Restmenge 2
   Schnittmenge 2

Teilmenge 5
Teilermenge 33
Vereinigungsmenge 2
Vielfachenmenge 39
Mengenschreibweise 35
Meßergebnisse 135
Mittellinien 183, 185, 189
   parallele 164
Mittelsenkrechte 194
Mittelwert 128, 129
Multiplikation v.
– Bruchzahlen 57, 66
– Dezimal-Zahlen 111
– Dualzahlen 140, 142

Nachfolger 79
Näherungswert 132
negative Zahlen 82, 83
Netz 179
Netzbilder 180
Netto 110
Neugrad 200
neutrales Element 82
Null 135, 136
Nulldrehung 184
Nullpunkt 101
Nullvektor 172

Oberfläche des Quaders 186
– des Würfels 178
– des Zylinders 190
Operationszeichen 85
Ordinate 102, 145
Ornament,
   Ornamentachse 169
   Elementarornament 169
   Flächenornament 172
   Streifenornament 169
Ortsvektoren 174

Paar, geordnetes 3
Paarmenge 2
Periode 131, 134, 135
Pfeilbild 4
Pfeilklasse 170
Pfeilquadrat 185
Potenzmenge 6, 7
Preisstrahl 146
Preistabelle 144, 145
Primfaktorenmengen-diagramm 43, 44
Primfaktorenzerlegung 53
Primzahlpotenzen 44
Prisma 186, 187, 188
Produktgleichheit 151, 152

Pumpenmodell 19
Punktabbildung 165, 166
Punktsymmetrie 168
Punktmenge 192

Quader 119, 186, 187
Quadrant 101
Quadrat 183
   Pfeilquadrat 185
Quadrat, magisches 56
quadrat. Säule 119
Quotientengleichheit 30, 143
Quotientengleichungen 144, 149, 150

Rabatt 109
Radius 167, 192
Rand 193
rationale Zahlen 92
Rauminhalt, v. Quader 118
–, v. Würfel 118
Rechenoperationen 72, 73
Rechenvorteile 52, 105, 113, 123
Rechnung, abgekürzte 136
Rechnungsbetrag 109
Rechteck 186, 188
Rechtsachse 99, 145, 153
Restmenge 2
Relation 1, 3, 19
Richtungsunterschied 167, 168, 196
Richtungszeichen 84, 85
Runden 107, 135

Säulen, kantige 118, 187
–, runde 197
Scheitel 167, 196
Schenkel 167, 183, 199
Schlüsse 14, 15
Schlußrechnung 143, 151, 159
Schnittmenge 2, 33, 39
Schrägbild 179, 186
Sechsflächner 178
Sehne 193
Sekante 193
Selbstkostenpreis 109
Spiegelachse 164, 165, 185
Spiegelebene 160, 161, 162
Spiralfeder 24
Stabdiagramm 97
Stammbrüche 18
Stauchung 24

Strecken,
    gerichtete 170, 171
Streifenornamente 169
Stufenzahlen, dezimal 27
–, dual 140, 141, 142
Subtraktion v. Bruchzahlen 47–56
–, Dezimalzahlen 103–110
–, Dualbrüchen 139, 142
–, ganzen Zahlen 85–88
–, negativen Zahlen 86
Summengleichheit 47
Summenvektor 173, 174
Symmetrieachsen 164, 188, 193, 203
Symmetrieebene 161, 180, 181, 186, 188
    Ebenensymmetrie 160, 161, 162, 187
Symmetriepunkt 168

Tangente 193
Tara 110
Teilfiguren 18, 19, 23
Teilkreisfiguren 48
Teilermenge 33
Teilmenge 1, 5, 6, 7
Teilmengenrelation 178
Teilkörper 18, 19, 23, 180
Teilerdiagramm 21, 22, 33
teilerfremde Nenner 51
– verwandte Nenner 51
Terme 8, 10

Uhrzeigersinn 101, 197
Umfang des Kreises 194
    – des Quadrats 183
    – des Rechtecks 188
Umlaufsinn 165, 185
Ungleichheitsaussagung 8, 10
Ungleichungen 10, 12, 16, 37, 38, 59, 62, 65, 77, 88, 91, 108, 126

Variable 8
Vektor 84, 169–177

Vektoraddition 173, 174
Vektordreieck 173
Vektorgesetze 176
Vektorviereck 176
Verbindungsgesetz 50, 80, 81, 116
Vereinigungsmenge 2, 5, 192
Verformungsmodell 23, 67
Verformungsverhältnis 20
Vergleichen v. Brüchen 37, 41
Verhältnis, gerades 143
–, umgekehrtes 151, 152
Verkaufspreis 109
Verkettung 66
Verknüpfung, additive 49
–, multiplikative 66
– von Abbildungen 189
– von Aussagen 13
– von Drehungen 184
– von Mengen 2
Verknüpfungstabelle 3, 189
Verknüpfungszeichen 85
Verschiebung 169, 170, 171
Vertauschungsgesetz 50, 63, 80, 81, 89, 116
Verteilungsgesetz 81, 116
Vielfachendiagramm 39, 40, 41, 42, 44
Vielfaches, kl. gem. 39–44
Volumen v. Quader 186
– v. Würfel 178
Vorgänger 79
Vorziffern 134

Walzenmodell 19, 20, 49, 60
Wert,
    Einzelwert 129
    Mittelwert 128, 129
–, oberer 136
–, unterer 136
Wertetabelle 153, 154
Winkel 196
–, rechter 168
    Nebenwinkel 203, 204
    Nullwinkel 197

Scheitelwinkel 203, 204
Vollwinkel 168, 198, 199
Winkelgrad 199
Winkelhalbierende 203
Winkelmessung 198, 200
Würfel 118, 119, 178

Zahlbegriff 81
Zahlen,
–, benannte 135
–, ganze 82, 83, 92
–, gemischte 26
–, gerundete 135, 136
–, natürliche 79, 80, 81, 92
–, negative 82, 83
–, nichtnegative 83
–, positive 83
–, rationale 82, 92
–, unbenannte 135
Zahlenbereiche 79, 92
Zahlengerade 83, 84, 101
Zahlenpaar 99, 101
Zahlenpaare,
–, differenzgleiche 48
–, produktgleiche 152, 153
–, quotientengleiche 143, 144
–, summengleiche 47, 105
Zahlenstrahl 20, 24, 25, 30, 50, 57, 61, 66, 72, 83, 101
Zauberquadrate 56
Zehnerbrüche 27, 130
Zehnerordnung 27
Zehnersystem 28
Zeichendreieck 202
Zeichnen, maßstabgerechtes 93
Zielpunkt eines Vektors 170
Zirkel 167, 192, 202
Zuordnung 146
Zweiersystem 139
Zweifedermodell 30
Zweisatz 143, 151, 152
Zylinder 190
Zylindermodell 22, 23
ZZ-Verbindung 86